喀喇沁万户研究

乌云毕力格◎著

内蒙古人民出版社

图书在版编目（CIP）数据

喀喇沁万户研究/乌云毕力格著. --呼和浩特：
内蒙古人民出版社，2025.1
ISBN 978-7-204-16845-3

Ⅰ.①喀… Ⅱ.①乌… Ⅲ.①喀喇沁旗-地方史-研究-16-17世纪 Ⅳ.①K292.64

中国版本图书馆 CIP 数据核字（2021）第 179678 号

喀喇沁万户研究
KALAQIN WANHU YANJIU

作　　者	乌云毕力格
策划编辑	王　静
责任编辑	郭婧赟
封面设计	琥珀视觉
出版发行	内蒙古人民出版社
地　　址	呼和浩特市新城区中山东路 8 号波士名人国际 B 座 5 楼
网　　址	http://www.impph.cn
印　　刷	内蒙古爱信达教育印务有限责任公司
开　　本	710mm×1000mm　1/16
印　　张	17.75
字　　数	230 千
版　　次	2025 年 1 月第 1 版
印　　次	2025 年 1 月第 1 次印刷
书　　号	ISBN 978-7-204-16845-3
定　　价	128.00 元

如发现印装质量问题，请与我社联系。联系电话：(0471)3946120 3946124

目　录

第一章　史料

古代蒙古史家和当今蒙古学专家都称蒙古六万户为"达延汗六万户"。实际上,蒙古六万户早在达延汗以前就已形成,而且所谓蒙古六万户,也仅仅指蒙古中央诸万户而已。这六万户分别是:左翼的察哈尔、兀良哈和喀尔喀,右翼的鄂尔多斯、满官嗔—土默特和应绍卜。如果将成吉思汗诸弟后裔属下的左翼各万户和西蒙古卫拉特诸万户计算在内,达延汗时期的蒙古万户数就更多了。实际情况是,答兰特哩衮战役后,达延汗将蒙古中央六万户分封给自己的儿子们,使蒙古黄金家族最终确立对六万户的直接统治。然而,达延汗的诸子分封导致了中央六万户被瓜分。随着达延汗子孙的再分封,中央六万户很快趋于瓦解,同时形成了一些新的万户和兀鲁思。喀喇沁万户的形成也正是在这一时期。它的形成,恰好说明了16世纪以后蒙古社会集团不断解体和相互融合的过程。

所谓的喀喇沁万户,是原应绍卜、山阳和满官嗔—土默特三大万户部分成员的联合体,是达延汗第三子巴尔斯博罗特后裔、孛儿只斤氏诸诺颜与成吉思汗名将者勒篾后裔花当的子孙、兀良哈氏诸塔布囊统治下的兀鲁思。换言之,喀喇沁万户的前身是旧应绍卜、山阳、满官嗔—土默特这三万户。

到了17世纪20年代,东北亚政治史发生了重大变化。新兴的女真—满洲国家—爱新国[①]日益强大,与蒙古的内喀尔喀、科尔沁建

---

① 1616年,建州女真首领努尔哈赤建立女真人的统一国家,用自己的语言命名为 Aisin gurun,意为"金国"。12—13世纪时,女真人曾经建立强大的国家,一度入主中原,国号"大金"(1115—1234),历史上称之为"金朝"。努尔哈赤取国号为"Aisin gurun",具有立志恢复先人霸业的寓意。为了区分历史上的这两个"金国",现在人一(转下页)

立联盟关系,吞并了察哈尔的某些鄂托克,严重威胁蒙古大汗——林丹汗。1627年,林丹汗西迁,企图以武力征服右翼三万户,最后依靠右翼势力,实现全蒙古的统一。林丹汗的西迁,使庞大的喀喇沁万户即刻土崩瓦解。渴望寻求同盟者的喀喇沁万户和爱新国便很快走到了一起。喀喇沁万户各部与爱新国的联盟,加速了察哈尔的败亡。

研究喀喇沁万户各集团与爱新国的关系,对理解17世纪前半期蒙古人社会、政治的变迁,满洲人在漠南蒙古统治的逐步实现,都具有很深刻的意义。这也是17世纪满蒙关系史中的一项重要内容。

本书将以历史、批判的研究法,对有关喀喇沁万户的17世纪蒙古文文书、旧满文档案和汉文档案文书进行充分的研究,正确利用明清两代的蒙古文、汉文、满文官修史籍和私修史书,在批判地继承前人研究成果的基础上,对喀喇沁万户的形成、发展和灭亡各阶段的一些重大问题提出自己的见解。同时,试图探讨"遗留性史料"在"记述性史料"中流传的情况,纠正清代一些影响巨大的官修史书中的错谬。

本章首先介绍和评论有关喀喇沁万户的各种史料。

第一节　史料的分类及其依据

历史的、批判的史料学研究是从事历史科学研究应迈出的第一步。这是因为,史料既是历史和史家之间唯一的桥梁,同时又具有不同的层次和质量,不同的史料在反映历史事实的真实程度上可能有

(接上页)般称努尔哈赤所建金国为"后金"(1616—1635)。根据《旧满洲档》(17世纪10—30年代),17世纪初期的满文记载里,满洲人称自己的国家均为Aisin gurun。在《清实录》(康熙朝、乾隆朝版本)和《满文老档》(18世纪后期)中,称"满洲国"(Manju-gurun),是经过后人篡改的结果。这个篡改痕迹,在影印的《旧满洲档》里看得一清二楚。总之,"金国"是Aisin gurun的汉译,"满洲国"是对Aisin gurun的篡改,而"后金"是现代人的称呼。所以,本书采用了对原文Aisin的音译,称之为"爱新国"(参考了"爱新觉罗"的译写)。

着天壤之别。因此，严格区分不同的史料，仔细辨别真伪正误，是史学研究的第一要务。

根据不同的性质，史料可分为两种：一为"遗留性史料"，一为"记述性史料"。

原属过去历史事物的一部分而遗留至今的，从其最初形成就不以讲授历史为目的，而是因其他目的或原因形成的、无意中给人们提供可靠历史信息和知识的史料，我们称之为"遗留性史料"。这些史料本身就是历史事件（物），属于过去的"历史"，而不属于"历史记述"。它们或有形（如实物的、文字的、实物与文字合二为一的）或无形（抽象形态的）地保留到现在，但都是从当时的历史事件中直接流传下来，在其流传中没有第三者的"报道""描述""塑造"等中介行为。这类史料的最大特点在于，它们的形成各有原因，但都不是以讲授历史、为当代或后世留下历史根据为其目的。所以，它们作史料是被动的、无意识的，没有受到作者的"史学"思想即"史学"倾向性的影响。它们是历史的遗留，是较为可靠的史料。

"遗留性史料"有三组。第一组为"实物遗留"，如：古建筑物、生活用品和生产工具（如各种器皿、衣物、家具、车辆、农牧渔猎工具等）、艺术品、货币、人体遗留（如骨骼、牙齿、头发）和类此其他种种。第二组为"抽象遗留"，如口传材料反映的法律和行政等方面的情况、风俗习惯、语言、居民区域名或地籍名称，等等。第三组为"文字遗留"，指的是为当时的公共或个人需要而产生的文字资料，即公共的、法律的、政治的、经济的或私人的文件，但其中不包括以给当代或后世人们讲授历史为目的的文字材料。换句话说，"文字遗留"就是史家的"档案史料"，诸如诏令敕诰、题本奏折、法规法典、各种条约协定、各种证件证书、公务信函、法律和行政管理文件、谈判或审讯记录以及账簿，等等，简言之，能够以"证书"和"文书"两个概念归类的所有文字材料。此外，还包括部分私人文件，比如私人信件、科学著作、交谈记录，等等，只要它们能够提供关于某历史事件的过程或状态的信息与知识,而且其作者当时没有意识到这一点。第三组史料在"遗留性史料"中含量最大。

"遗留性史料"的最大的特点在于,其报道是无意识的。所以,第一,作为史料(而且只有作为史料),它没有倾向性。因为它是由史学家当作史料用的,而不是由它的作者作为史料创作(或制造)的。作为史料,它的作用往往与它当初的目的无关。也就是说,历史学家可以从这些史料中发现原作者根本没有想到对后世人将会说明某些历史真相和事实的信息。比如,古人在墓穴里的随葬品和壁画等,完全是为了死者,而不是为了后世的考古学家或历史学家。但是,后人却从中"看到"了当时社会的生产和生活、风俗和文化。因此,"遗留性史料"是可靠的。第二,因为它不是为给世人讲授历史而产生的,所以,它往往不能反映历史的内在联系,不力求"历史"的完整性。它的信息只能说明局部,而不说明整体。

"记述性史料"则指专门以给世人讲授历史为目的,由一个或若干个有明确目的的作者(编者)创作的文献。它们在对历史的记述中,贯穿着作者的目的、立场、观点、感情,受着作者编撰水平等诸多的主观和客观因素的影响。这类史料是人类有意识地记述历史活动的产物,作者的目的就是让当代和后世人了解历史,所以他的报道是有着强烈的主观意识的。由于作者属于一定的时代、一定的民族、一定的阶层,受到过不同的教育,具有不同的道德和文化水平,因此他们报道历史的目的和动机都不尽相同,对历史的认识、表达的能力也都不尽相同。最终,历史记述和历史本貌不完全一致,甚至会大相径庭。所以,对这类史料不仅要进行审慎的真伪评判,还要进行正误评判。

"记述性史料"分两种:一种是口头叙述,包括神话、传说、历史歌谣、口传的世系、历史故事等。另外一种是书面记述,包括各种体裁的史书,诸如编年史、纪传体史书、纪事本末、实录、起居注、方略、地方志,等等,还有墓志铭、碑文、自传、回忆录以及报刊杂志的报道,等等。

　　"记述性史料"的特点是:第一,这些史料尽量解释历史事件的内在联系,说明因果关系和经过。因为它是讲述历史的。如果说"遗留性史料"提供的是事情的一个方面或历史过程中的一个"点",那么,"记述性史料"提供的则是事情的各个方面,描画的是事件经过的"连接线"。第二,这类史料即使显得完整、圆满,在某种程度上却是作者(叙述者)"精神机器"的产品,是历史的间接反映。历史事实、作者和"记述性史料"组成了一条线上的 A、B、C 三个点,而且 C("记述性史料")既不是 A(历史文件)的一部分,也不完全等于 A。A 和 C 到底有多大程度的一致性,有时会完全取决于 B,即作者。因为,"记述性史料"是史料作者对历史的记述和说明。从史料作者的角度去观察,如下两个问题对他的记述有特别大的影响:一是报道对象的选择性。任何一个人的叙述和报道的对象,都是他认为是重要的、有趣的、有意义的或值得向往的事情。所以,"记述性史料"的内容深受作者主观认识的限制。从《史记》到《清史稿》,中国所谓的正史,都很少记载古代农民的社会生产和社会生活。那些传记、回忆录、自传等著作也都不例外,传主感兴趣的是围绕传主的人和事,如果和传主的一生无关,哪怕是惊天动地的大事,也不一定去写一笔。二是"证据"的选择性,也就是史料的取舍问题。由于一个作者往往受到一个社会阶层、政治团体、意识形态的影响,所以他围绕主题选择收集的论据有着明显的倾向性。他在塑造报道对象的形象时,往往在道义上或者感情上带有倾向性。在上述两种因素的作用下,编纂过程中曲笔、杜撰和改写的现象比比皆是。

　　简言之,"遗留性史料"和"记述性史料"在史料性质上存在着巨大差别。

第二节　有关喀喇沁万户的"遗留性史料"

16 世纪后半叶至 17 世纪前半期,在明朝、蒙古和满洲产生了丰富的文书和档案,文字种类包括汉文、蒙古文和满文。其中,有不少涉及喀喇沁万户史。这些史料,就其性质而言,都属于"遗留性史料"。

(一)在上述"遗留性史料"中,当首推 17 世纪前期的蒙古文文书。这些文书至今被收藏在北京中国第一历史档案馆。1997 年,该馆的李保文氏编辑、整理和影印了这些珍贵文书,定书名为《十七世纪蒙古文文书档案(1600~1650)》(Arban doloduγar ǰaγun-u emün-e qaγas-tu qolbuγdaqu mongγol üsüg-ün bičig debter〈1600—1650〉,以下简称《蒙古文档》)。《蒙古文档》分上下两卷。上卷为"有关满蒙关系史的文书",包括 61 份蒙古文文书。下卷为"清朝理藩院记录档",收录了 1637—1647 年间的 50 份理藩院蒙古文档案。上卷 61 份文书是 17 世纪 20—30 年代漠南蒙古与女真—满洲爱新国之间的官方书信往来,内容涉及蒙古嫩科尔沁、喀喇沁、东土默特、山阳诸塔布囊、敖汉、奈曼、察哈尔、阿巴噶、阿巴哈纳尔、阿速特、阿鲁蒙古、巴林、扎鲁特等诸集团的政治、经济、军事、社会等各个方面,以及爱新国与这些集团之间的关系。这些文书中,只有 6 份在清代文献中经过不同程度和不同性质的改变后流传下来,其余均不见于史乘。《蒙古文档》的影印出版,不仅展现了 17 世纪前半期蒙古文字原貌和蒙古文书格式,而且再现了文书外部特征(包括提写、留空格、使用表示敬意的特殊符号、涂改、插入、收件人和发信人的附注等),具有极高的文献学价值。

在《蒙古文档》的 61 份文书中,至少有 30 份与喀喇沁万户有关,其中包括《蒙古文档》所收的第 8,9,12,14,15,17,18,19,25,27,28,29,30,31,32,33,34,35,36,37,38,39,40,43,44,45,47,48,49,50 号

文书。它们是喀喇沁和东土默特的黄金家族成员、阿速特贵族、兀良哈氏山阳诸塔布囊等与满洲天聪汗之间的书信往来(第49号文书是科尔沁的土谢图汗奥巴的书信,但事关喀喇沁)。这些文件基本上都是叫作"书"的文书。"书"(蒙古语称 Bičig,满语作 Bithe),是当时蒙古贵族和爱新国朝廷所用的文书形式。蒙古和满洲的"书",在格式上的唯一区别是蒙古人一般情况下都以意为"愿吉祥"的一句梵文祷告语开头(也有不用该祷告语的极个别简短的书信),而满洲天聪汗的书从来不用这套语。除此之外,双方文书的发信人、收件人、正文、写成时间(极个别情况)这样的结构顺序是完全一样的。很明显,满洲人是在同蒙古人的交往中学会了使用"书"这个文书的。这些文书产生的原因或目的,是蒙古和满洲双方为了向对方通知、说明或陈述当时的某一项具体事务。这些文件,不是出自史家之手,不是当代史的记述,而是当时发生的历史事件的一部分,无疑都是名副其实的"文字遗留"。

《蒙古文档》是研究喀喇沁万户史弥足珍贵的第一手资料。这是因为,它直接反映了当时蒙古社会的内部动态,这一点是其他任何外部史料所无法替代的。在这30份文书中,有一些在清代史书中不同程度地流传了下来。这一部分史料,可作相互比较,通过对原始史料流传过程的分析,澄清历史事实,复原历史本来面貌,揭露史书对史实的歪曲。还有相当多的文书,根本没被清代文献采用。这些文件,在一定程度上填补了前人所不知的历史空白。

从17世纪流传下来的蒙古文文书,每份都是"孤文书"。"孤文书"的特点是,它的成书背景、写作人、时间、地点、成书原因、文书内容与其他史实的关系,以及文书被处理的结果等,都没有附带说明文字。以上诸因素,只有通过研究才能得以证明。研究"孤文书"最有效的途径恐怕只有采用"综观研究法"了。所谓的"综观研究法",就是尽量全面解释文书中所反映的所有历史事件及其内在联系,并说明它们和当时历史活动的总关系。为此,要做以下四个方面的工作。

第一,是"注释"。要做"注释",首先应仔细研究文书的文本。文本研究要注意以下几点:一要研究文本的文字和外部特征。文字研究当然包括文字书写形式和正字法等内容。文书外部特征,包括文本中使用的各种文书符号(比如被称作 Birga 的表示敬意,表示新段落,或表示其他意思的符号)、提写(抬写)、留空格、增补、删除、改写等需要解释的地方。二要研究文本的语言。文本研究的语言学要求是相当高的。具有关于该文本语言的一般性的粗略知识是远远不够的。研究 17 世纪前期的蒙古文文书,不仅要具备蒙古语的语音学、词汇学、语法、句法、方言研究等方面的修养,而且要熟悉蒙古语在 17 世纪和在此之前各个历史阶段的特点。用研究现代蒙古语的方法阐释 17 世纪初期的蒙古文文书,只能导致错讹。三要研究文书的种类(属性)。释读一份文书,仅靠研究文书的语言文字是不够的。这个文书,是政治宣传品,是行政管理文书,是条约、誓词,还是指令、奏折、报告,抑或是其他什么文书,这往往关系到整个文书从语言到内容的所有层面。四要研究文本形成的时间和地点。五要研究文书的作者及其个性。"解释"的第二步,要进行"相互解释"。一个历史时代或历史事件,往往有几个不同的相关史料。这些史料有的与它所反映的历史时代和事件是同时的,有的是追述性的。这些史料,当然可以相互解释、相互补充和相互印证。"相互解释",指的就是利用与文书同时代的"遗留性史料"或晚于它的"记述性史料"进一步解释和印证文书中所反映的历史事件,把作为"点"的"孤文书"纳入作为"线"的历史整体里。第二,是"联结"。把文书中出现的个别事件或人物与整体历史事件联系起来。第三,是"复原"。在"解释"和"联结"的基础上,尽量复原历史事件的本来面貌。第四,是"认识总因素"。弄清历史事件的所有因素以后,要说明这些事件之所以发生的较为全面的原因和条件①。

---

① Ernst Bernheim,"Lehrbuch der historischen Methode,"Burt Franklin,New York ,1970,pp. 562—685。

（二）研究 17 世纪初期喀喇沁万户各集团的另外一个重要史料是《旧满洲档》。满文分为两种：一种是"无圈点字"（Tongki fuka sindahakū hergen），俗称"旧满文"，使用于 1599—1632 年之间。另一种是"加圈点字"（Tongki fuka sindaha hergen），俗称"新满文"，1632 年以降一直使用到清末。所谓的《旧满洲档》，指的是爱新国朝廷以编年体形式逐年、逐月、逐日记录 1607—1632 年女真—满洲历史的档案，1632 年以前的部分是用旧满文书写，1632 年以后的部分是用新满文书写。其中，还夹杂着不少蒙古文原文文书。清朝乾隆年间，对用无圈点满文写的档案进行裱糊整理，共得 37 册，后一直保存在北京故宫。20 世纪 40 年代，国民政府把它们带到了台湾。1969 年，台北故宫博物院将这部由 37 册构成的满文档册，再加上 1935 年在内阁大库残档中发现的同类满文档案 3 册（1635/1636 年档）影印出版，定名《旧满洲档》，共十大本。

《旧满洲档》与《蒙古文档》不同，它是经过史臣编辑的档案集。但尽管如此，它是爱新国最早的档案记录，是与爱新国的历史进程同步产生的。《旧满洲档》的一个重要内容就是满蒙关系。在该书中，有大量的有关喀喇沁万户各集团的史料。这些史料，不仅对喀喇沁历史研究提供了丰富的资料，而且还不失为一把解释 17 世纪初蒙古文"孤文书"的钥匙。在《旧满洲档》蒙古文原文文书档案资料中，有不少涉及喀喇沁的内容，其史料价值非常高。因为前人研究中有不少介绍《旧满洲档》的内容，所以本书对此从略。

必须指出的是，《旧满洲档》与《满文老档》决不能混为一谈，两者有质的区别。诚然，后者源于前者。后来在台湾被命名为《旧满洲档》的那些古老档册，在清乾隆年间，因年久糟旧，以致残破，经奏准，在裱糊妥善保存原档之余，还用旧满文和新满文将它各抄写两份，分别定名为《无圈点字档》和《加圈点字档》，分别保存在北京和盛京（沈阳）。另外又抄写一份《加圈点字档》，专供皇帝阅览。所谓的《满文老档》就是盛京崇谟阁所藏《加圈点字档》。1905 年，日本人内藤氏发现了该档册,并于 1912 年翻拍后带回日本,命名为《满文老档》。1955—1962 年间,日本学者神田信夫等人成立"满文老档研究会",用拉丁文转写了《满文老档》,并附日文旁译、总译及索引。

特别值得注意的是,这些抄本,无论是旧满文本还是新满文本,都不是照抄,而是编抄。首先,抄本偷换了旧档的不少概念。比如,将"女真"换称"满洲",将"爱新国(金国)"改为"满洲国",将"大明"改称"明国",将"遣送之书"改称"诏书",等等,举不胜举。其次,编抄本删掉了原档中相当多的内容。有的地方是整段删除,有的地方是删除个别句子或个别词语。在原档上,到处写着"不要(写)"(ume)、"要写"(ara)等字样,是对原文取舍的表示。再次,抄录时增补了不少内容。这些新内容,是根据晚于原档册的其他史料补充的。第四,有很多改写之处。第五,《加圈点字档》将原档册中的蒙古文原文文书通通译成了满文。此外,还有其他类型的改动,这里就不一一列举了。总之,与《旧满洲档》相比,《满文老档》无论在文字上还是内容上,都不再是原始资料,不过是乾隆时期"天朝史学"的一部新作。

另外一个重要的满文档案集是《满文内国史院档案》。内国史院,成立于 1636 年,是从原设于 1629 年的文馆中分离出来的。内国史院的主要职责是为纂修国史做积累和准备的,因此,内国史院的档案是从各类档案文书中摘抄汇集,最后按年月日顺序编辑而成。这些档册现藏于位于北京的中国第一历史档案馆。满文内国史院档案,上自爱新国天聪元年(1627),下迄清崇德八年(1643),其中,天聪七年档案不见于《旧满洲档》。日本东洋文库清代史研究已将天聪七年档案译成日文,并连同复印件一并刊行。

(三)明朝兵部档案,对研究喀喇沁各集团的历史具有重要意义。流传至今的明朝档案(以下简称"明档")为数不多。在明清改朝换代之际,大部分档案毁于兵燹。在清朝顺治、康熙年间,为了编纂《明史》,官方搜集到了部分"明档",并将其保存在内阁大库。后来,历经清末农民起义、民国初年动乱和国民党迁往台湾等多次事件,档案损失严重。最后,中国大陆的"明档"大宗(3600 余件)集中保存在中国第一历史档案馆,一小部分(580 余件)藏在辽宁省档案馆。此外,被国民政府带到台湾的"明档",保存在台湾"中央"研究院历史语言研究所,据称这部分有 6000 余件。

在"明档"中,与蒙古关系最为直接的是明朝兵部题行档。其中,有不少是关于 17 世纪前半期喀喇沁各集团的珍贵文书资料,堪称是对蒙古文史料和满文史料的补充和佐证。

在明朝兵部题行档案中,天启(1621—1627)、崇祯(1628—1644)两朝档案占绝大多数。据本人初步统计,在"明档"中,直接与蒙古有关的文书在中国第一历史档案馆的约有 160 余件,在台北的约有 80 余件。其中,最早的文书为天启四年八月十二日(1624 年 9 月 24 日)兵部主事李祯宁的呈文,最晚的是崇祯十七年三月二日(1644 年 4 月 8 日)钦差巡抚宣府右佥都御史朱氏的塘报。文书种类有:兵部题稿、题行稿、行稿和兵科抄出题稿、题行稿、行稿、塘报等。这些文书的原作者大体有三种人:一是钦差大臣,二是宣府、大同等地将军、地方大臣等,三是监视边疆军务的太监。兵部题行档中,宣大总督、宣大巡抚、宣大总兵、宣府总兵等人的题本和塘报占多数。

作为史料,明朝兵部题行档具有很强的可信性和很高的价值。就文书的结构而言,一个文书中往往包含很多份多层面的文书。大体说来,最底层的士兵、特务、翻译、下级官吏等人将所掌握的军事情报口报给自己的顶头上司,他们再将这些口报写成书面材料禀报给自己的上司,依次逐级上呈,最后呈到皇帝面前。每一级官员在撰呈文时不得转述下级的呈报内容,而是必须逐字抄录。若需要发表自己的意见,在下级报告内容后须另加"据此看得"等字样,而后再发表议论。从文书内容的来源看,有关蒙古人的情报信息,基本上来自蒙古贵族的使者、守边蒙古人、投降者、蒙古特务、买卖人以及明朝的巡逻兵、特务及归乡人(被蒙古抢去后再逃回家乡的汉人)的呈报、口供等。总之,情报出自蒙古人和亲自去过蒙古地方的明朝人员。

到 2001 年,明朝兵部档案基本上全部出版发行。二十世纪二三十年代,中央研究院历史语言研究所整理了内阁大库明清档案,1930年和 1936 年出版了《明清史料》二辑。国民政府被迁至台湾以后,在1953 年到 1975 年之间,"中央"研究院历史语言研究所继续整理被带到台湾的明清档案,同样以《明清史料》为书名,出版了明清档案。以 30 年代的第一辑为甲编,陆续编了乙编至壬编,共十编,每编十本,每本百页,铅印。其中大多数是清朝初年的档案,但也夹杂着相当量的"明档"。中国大陆的"明档",于 2001 年由中国第一历史档案馆和辽宁省档案馆编辑,以《中国明朝档案总汇》为名,由广西师范大学出版社出版,全部 101 册①。《中国明朝档案总汇》影印本,就其文献价值来讲,比台湾的铅印《明清史料》高得多。比如,影印文书的外部特征,就足以提供研究明代文书和文书制度的丰富资料。

此外,清末和民国初年的蒙古各旗地图大都流传至今,其大宗今分别保存在德国柏林国家图书馆和日本天理大学图书馆。其中,昭乌达盟、卓索图盟各旗的地图,对研究喀喇沁万户的历史地理具有重要的价值。

第三节　有关喀喇沁万户的"记述性史料"

有关喀喇沁万户史的"记述性史料"也不少。按其语言文字分类,有蒙古文、汉文、满文。按其作者分类,有明清两朝官修的,亦有明清两代私人撰修的。按其史书种类分类,有正史、实录、编年体史书、表传世谱、方略、地志。兹介绍其中较为重要的几部:

---

① 在此之前,于 2000 年,作者和宝音德力根博士去中国第一历史档案馆对有关蒙古和女真的史料进行整理,并请该档案馆制作 8 盒缩微胶卷,名为《明档蒙古满洲史料》。本书引用的均是这些缩微胶卷。

正史类：有《元史》《明史》和《清史稿》。

清乾隆帝以纪传体为正史并诏定《史记》至《明史》二十四种为正史，自此正史遂为二十四史专有之名称。因为《清史稿》是一部未完成稿，所以有人不把它排入正史行列，但也有人将其看作正史，故亦有"二十五史"之称。与本书内容有关的正史，有《元史》《明史》和《清史稿》。

《元史》，宋濂等撰，210卷。《元史》成书时间仓促，前后不到一年时间，有不少谬误。但是，正因为时间紧迫，《元史》在大量摘抄元代历朝实录、《经世大典》、家传、神道碑、墓志等资料时，未作更多的润色和编辑，所以，比起其他看似完美的正史，其史料价值就高得多。《元史》中"兵志"和土土哈家族传记以及相关人物传记，对研究喀喇沁的起源与早期历史具有重要的史料价值。

《明史》，张廷玉等撰，332卷。1645年，清政府设明史馆，1697年开始修撰《明史》，1735年定稿，1739年刊行，共历时90余载。《明史》的编撰主要利用了《明实录》《明史稿》和明代其他史书、文集、方志等资料，但由于明代最珍贵的"文字遗留"——档案文书资料在明清接替之际大部分毁于兵燹，因此明史馆虽然搜集到了一部分明朝档案，但是搁置在库，并未利用。有关喀喇沁万户的史料，主要见于第327卷"外国八：鞑靼"和第328卷"外国九：朵颜"，以及其他相关的人物传。《明史》中有关喀喇沁的史料并不多。

《清史稿》，赵尔巽等撰，536卷。1914年设立清史馆，开始修《清史》，到1927年完成初稿，因为不是定稿，故称为《清史稿》。该书编者在撰写过程中，主要利用了《清实录》《国史列传》《大清会典》等第二手资料，而对清代堆积如山的档案史料几乎不闻不问。《清史稿》是一部未定稿，存在着体例、结构、内容各方面的诸多问题。但此书较全面地记述了清代历史的方方面面，所以对系统了解清代历史当然具有一定作用。其中有关清代藩部内容，对研究喀喇沁史，乃至整个清代蒙古史，具有一定的参考价值且能提供便利。《清史稿》所用资料在其他古籍中基本均能见到,而且丰富的清代各种文字档案现在可资利用,因此,它没有什么史料价值可言。

实录类:有《明实录》和《清实录》。

"实录"是当朝皇帝为其前朝皇帝所修的编年体史书。"实录"一般取材于前朝的文书档案,也借鉴其他资料。但是,"实录"绝不是一朝文书档案总汇,而是一部史书。这种史书为了捍卫王朝利益,维护皇帝尊严,编写史事有既定的原则,选择史料时有严格的取舍标准。"实录"虽然收录大量文书档案,但也时有增减和篡改。如将"实录"每条记载都视为信史,是非常错误的。

《明实录》,2909 卷。因为流传至今的明朝档案为数不多,于是《明实录》就成了研究明代史的基本史料。由于明朝的灭亡,明思宗崇祯皇帝就没有正式的官方实录,佚名《崇祯实录》(记事自崇祯元年到崇祯十七年)和《明□宗□皇帝实录》(记事自崇祯皇帝即位的天启七年七月至崇祯元年十二月,共记载仅一年半的事)①,都是出自私人手笔,可信性极成问题。该书对喀喇沁万户及其前身各万户有较多记载,但内容主要涉及他们和明朝的关系,而且有不少是间接获取的情报。对蒙古史研究而言,《明实录》最大的缺陷,就是很少涉及蒙古社会内部史实。

《清实录》,与本书有关的主要是《清太宗实录》。《清太宗实录》主要利用了《旧满洲档》《内国史院档》和其他相关资料,而这些满文档册如今均能见到,因此利用这些原始档案对《清太宗实录》进行史料学批判,辨别《清太宗实录》记载之事的真伪正误,就显得十分重要。明清"实录"对研究蒙古文史书、蒙古文文书档案以及满文档案史料,都具有很重要的"互相解释"作用。

---

① 《崇祯实录》有吴兴嘉业堂旧藏抄本,现存台湾"中央"研究院历史语言研究所,作为附录二被收录在台湾校印本《明实录》里。《明□宗□皇帝实录》也作为附录一被收录在同一书里。

编年体史书类：

首先是成书于 17 世纪的蒙古文编年体史书，诸如两部《黄金史纲》、《大黄史》和《蒙古源流》。《黄金史纲》，音译作"阿勒坦·托卜赤"，俗称"小黄金史"，17 世纪初成书。另一部《黄金史纲》，作者罗桑丹津，故俗称罗《黄金史纲》，大约成书于 17 世纪中叶以前。《大黄史》，音译作"失喇图济"，17 世纪中期成书。《蒙古源流》，蒙古语作"额尔德尼·托卜赤"，作者萨冈彻辰。上述各部史书基本上都从印度、西藏王统讲起，继而叙述蒙古王统及其历史沿革，记事下限到 17 世纪 30 年代（个别史书的续修内容除外）。除了罗《黄金史纲》收录了《元朝秘史》的大约三分之二的内容，有其独特价值以外，这批 17 世纪蒙古编年体史书的主要价值在于，都用相当多的篇幅记载了 15 至 17 世纪有关蒙古史的内容。诚然，这些蒙古史书在性质上均属"记述性史料"，但与汉文史书相比，就可显示其独特的价值。就研究喀喇沁万户史而言，这些史书提供了有关喀喇沁万户前身几个万户的演变、统治家族的更替和世系、蒙古人各集团的内部关系，以及喀喇沁部的源流等重要史料，这是汉文史籍所无法替代的。对 17 世纪蒙古史书和明代汉籍进行综合比较，对该课题研究具有重要意义。

其次是与本书有关的汉文编年体史书，主要是《国榷》和《皇朝藩部要略》。

《国榷》，明末清初人谈迁（1593—1657）撰，104 卷，1653 年成书，为记载明一代历史的断代史史书。谈迁利用了"起居注"等重要史料，类似于明代实录。因为崇祯一朝没有实录，所以该书关于崇祯朝的记载具有特殊的价值。

《皇朝藩部要略》，祁韵士撰，张穆改定，成书于 1846 年，是一部有关清朝外藩——蒙古、回部与西藏历史的编年体史书。过去，该书曾与《清实录》《王公表传》和《蒙古游牧记》一起，成为国内学者研究清代蒙古史的最基本史料。其实，《皇朝藩部要略》是在祁韵士纂修《王公表传》时积累的资料长编的基础上整理而成，就史料价值来说，并没超过前人的新内容。将张穆改定本与祁韵士原稿相比较,将《皇朝藩部要略》与《清实录》以及与满蒙原始档案相比较,对清代史学史研究具有重要意义。《皇朝藩部要略》有很高的史料学价值,却没有什么史料价值可言。其中,关于喀喇沁各集团与满洲关系的记述,有不少错误和杜撰。

方略类史书:

《皇清开国方略》,清人阿桂等奉敕撰修,1773—1789 年间编纂,32 卷。该书编写了自满洲兴起到入关定鼎的清朝开国史,参考利用了旧满洲档册、国家档案文书、历朝实录等最重要、最珍贵的资料,从理论上讲,应该是非常可靠的史料。但《皇清开国方略》实际上是一本最不可靠的史书,是改写清朝开国史的"典范",反映了乾隆朝对清初历史的认识。该书对研究乾隆朝历史编纂学有"遗留性史料"的价值,但就研究清代开国史和当时各政治、民族集团的历史而言,并没有多少价值。在研究喀喇沁与满洲关系史时,基本不能把它当作史料引用。

表传与世谱类:

"表"与"传",是中国内地史学著作的传统体裁。"表"有年表、职官表等多种;"传"以人物传记为主。在蒙古史学史上,传记体裁的史书在全部史书中占据重要地位。系谱,有家谱、族谱、王公功臣世系等多种。这类资料除散见于蒙古各种体裁的史书外,还有专门的族谱和家谱。明人的蒙古系谱资料,大多是为了把握蒙古各集团的兵力或者确认蒙古进贡、领赏、贸易的贵族家庭而编写的。清代官修史书中载有的蒙古王公贵族的世系,均以蒙古贵族的世谱为原始资料。世谱类史料,按理应归入"遗留性史料",但从蒙古世谱资料的现状来看,其中很大一部分是根据后人的追忆补写的,而不是流传下来的原始文字资料,所以时有遗漏或错讹。清代蒙古世谱资料,主要来自于藩部档案,除了清代同时期的资料外,其中追述部分仍有不少问题。至于明人留下的相关资料,一是不够全面,二是资料来源并非全都可靠。因此,严格考订世谱资料显得特别重要。

与本课题研究有关的表传史料,主要有以下几种:

蒙古文《阿勒坦汗传》,约成书于17世纪初,按编年顺序以韵文体写成。该书详细地叙述了俺答汗的生平事迹和藏传佛教在蒙古地区的传播史。在右翼三万户历史方面,尤其是喀喇沁万户的统治家族与喀喇沁—兀良哈关系等方面,有着重要的记载。

《万历武功录》,瞿九思编著,176卷,1612年成书。瞿九思利用在北京搜集到的有关边事史书、部分邸抄和六科存案记录等资料编写了该书。书中比较全面地记载了明代蒙古和女真史实,为许多有名的蒙古汗王贵族立了传。但是,瞿氏生平与蒙古素无关系,也没有机会直接掌握边务机要文档,故瞿书在资料的可信性方面存在很大问题,不能因它内容丰富而全部盲目信从。

《王公表传》,全称《钦定蒙古回部王公功绩表传》,120卷,祁韵士等著,成书于1789年。该书记述了蒙古各部源流、各部王公承袭世谱、功过事迹及大事年月。据祁韵士自称,该书是利用了蒙古各地抄送的"旗册"、内阁大库所藏"红本""实录"以及理藩院所藏蒙古各部的"世谱"撰成的。这是一部带有乾隆时期"天朝史学"最深烙印的史学著作。该书对蒙古各部名称的起源、蒙古早期世谱等的记载存在不少问题,尤其是对爱新国和清初的满蒙关系做了大量系统的篡改。此外,也有不少地方以乾隆时期的历史认识和知识编写清初历史,比如在记述喀喇沁与满洲关系时,就出现很多这样的例子。

《八旗通志》(初集),清代鄂尔泰等编撰,250卷,于1727—1739年间编纂成书,由有志、表、传三部分构成。作者主要利用清三朝实录、康熙会典、六科史书、八旗档案和地方文书、八旗将军都统来文册、上谕八旗、八旗奏疏,以及八旗册档等编撰,是一部有关清代八旗制度的重要文献。其中在旗分志、名臣传、勋臣传等志传部分,仍保存着划入满洲、蒙古八旗的蒙古人原部落、姓氏、世系、事迹等重要资料,这对研究喀喇沁万户各集团并入清朝以后的去向提供了重要线索。

涉及蒙古世系的专门的世谱类著作不多,主要散见于蒙汉文史料相关部分。

上述两部《黄金史纲》、《大黄史》和《蒙古源流》中均有喀喇沁万户黄金家族系谱记载。此外,罗密著《蒙古博尔济吉忒氏族谱》(1735年成书)一书,为研究喀喇沁万户黄金家族的系谱、喀喇沁与满洲关系提供了极为珍贵的史料。罗密是喀喇沁汗室的后裔,因此该书关于喀喇沁的记载具有很高的可信度。该书所载喀喇沁—满洲订盟誓词内容与文书原件的内容有惊人的类似之处,可见罗密的确掌握了有关喀喇沁的重要史料。

此外,在明代有关边务著作和资料中,有喀喇沁万户各集团统治阶层的系谱记载。比较重要的有:《皇明九边考》,魏焕著,成书于1541年。书中关于16世纪初期达延汗子孙分领蒙古右翼三万户各集团的记载,具有重要史料价值。《北虏世代》,作者佚名,成书于16世纪末。记载了蒙古达延汗子孙七代人的世系和驻牧地。该书与《皇明九边考》中有关喀喇沁万户各鄂托克统治家族记载存在的差异,反映了16世纪前期和末期的不同情况。《武备志》,茅元仪著,1621年成书。该书的"镇戍"一卷,引用现已亡佚的《兵略》《职方考》两书的资料,详细叙述了明朝九边外蒙古各部驻牧的分布、兵丁的多寡和首领的世系。其中关于喀喇沁、永谢布和东土默特的记载,与本书内容有直接的关系。《卢龙塞略》,作者郭造卿,成书于16世纪末。该书中的朵颜卫首领的世系表,是研究兀良哈人的重要史料,其中有关兀良哈人分属喀喇沁、土默特与察哈尔的资料,对本课题研究具有重要价值。

地志类:

历史地理是喀喇沁万户史研究中的一项重要内容。有明一代,明蒙对立,明人当然没有机会修长城以北的地理志。但由于蒙古始终是明朝北边的劲敌,明朝从辽东到甘肃修筑了九个军事重镇,还通过各种手段不断搜集九边外蒙古各集团的种种情报。其中,蒙古人的分布与活动地域是明朝特别注意的信息内容。明朝的一些封疆大吏、驻防将领和有识之士先后撰写书籍,详述九边山川形势、关口要害、边防情况以及边外蒙古游牧、部落、世系等状况。这些作者本身或是督抚军门,或是朝廷幕僚,或是与朝廷关系密切者,掌握着大量的第一手资料。阅读明朝兵部档案可以发现,明朝廷通过军队和民间两种途径,运用各种手段,通过多种渠道,搜集了大量有关蒙古(包括他们的地理位置)的情报。这些情报都会经过督抚、总兵等人的手,最后以"题本"或"塘报"的形式呈递到兵部,最后到皇帝手里。这些情报可能在可靠性和准确性方面存在问题,但不太可能存在有意篡改、杜撰和歪曲的问题。因此,当时成书的有关边防边政著作的部分内容,是研究蒙古史很好的史料。这些书在史书分类上当然不能被称为地理志或方志,可就研究明代蒙古历史地理而言,这些书都是具有很高史料价值的地志类资料。

与本题目有关的这类史料,有《四镇三关志》《蓟门考》《蓟镇边防》和《宣大山西三镇图说》以及上文提到的《卢龙塞略》和《武备志》中相关的内容。

《四镇三关志》,作者刘效祖,曾任陕西固原兵备按察司副使。明朝万历丙子年(1576)成书。四镇指蓟、昌、保、辽,三关指居庸、紫荆、山海。在"夷部"一卷中,对边外蒙古的历史源流和驻牧地,尤其是对兀良哈人的分布记载较多。《蓟门考》,作者米万春,生平不详。大约成书于16世纪末。该书对蓟镇边外蒙古地理和兀良哈情况记载较详细。《蓟镇边防》,作者是历史上抗倭名将戚继光。1567年以后,戚继光在蓟镇任职16年,抗击蒙古的侵扰。该书详细记载朵颜兀良哈的道路、地名、首领、驻牧地等情况。因此,《蓟门考》和《蓟镇边防》是研究喀喇沁塔布囊历史地理的好史料。《宣大山西三镇图说》,杨时宁著,1601年成书。杨时宁历任宁夏宣抚,宣大、山西总督,官至兵部尚书。这部著作是他在任宣大、山西总督时,遵朝廷旨意,组织三镇文武官员编写的。全书三卷,宣府、大同、山西三镇各成一卷。该书图文并茂,比较确切地反映了三镇边外的蒙古土默特、喀喇沁各集团的驻牧地、首领名称及其他情况①,对研究喀喇沁与东土默特驻牧地具有很重要的史料价值。

清朝统一蒙古地区以后,蒙古地区有了详细、系统的方志,兹列举《钦定热河志》和《蒙古游牧记》两书。《钦定热河志》,和珅等修,1781 年成书。该志记载了古北口、潘家口和喜峰口以北长城边外的一州五县及翁牛特、喀喇沁、敖汉、奈曼、土默特、喀尔喀左旗等外藩诸旗的疆域和山水等状况。过去,这些地方的大部分属于喀喇沁万户。因此,将该书和明代蒙古汉籍史料进行比较研究,对探讨喀喇沁万户的历史地理具有重大意义。《蒙古游牧记》,作者张穆,19 世纪中叶成书。这是关于清中叶以后最为全面地介绍外藩蒙古全境状况的地志。该书卷二和卷三涉及今内蒙古东南部,为本书的写作提供了最直接的史料。

---

① 薄音湖、王雄:《明代汉籍史料》第二辑,内蒙古大学出版社,2000 年,第 279 页。

第二章　喀喇沁的起源与
应绍卜万户

喀喇沁是一个历史悠久的蒙古人游牧集团。论及喀喇沁的历史,可以追溯到13世纪上半叶蒙古西征时期高加索地区的钦察人。元代,喀喇沁的先人是皇帝的怯薛军队及其家属。在14世纪末至16世纪初之间,喀喇沁作为庞大的蒙古游牧集团,15世纪中期以后归应绍卜万户。喀喇沁万户是在应绍卜万户的基础上发展壮大起来的。

第一节　钦察人、哈剌赤与喀喇沁

“喀喇沁”一名,源于元代的“哈剌赤”。“哈剌赤”与元朝时期的钦察人和钦察卫有着密切的关系。

钦察人,原居住在额尔齐斯河流域。“钦察”(KipÇak)一名,源于中世纪伊朗语。Kip,意为“红色”或“浅色”;Çak,是对所有草原居民的统称。所以,“钦察”意即“浅肤色的草原居民”。钦察人还曾被称作“库曼人”,该名来自于位于高加索的库曼河。他们是一个伊朗—突厥混合民族。7世纪,钦察人被突厥人所逐,向西迁徙。11世纪中期定居于伏尔加河流域和乌克兰草原地带。他们曾多次与基辅俄罗斯进行过战争,钦察人的一部分留居东方,12世纪中期始建花剌子模王国。

蒙古人与钦察人的交往始于13世纪初。据《元朝秘史》载,鼠儿年(1204),铁木真大败蔑儿乞惕人,在撒阿里旷野掳获其部众。蔑儿乞惕首领脱黑脱阿别乞与其子忽都、赤剌温等逃脱。铁木真跟踪追击，直到阿尔泰山。次年，铁木真在额尔齐斯河流域打败了蔑儿乞惕残余部队，脱黑脱阿别乞被杀，其忽都等三个儿子经过康里，逃到了钦察①。该书又载，1205 年，铁木真下令速不台，乘铁车，穷追忽都等。铁木真说："他们如果变成鸟飞上天去，速不台，你要变成海青飞起去提捕；他们如果变成旱獭钻进地里，[速不台]，你要变成铁锹刨挖去擒拿；他们如果变成鱼儿到了海中，速不台，你要变成网络去捞获。"②该书第 236 节记载："速不台携铁车，追击蔑儿乞惕脱黑脱阿之子忽都、赤剌温等，追至垂[河]，[把他们]灭亡后回来了。"③第 262 节载，1216 年又命速不台远征康里、钦察等十一国，渡过伏尔加河和乌拉尔河，直到基辅④。

速不台征蔑儿乞惕和钦察事，在《元史·速不台传》里也有记载。1216 年，成吉思汗遣速不台率兵歼蔑儿乞惕残余。1219 年，速不台在蟾河与蔑儿乞惕交战，尽降其众。"其部主霍都奔钦察，速不台追之，与钦察战于玉峪，败之。"⑤1223 年，速不台再征钦察，擒获其酋长玉里吉之子，"余众悉降，遂收其境"⑥。

《元朝秘史》所记忽都，就是"速不台传"所称的霍都。垂河即蟾河。可见，钦察人因收留了成吉思汗的宿敌蔑儿乞惕人头目忽都，遭到了蒙古大军的征伐。十三世纪二三十年代，钦察人被蒙古征服。据"句容郡王世绩碑"载，铁木真为了索要火都（即忽都），征讨了钦察人。在窝阔台汗时期，1237（丁酉）年，钦察首领亦纳思之子忽鲁速蛮遣使归附蒙古帝国。后来，蒙哥又受命率师征伐钦察，终使忽鲁速

---

① 《元朝秘史》，载《四部丛刊》三编，商务印书馆，1936 年，第 197、198 节。
② 《元朝秘史》，载《四部丛刊》三编，商务印书馆，1936 年，第 199 节。
③ 《元朝秘史》，载《四部丛刊》三编，商务印书馆，1936 年，第 236 节。
④ 《元朝秘史》，载《四部丛刊》三编，商务印书馆，1936 年，第 262 节。
⑤ 宋濂等撰《元史》，中华书局，1976 年标点本，第 2975—2976 页。
⑥ 宋濂等撰《元史》，中华书局，1976 年标点本，第 2976 页。

蛮之子班都察"举族来归"①。据西方文献记载,钦察人的一部分在其库灿汗(1202—1241)的率领下,于1239年逃亡到匈牙利。

蒙古征服钦察后,其首领班都察率部分钦察军队随蒙古军征战,先在攻克阿速首府麦怯斯时立功,后又率钦察百人随忽必烈征大理,伐宋朝,"以强勇称"。班都察之子土土哈武勇善战,屡立战功。至元十四年(1277),诸王脱脱木、失烈吉发动叛乱,土土哈率兵讨伐,夺回被掠皇祖大帐并寇抄诸部。次年,奉命率钦察骑兵千人,从伯颜大军北征,败失烈吉党羽于阿尔泰山,立大功。因此,忽必烈皇帝下令"钦察人为民户及隶诸王者,别籍之户,户给钞两千贯,岁赐粟帛,选其材勇,以备禁卫"。② 这就是说,被带到蒙古地区的钦察人,不论其身份,全部另编为籍,交土土哈管辖,并选其精锐编成了宿卫军。1286年,正式设立钦察亲卫军,以土土哈为都指挥使,"听以族人将吏备官属"③,成为元朝侍卫亲军的主力之一。

钦察首领归附蒙古后,还世代掌管元朝皇室的马群。据《元史》记载,土土哈之父班都察"尝侍左右,掌上方马畜,岁时拥马乳以进,色清而味美,号黑马乳,因目其属曰哈剌赤"④。因此,班都察之属钦察人还被称作"哈剌赤"。这些哈剌赤牧户分别隶属太仆寺下皇家牧场,在全国共有十四处,但主要集中在大都、上都、玉你伯牙和折连怯呆儿一带。"马之群,或千百,或三五十,左股烙以官印,号大印子马。……牧人曰哈赤、哈剌赤,有千户、百户,父子相承任事。"每逢太庙祭祀、驾仗及宫人出入,哈剌赤牧户都要为其提供乳酪及马匹。皇帝及诸王百官到上都,各立"取乳室",饮用马乳。回上都时,太仆卿遣使征集乳马到京师后,"俾哈赤、哈剌赤之在朝为卿大夫者,亲秣饲之,日酿黑马乳以奉玉食,谓之细乳"。自诸王以下则供"粗乳"⑤。

① 苏天爵编《元文类》卷二十六,世界书局,1967年影印本,第7b—8a页。
② 苏天爵编《元文类》卷二十六,世界书局,1967年影印本,第9页a。
③ 苏天爵编《元文类》卷二十六,世界书局,1967年影印本,第9页a。
④ 宋濂等撰《元史》,中华书局,1976年标点本,第3132页。
⑤ 宋濂等撰《元史》,中华书局,1976年标点本,第2553—2554页。

可见,"哈剌赤"一名源于酿造黑马乳的职业。黑马乳还被称作"细乳"。这些人,无论是在朝廷为卿大夫者,还是在官牧场牧马者,都叫作"哈剌赤"。显然,"哈剌赤"一名不是蒙元时期牧马人之统称,而是由酿制细乳者的专业名称变成了钦察牧户的别称,由此又变成了其他官牧场牧马人的泛称。须知,只有"大印子马"群的牧人才被称为"哈剌赤"。土土哈家族历代兼任太仆寺要职,管理着哈剌赤牧户。

因为在元朝的钦察人得名为"哈剌赤",其军队也随之被称为"哈剌赤军"。哈剌赤军的精锐被编为元廷的钦察卫,世代由土土哈家族掌控。哈剌赤军队则驻防在漠北地区,仍归土土哈家族管辖。到了1291年,经土土哈奏请,这支军队发展到了一万人的规模①。当然,哈剌赤军并非清一色的钦察人,而是包括多个民族,但是各级军官多为钦察人。

土土哈和床木儿父子,率领哈剌赤军,为元廷屡建战功。在1277年和1278年平定失烈吉之战以后,土土哈于1286年在阿尔泰山御击叛乱诸王海都,1287年征叛乱宗王乃颜。1288年,败叛王哈丹,尽得辽左诸部。1289年,土土哈跟从皇孙晋王征海都,在杭海之役立大功。战后元廷论功行赏,忽必烈欲先钦察之士,土土哈谦让,忽必烈说:"尔勿饰让,蒙古人诚居汝右,力战岂在汝右耶?"1292年,在阿尔泰山获海都之众三千户,并奉命进取乞里吉思。1293年,取乞里吉思,复败海都于欠河。1297年,土土哈死,其子床木儿袭父职,领征北诸军逾阿尔泰山,攻巴邻,立奇功。武宗领军漠北,"军事必咨于床木儿"。1301年,床木儿大败海都于阿尔泰山,重创叛王都哇于兀儿秃地方,"都哇之兵几尽"。成宗夸奖他道:"自卿在边,累建大功,事迹昭著,周饰卿身以兼金,犹不足以尽朕意。"②1306年,成宗崩,床木儿迎海山即帝位,被封为句容郡王。在仁宗时期,1314年,败叛王也先不花军,次年,又败也先不花所遣将军也不干等,又进军铁门关,

① 宋濂等撰《元史》,中华书局,1976年标点本,第3134页。
② 苏天爵编《元文类》卷二十六,世界书局,1967年影印本,第13页ab。

凯旋而归①。

1322 年,床木儿死。其子燕帖木儿为答剌罕、太师、右丞相、太平王;撒敦为左丞相;答里袭封父爵,为句容郡王,驻守漠北。1328 年,燕帖木儿发动兵变,拥立文宗,把持朝政。在燕帖木儿死后,其子唐其势不满伯颜专政,说"天下本我家天下",谋乱伏诛②。

通过以上史实可以看到,土土哈祖孙三代在元代历史上扮演了长达半个多世纪的重要角色,在元廷的政治、蒙古地区的政治军事方面,都占据过相当重要的地位,起到过非常关键的作用。他们之所以能够如此显赫,是因为在内把持着钦察卫,在外控制着哈剌赤军。至1322 年,因为钦察卫兵太多,为千户者凡三十五,所以被分成左右二卫。到了 1329 年,又分出龙翊卫,三卫同归燕帖木儿统辖③。漠北哈剌赤军则一直被土土哈家族掌握,迟至 1335 年,仍在燕帖木儿之弟答里手中④。

1368 年元朝灭亡后,元惠宗妥懽帖睦尔北撤到蒙古草原。到了14 世纪之后,元代的一些宿卫亲军和一些官方机构的名称作为蒙古人游牧集团的名称,重新出现在蒙汉文史书中。后面将要提到的阿速特部和应绍卜部就是一例。15 世纪初出现在明人记载里的"哈剌陈",则是前面讨论的"哈剌赤",也就是说,是来自于元代驻防漠北的哈剌赤军。元朝灭亡后,哈剌赤军和与之相关的哈剌赤牧户变成了强大的部族集团,但原钦察卫退到漠北以后,是否也和哈剌赤军合流,因为史料欠缺,无从考证。总之,"哈剌赤"被称作"哈剌陈",或作"哈剌嗔""呵剌嗔""哈剌庆""喀喇沁"等,均为"哈剌赤"一词的复数形式的不同汉字音写形式。

---

① 宋濂等撰《元史》,中华书局,1976 年标点本,第 3137—3138 页。
② 宋濂等撰《元史》,中华书局,1976 年标点本,第 3138 页。宋濂等撰《元史》,中华书局,1976 年标点本,第 3236—3334 页。
③ 宋濂等撰《元史》,中华书局,1976 年标点本,第 3331 页。
④ 曹永年:《关于喀喇沁的变迁》,《蒙古史研究》第四辑,内蒙古大学出版社,1993 年,第60 页。

这里有必要对"哈剌赤"的词义做一考述。

关于"哈剌赤"的词义,国内外学者的态度大体一致,都训为"酿黑马乳者",蒙古语形式为 Qaraci。1993 年,曹永年对此提出了异议,认为"哈剌赤"即"兀剌赤",意为"牧马人"。

曹永年引用宋人彭大雅和徐霆的《黑鞑事略》"其马"条记载的"牧者谓之兀剌赤,回回居其三,汉人居其七",便断言"兀剌赤即哈剌赤"。至于为什么,曹永年没有做解释。接着他又引用了《元史》"兵三·马政"里"马之群,或千百,或三五十……牧人曰哈赤、哈剌赤;有千户、百户,父子相承任事"的记载,得出了"遍布全国之群马所的牧人均名哈赤、哈剌赤,显然,哈剌赤一名在蒙元时期本是牧马人之统称"①的结论。很明显,曹永年的结论是依据这样一种推论:牧者=兀剌赤,牧人=哈剌赤,牧者=牧人,因此,兀剌赤=哈剌赤。然而,简单地运用这类等式恰恰是民族语文学的最大忌讳。

《元史》"兵三·马政"记载的"哈剌赤"到底指什么人?据该书记载,1263 年,元世祖忽必烈设立群牧所,隶太府监,后逐渐升为太仆院。院废,立太仆寺,先隶宣徽院,后又改隶中书省。其职责是"典掌御位下、大斡耳朵马",即皇帝和成吉思汗大斡耳朵的马。这类马群的马,左股烙以官印,号称"大印子马"。这类马群的牧马人叫做"哈赤、哈剌赤"②。也就是说,太仆寺管辖的马群不是一般民间马群,而是皇家马场的马群,即所谓的"大印子马"群,只有牧放这类马群的人才叫"哈剌赤",他们是皇家马场的牧马人。蒙古的一般牧马人通称为"阿剌赤",在"哈剌赤"一名出现之前如此,出现之后仍是如此,这在《元朝秘史》《华夷译语》等许多文献中有足够的证据,兹不一一列举。

"哈剌赤"之名,来源于酿造黑马乳或被称作"细乳"的钦察人的职业。前引《土土哈传》载,班都察"掌上方马畜,岁时拥马乳以进,

---

① 曹永年:《关于喀喇沁的变迁》,《蒙古史研究》第四辑,内蒙古大学出版社,1993 年。
② 宋濂等撰《元史》,中华书局,1976 年标点本,第 2553—2554 页。

色清而味美,号黑马乳,因目其属曰哈剌赤"。《句容郡王世绩碑》也记载,"世祖皇帝西征大理,南取宋,其种人以强勇见信,用掌畜牧之事,奉马湩以供玉食,马湩尚黑者,国人谓黑为哈剌,故别号其人哈剌赤"①。当时亲自喝过宫廷黑马乳的徐霆写道:"初到金帐,鞑主饮以马奶,色清而味甜,与寻常色白而浊,味酸而膻者大不同,名曰黑马奶,盖清则似黑。……玉食之奉如此"②。"色清而味美,号黑马乳","清则似黑",道出了"哈剌"一词的真正含义。该词除了意为"黑",还有"清"的意思,自古到今,一向如此。可举"哈剌乌苏"(Qar-a usu清水)、"哈剌阿剌吉"(Qar-a ariki白酒)、"哈剌兀都儿"(Qar-a edür白天、清日)等等很多例子,都没有"黑"的意思,而应训为"清"。"哈剌赤"就是管清色马乳(即所谓的细乳)的人,原来是酿造这种马乳的钦察人的别称。所以,只有哈剌赤才有"在朝为卿大夫者",一般"阿都赤"是不可能的。皇家牧场的牧马人统统被称作"哈剌赤",是因为那些真正的哈剌赤人——钦察人掌管着"上方马畜",即皇家马群。

那么,兀剌赤和哈剌赤是否是同一个词?答案是否定的。

先看"兀剌赤"的词义。在《元朝秘史》中,该词共出现五次,前四次以"兀剌阿臣"的形式出现,旁译为"马夫",最后一次以"兀剌赤泥"形式出现,旁译为"马夫行",即"马夫"的宾格。据方龄贵考证,"兀剌赤"在《元典章》中近二十见③,均指用铺马迎送乘驿的人,即驿夫。在明朝时期的史书和辞书中,对"兀剌赤"一词也有解释。《元史》"兵志二·宿卫"里记载:"典车马者,曰兀剌赤、莫伦赤"④。《华

---

① 苏天爵编《元文类》卷二十六,世界书局,1967年影印本,第14页a。
② 彭大雅、徐霆:《黑鞑事略》(王国维遗书本),上海书店出版社,1983年,第234页。
③ 方龄贵:《元明戏曲中的蒙古语》,汉语大词典出版社,1991年,第48页。
④ 宋濂等撰《元史》,中华书局,1976年标点本,第2524页。

夷译语》"人物门"里也有记载:"马夫,兀剌赤"①。可见,"兀剌赤"是管理铺马、司驿站的人。

但是,前引《黑鞑事略》在谈到蒙古马群时说,"牧者谓之兀剌赤,回回居其三,汉人居其七"。因此,很多人据此认为,"兀剌赤"还有"牧马人"之意。其实,宋人所见"兀剌赤"并非一般的牧马人,而是驿站的马夫。根据有三:其一,徐霆自注说,"凡马四五百匹为群队,只两兀剌赤管,手执鸡心铁挝,以当鞭箠,马望之而畏。每遇早晚,兀剌赤各领其所管之马环自于主人帐房前,少顷各散。每饮马时,其井窟止可饮四五马,各以资次先后自来,饮足而去,次者复至。若有越次者,兀剌赤远挥铁挝,俯首驻足,无敢乱,最为整齐"②。从这一叙述中可以看出,这些马匹每天被赶到主人帐前饮井水,而且训练有素,个个对兀剌赤俯首驻足,是地地道道的驿站用马。一般不会对马群这样放牧,也不可能这样牧放,一般马群的马儿也不可能如此驯顺,这是稍有畜牧业常识的人一眼就能看出来的。其二,这些兀剌赤中有七成是汉人,三成是回回。这更能够说明,宋人所见到的马群不是一般的马群。如果是一般的马群,那么管理马群者岂能没有一个蒙古人?其三,陶宗仪《南村辍耕录》(1366 年)中明确记载:"乌剌赤(即兀剌赤——笔者),站之牧马者。"③宋人所谓"牧者谓之兀剌赤",无疑是指驿站的牧马者④。

再看"兀剌赤"的词源和字音。从蒙古语语音规则看,"兀剌赤"和"哈剌赤"不可能是同一个词。在蒙古语语音变化中,断然没有开口元音必然滑向合口元音的规律。就是转写成汉字时,也不能把开

---

① 《华夷译语》,《北京图书馆古籍珍本丛刊》(六),书目文献出版社。此外还可以参考《元史语解》"皇子门":"乌拉齐,驿站人也";"职官门":"乌拉齐,司驿站人也"。乌拉齐即兀剌赤。

② 彭大雅、徐霆:《黑鞑事略》(王国维遗书本),上海书店出版社,1983 年,第 228—229 页。

③ 陶宗仪:《南村辍耕录》(卷十),涵芬楼影印本,第 2 页 b。

④ 《卢龙塞略》中有"马牧曰阿都兀赤,又曰兀剌赤"的说法,此书于 1610 年刊行,是综合前人诸说的结果,所以不足为证。

口元音随意转换为合口元音,即使有少数这样的例子,也不是因为某种规律所致。

据伯希和研究,"兀剌"本是古突厥语,读作 ulaq 或 ulagh,在唐代的《大慈恩寺三藏法师传》里就被译写为"邬落"①,意思为供行人乘骑的马,类似驿马。在《高昌馆杂字》里,马夫仍被称作"兀剌只"②。此语转入蒙古语,读音变为 ula'a,汉译"兀剌"。在《元朝秘史》中,"兀剌"出现过两次,第一次是"扯里混兀剌",旁译为"军的马匹",第二次为"兀剌古出",旁译为"骑坐马匹气力"③。丁国范和方龄贵都据此认为,"兀剌"还有另外一个独立的义项,即"马匹""马"④。实际上,在《元朝秘史》的行文中,该两处的"兀剌"指供远征军和宿卫军人乘骑的马匹,仍保留着原突厥语的本意。此处不作一般的"木里"(马)或"阿忽答"(骟马),这可能是因为这些马匹是专供行人乘骑的。正因为该词有这样特殊的含义,在窝阔台汗时期有了驿站之后,兀剌就专指驿站之马。所以,《事林广记》中"蒙古译语"就说"铺马:兀剌"⑤。

在记写元代蒙古语语音方面,八思巴字文献最具说服力,因为它能够较准确地音写蒙古语词的读音。在 1277—1289 年间的忽必烈皇帝的两道八思巴字圣旨和 1280—1292 年间的一道八思巴字圣旨里,均提到了"兀剌"一词,其形式都是 ulaa⑥,而不是 hulaa。不难看出,忽必烈时期"兀剌"一词并没有诸如"呼剌"带有词首 h 辅音的读

① "愿可汗怜师入怜奴,仍请敕以西诸国给邬落马递送出境"。"法师从求使人及邬落,欲南进向婆罗门国"。转引自方龄贵:《元明戏曲中的蒙古语》,汉语大词典出版社,1991 年,第 50—51 页。

② 《华夷译语》,《北京图书馆古籍珍本丛刊》(六),书目文献出版社,第 435 页。

③ 《元朝秘史》,载《四部丛刊》三编,商务印书馆,1936 年,第 199、214 页。

④ 丁国范:《元史论丛》第一辑,中华书局,1982 年。方龄贵:《元明戏曲中的蒙古语》,汉语大词典出版社,1991 年,第 51 页。

⑤ 陈元靓:《事林广记》续集卷八,中华书局,1999 年。

⑥ 照那斯图:《八思巴字和蒙古语文献研究文集》(第一集),东京外国语大学亚非语言文化研究所,1990 年,第 8、13、23 页。

法。兀剌赤是"兀剌"加表示职司的名词后缀"赤"的形式。据方龄贵研究,"兀剌赤"在元明时期的戏曲作品中也多次出现过①,但是没有一处作"呼剌赤"或"哈剌赤"。元明时期的戏曲作品中的蒙古语借词是生活语言的直接反映,从中也可以窥见,ula'aci 一直是零声母词。

总之,"哈剌赤"就是 Qarači,由表示"清色"的 Qara 和表示职司的名词后缀 či 构成,意即"清澈的马乳(即细乳)制作者","哈剌赤"与"兀剌赤"是完全不同的两个词。

元代的哈剌赤军及其家属演变为 15 世纪以后的哈剌陈人,后来成为蒙古中央六万户之一——应绍卜万户的重要成员。在明代文献中,哈剌陈有多种音写形式,至清代统一写成了喀喇沁。为了行文方便,除了引文,以下将其称为喀喇沁。

第二节　应绍卜万户

应绍卜万户是蒙古六万户之一。蒙古六万户指察哈尔、喀尔喀和兀良哈等左翼三万户及鄂尔多斯、土默特和应绍卜等右翼三万户。

应绍卜万户源远流长。应绍卜,又作"永绍卜""应绍不""雍谢布""永谢布"等。关于应绍卜的起源和名称的由来,史学界主要有"永昌府说"和"云需府说"。冈田英弘认为,应绍卜是元代居住在凉州地区的阔端、只必帖木儿父子的后裔,"应绍卜"一名是他们的都城永昌府的音译②。但是,冈田英弘并没有提供这一结论的史料依据,对永昌府与永绍卜之间的对音关系也没做任何解释,所以就没能得到更多人的支持。亦邻真认为,应绍卜之名来自元代的云需总管府

---

① 方龄贵:《元明戏曲中的蒙古语》,汉语大词典出版社,1991 年,第46—52 页。
② 冈田英弘:《达延汗六万户的起源》(日文),《榎博士还历纪念东洋史论丛》,山川出版社,1975 年。

（简称云需府）。元亡后，云需府逐渐变成部落名①。薄音湖就云需府的兴衰、云需府的地理位置和永绍卜各部的分布等情况进行了研究，为"云需府说"提供了较充分的历史依据②。乌兰进一步指出，元末明初，位于明军主要袭击目标上都附近的云需府由于受到战乱冲击，人众纷纷逃离驻地，进入草原深处，形成了一个新的部落，他们原来所属机构的名称云需府自然成了部落名称，只是发音蒙古化了③。宝音德力根从语音学角度在否定"永昌府说"的同时，还指出应绍卜的失保嗔鄂托克即云需府的昔宝赤，为"云需府说"提供了有力的证据④。

关于应绍卜万户的形成年代，薄音湖认为，"大约在弘治以后"，即1488年以后。他说，在亦不刺时期，"永谢布吸收了更多的部落，达到了它的鼎盛"⑤。乌兰和宝音德力根则主张，至15世纪中叶癿加思兰太师把持东蒙古朝政的时代，应绍卜万户才最后得以形成⑥。

根据北元时期蒙古各大部落形成的历史情况及应绍卜的名称和人员构成来分析，"云需府说"可信。云需总管府，是掌管元廷察罕脑儿行宫的机构。该行宫在今天滦河上源的河北张北县境内，金代以金莲川著称。在元代，皇帝每年从大都到上都避暑，都要经过那里。那里居住着大量的皇家饲鹰者，称"昔宝赤"。此外还有酿酒、行商、耕种的蒙古人、色目人、汉人。元朝灭亡后，朝廷退立草原，想必云需府所属人员的大部分也被带到漠北草原，逐渐形成了新的游牧部落。

---

① 亦邻真：《蒙古人的姓氏》（蒙古文），《亦邻真蒙古学文集》，内蒙古人民出版社，2001年，第60页。

② 薄音湖《关于永谢布》，《内蒙古大学学报》（哲学社会科学版）1986年第1期。

③ 乌兰：《〈蒙古源流〉研究》，辽宁民族出版社，2000年，第314页。

④ 宝音德力根：《应绍卜万户的变迁》，《中国人文社会科学博士硕士文库》（历史学卷·上），浙江教育出版社，2005年，第414页。

⑤ 薄音湖：《关于永谢布》，《内蒙古大学学报》（哲学社会科学版）1986年第1期。

⑥ 乌兰：《〈蒙古源流〉研究》，辽宁民族出版社，2000年，第314页。宝音德力根：《应绍卜万户的变迁》，《中国人文社会科学博士硕士文库》（历史学卷·上），浙江教育出版社，2005年，第405页。

这与元廷中怯薛部队的主力阿速卫和钦察卫退到草原后形成阿速特部落和喀喇沁部落的情况相同。从语音角度讲,云需府在元代的读音应为＊Yuen siu pu,蒙古化后,其发音便成为 Yöngšiyebü。

下面,拟从应绍卜十鄂托克入手,讨论应绍卜万户的形成及其人员构成。明朝兵部职方司主事魏焕的《皇明九边考》(1541 年成书)记载了十六世纪二三十年代蒙古各部的情况。据此书记载,当时应绍卜万户有十个"营"(汉籍中的所谓"营"是蒙古语"鄂托克"的对译),分别是:阿速、阿喇嗔、舍奴郎、孛来、当喇儿罕、失保嗔、叭儿厫、荒花旦、奴母嗔、塔不乃麻①。

这些鄂托克,就其起源和来历来讲,至少可以分成四个不同的系统。第一系统,是元代怯薛军及其老营的后裔部落,包括阿速、阿喇嗔和舍郎奴。第二系统,是蒙元时期一些古老部落的后裔,如荒花旦、塔不乃麻和当喇儿罕。第三系统是云需府属民后裔部落,包括失保嗔、奴母嗔。最后一个系统,是原四卫拉特部落,包括孛来、叭儿厫。他们参加应绍卜万户的背景各异。

首先是怯薛军系统。《皇明九边考》所说阿速(＊Asud)即阿速特,阿喇嗔(＊Qaračin)即喀喇沁,舍奴郎(＊Širanud)即西喇努特。

阿速特部的名称,来自于高加索地区的阿兰人(Alans,Alanen)。阿兰人属于印欧语系的伊朗语族草原居民。1 世纪时,阿兰人生活在北高加索一带,经常劫掠阿尔美尼亚和小亚细亚,370 年被匈奴所征服。部分阿兰人被赶到中欧和西欧,和日耳曼人、西哥特人合流。大部分阿兰人则留居高加索地区,他们的后裔就是今天的北高加索的奥塞梯人。1239 年,蒙哥、贵由率领的蒙古军征服高加索的阿兰人(蒙古人称之为阿速特),精选其一千壮丁组成阿速军,交由阿塔赤率领,带回蒙古,从此蒙古人中始有阿兰人。据《元史》《杭忽思传》记载:"杭忽思,阿速氏,主阿速国。太宗兵至其境,杭忽思率众来降,

---

① 魏焕:《皇明九边考》,《国立北平图书馆善本丛书》(第一集),商务印书馆,1937 年,第446 页。

赐名拔都儿,锡以金符,命领其土民。寻奉旨选阿速军千人,及其长子阿塔赤护驾亲征。及还,阿塔赤入直宿卫。"①1309 年,元廷设立阿速左右二卫,阿速卫成为元朝侍卫亲军中的精锐之一②。1368 年元朝灭亡,阿速、钦察等诸卫侍卫亲军及其老营随元廷北撤,至 15 世纪初逐渐形成冠以阿速卫之名的游牧部落,蒙古语称 Asud(阿速特,是阿速的复数)。

阿喇嗔,即哈剌嗔。郑晓《皇明北虏考》(1552 年刊行)所载应绍卜十营中,阿喇嗔被记作哈剌嗔③。哈剌嗔,即元代的哈剌赤。在明代,哈剌赤最初在 1410 年以"哈剌陈"之称出现在史书中④。

15 世纪初,阿速特和喀喇沁关系密切。他们都在阿速特部贵族阿鲁台⑤的管辖之下。阿鲁台拥立本雅失里为汗,掌握蒙古朝廷的实权。1434 年,阿鲁台被卫拉特的脱欢太师所杀,阿速特、喀喇沁等部被脱欢掌控。1438 年,脱欢拥立脱脱不花为蒙古汗,阿鲁台旧属喀喇沁等部归大汗管辖。脱欢时期,阿速特部首领为阿鲁台之子伯颜帖木儿。后来,脱脱不花和脱欢之子也先君臣反目,也先弑杀脱脱不花而夺取汗位。1454 年,也先汗在卫拉特内讧中被杀,阿速特首领伯颜帖木儿也一同被杀。其后,喀喇沁部领主孛来统辖阿速特、喀喇沁诸部。1465 年,孛来被成吉思汗庶弟别里古台后裔毛里孩所杀,所以阿速特与喀喇沁诸部落入斡罗出(又作阿老出)之手⑥。

---

① 宋濂等撰《元史》,中华书局,1976 年标点本,第 3205 页。
② 宋濂等撰《元史》,中华书局,1976 年标点本,第 2527 页。
③ 郑晓:《皇明北虏考》,《四库禁毁书丛刊》,北京出版社,2000,第 72 页。
④ 曹永年:《关于喀喇沁的变迁》,《蒙古史研究》第四辑,内蒙古大学出版社,1993 年,第 61 页。
⑤ 顺便提一下,关于这位大名鼎鼎的权臣阿鲁台的名字,《蒙古源流》说,其本名为 Ögedelekü,因为脱欢太师让他背筐拾畜粪,故得名为阿鲁台(背筐人)。这本是民间对阿鲁台的随意解释。在《华夷译语》"鸟兽门"有"獐:阿剌黑台"(* Araqtai)的记载,阿鲁台实际上就是这个词。以猛兽名为号或名字,在蒙古国很常见。如,准噶尔首领哈剌忽剌(彪)即一例。
⑥ 曹永年:《关于喀喇沁的变迁》,《蒙古史研究》第四辑,内蒙古大学出版社,1993 年,第 64 页。

据宝音德力根考证,舍奴郎应属于旧喀喇沁部。罗《黄金史纲》说,阿速特、喀喇沁和撒喇苏特(sarasud)三部为旧喀喇沁①。这个撒喇苏特(sarasud)当为西喇努特(Širanud)之误。西喇努特(* Širanud)与舍奴郎对应,而"舍奴郎"可能是"舍郎奴"的倒误②。笔者赞同这一结论——舍奴郎为喀喇沁部之一支。

第二系统,是蒙元时期一些有根基的大部落的后裔,包括塔不乃麻、当喇儿罕和荒花旦。在这三个部落中,首先引人注目的是塔不乃麻。塔不乃麻(* Tabun aimaɣ),蒙古语为"五爱玛"之意,应是蒙元时期"五爱玛"或"五投下"后裔。蒙元时期的"五投下"指札剌亦儿、弘吉剌、亦乞列思、兀鲁兀和忙兀五部所属千户。五部首领皆为国王木华黎等人的后裔,是成吉思汗及其继承者的功臣贵戚。在蒙元时期,五部属于左翼,占左翼蒙古四十千户中的十六个,位于蒙古诸部东南方。1369年明军北征,五投下曾受命屯兵会州③。村上正二指出,五投下分为由五部游牧部落构成的本投下及其在内地的食邑。本投下逐渐变为爱玛④。塔不乃麻(五爱玛),就是这些蒙古东南部草原上五爱玛的后裔。那么,他们是怎样融入应绍卜万户的呢?这与斡罗出进入黄河河套地区有关。

前已提及,1465年,孛来被毛里孩所杀,阿速特、喀喇沁诸部落入斡罗出之手。曹永年根据《明实录》记载指出,1466年时,曾经是孛来属下大头目的斡罗出已经以与毛里孩、小王子等齐名的大头目的身份出现。1470年,斡罗出率众进入黄河河套,与满都古勒汗、博罗呼济农和乣加思兰会合。不久,乣加思兰与博罗呼济农将斡罗出

---

① 罗卜藏丹津:《黄金史纲》,乔吉校注,内蒙古人民出版社,1983年,第659页。
② 宝音德力根:《应绍卜万户的变迁》,《中国人文社会科学博士硕士文库》(历史学卷·上),浙江教育出版社,2005年,第411页。
③ 海老泽哲雄:《关于蒙元时期的五投下》(日文),《山崎先生退官纪念东洋史论集》,东京教育大学,1967年。
④ 村上正二:《元朝投下的意义》(日文),《蒙古学报》1940年第1号。

赶出河套地区,次年,最终吞并了斡罗出部落①。关于斡罗出的出身,曹永年没有深究,只说他是"仅次于孛来的哈剌嗔重要首领"。乌兰正确指出,这位斡罗出就是《蒙古源流》中的斡罗出少士(Oroču Šigüši)②。根据《蒙古源流》记载,斡罗出是兀鲁兀部人,他的女儿失乞儿是博罗呼济农的夫人,达延汗的母亲③。这样一来,斡罗出实际上是塔不乃麻部落之长。在孛来统治阿速特、喀喇沁诸部时期,斡罗出率领的塔不乃麻归附孛来,孛来死后,这位势力仅次于孛来的斡罗出乘机吞并了阿速特、喀喇沁诸部。不久,斡罗出被亦加思兰逐出河套,但是塔不乃麻部却被亦加思兰吞并,融入后来的应绍卜万户里。

荒花旦(＊Qongqutan),也是蒙古古老部落之一。据《元朝秘史》记载,成吉思汗之父也速该的家臣中有晃豁坛的蒙力克④。晃豁坛即荒花旦。当喇儿罕(＊Danglaɣar),始见于明代蒙古文献。《蒙古源流》作当剌嘎儿,佚名《黄金史纲》中作唐兀(指党项人)之都冷里(Tangɣud-un Dülengeri)。据此可知,该部的起源和名称,可能与蒙古灭西夏和党项人融入蒙古有一定关联。据《蒙古源流》载,亦加思兰等攻杀达延汗之父博罗呼济农,亦思马因强娶达延汗母亲,年少的达延汗受到虐待。因此,当剌嘎儿部人将达延汗抢去抚养。可见,当剌嘎儿是博罗呼济农的属民。可以推测,荒花旦和当喇儿罕是博罗呼济农的部属,当亦加思兰控制河套地区之后,始入应绍卜。

第三系统,是云需府旧营后裔,包括失保嗔和奴母嗔。失保嗔(＊Šibaɣučin),元代作昔宝赤。《南村辍耕录》云,"昔宝赤,鹰房之执役者"⑤,亦即司鹰者。如前所述,察罕脑儿地区曾居住着从事各行各业的各族人,其中最重要的一项职业就是饲养猎鹰。因为元帝

---

① 曹永年:《关于喀喇沁的变迁》,《蒙古史研究》第四辑,内蒙古大学出版社,1993年,第64—65页。

② 乌兰:《〈蒙古源流〉研究》,辽宁民族出版社,2000年,第320页。

③ 萨囊彻辰:《蒙古源流》(库伦本),1955年,第58页 v。

④ 《元朝秘史》,载《四部丛刊》三编,商务印书馆,1936年,第244节。

⑤ 陶宗仪:《南村辍耕录》(卷十),涵芬楼影印本,第2页 b。

北巡察罕脑儿行宫的主要目的之一就是为了打猎。因此,云需总管府下有大量的昔宝赤,其官员也均由怯薛中的昔宝赤担任,所谓"云需府官皆鹰人也"①。奴母嗔(* Nomučin),意为"弓匠",顾名思义,该部的先人一定从事专门制造弓箭的职业。在元代,从事制造弓箭的人应该不为罕见,但作为应绍卜万户的成员,奴母嗔部很可能就是云需府中弓匠的后裔。

问题在于,这些云需府后人什么时候变成应绍卜的呢?应绍卜又是怎么成为该万户名称的呢?必须指出,作为部落的应绍卜和作为万户的应绍卜,是两个完全不同的概念。元朝灭亡后,云需府各营和其他阿速、钦察诸卫一样,退回漠北,逐渐形成了应绍卜部落。这个时候的应绍卜仅仅是一个部落,它的人员构成应包括失保嗔、奴母嗔等云需府人后裔部落。即如后来的喀喇沁总名下面包括喀喇沁、东土默特、兀良哈和阿速特等一样。15世纪初,它可能处在阿速特部的控制下。在两部《黄金史纲》和《蒙古源流》中,应绍卜部的名称都是在叙述也先俘获明英宗事件(汉籍所说"土木之变")时出现的。说到看守明英宗的人,两部《黄金史纲》说是应绍卜的额先撒米,而《蒙古源流》则说是阿速特的阿里麻丞相。这反映了阿速特与应绍卜两个部落之间的特殊关系。比较合理的解释是,当阿速特部在阿鲁台统治下势力强盛时,应绍卜曾在其控制之下,当阿鲁台以后阿速特势力衰落时,应绍卜逐渐发展起来②,不再成为阿速特的附庸,开始以自己的名字著称。应绍卜成为后来包括阿速特、喀喇沁、应绍卜、塔不乃麻诸鄂托克的大万户名称,大致是在乩加思兰征服应绍卜鄂托克,进而拥有了所有鄂托克之后。

第四系统,是原属于四卫拉特的叭儿廒和孛来。叭儿廒(* Barγu),即巴儿虎,孛来(* Buriyad),即布里亚特。13世纪初,他们

①　薄音湖:《关于永谢布》,《内蒙古大学学报》(哲学社会科学版)1986年第1期,第2—3页。

②　乌兰:《〈蒙古源流〉研究》,辽宁民族出版社,2000年,第314页。

居住在贝加尔湖附近,属于"林木中百姓"。元朝时,受阿里不哥家族统治,后来成为卫拉特蒙古的重要成员。据宝音德力根研究,巴儿虎、布里亚特二部归卫拉特著名的阿剌丞相(即汉籍中所说的阿剌知院)和克里耶父子统治①。阿剌丞相攻杀也先汗,后被喀喇沁首领孛来所杀,卫拉特陷入内乱。巴儿虎人、布里亚特人有可能在这个时候被孛来吞并,并带到东蒙古。也先汗以后,在哈密北山一带崛起的乜加思兰曾经征服了部分卫拉特部众,但主要是也先汗家族部落,尚未见阿剌知院部属被乜加思兰征服的记载,所以巴儿虎、布里亚特在乜加思兰时期加入应绍卜万户的说法缺乏依据。

　　根据以上分析,应绍卜万户诸部的起源和汇流也就大致清楚了。概括起来说,元朝蒙古政权退出中原以后,阿速卫、钦察卫、云需府各营均退回漠北草原,形成了阿速特、喀喇沁、应绍卜诸部,经阿鲁台、孛来、斡罗出等人的统治,它们一直是北元的政治和军事基础。也先汗统一蒙古以后经历短暂时期,东、西蒙古又重新拉开战幕,卫拉特蒙古中的部分巴儿虎人、布里亚特人被孛来统治的部落集团吞并。经塔布乃麻(即五爱玛)首领斡罗出和博罗呼济农的联手,加之后来乜加思兰对斡罗出部的吞并,庞大的应绍卜万户终于形成。

　　下面,对乜加思兰以后应绍卜万户的变迁做简单交代。

　　15世纪50年代末期,野乜克力部(即金、元时代的磨可里、蔑乞里部)在首领乜加思兰太师带领下崛起于哈密北山一带。乜加思兰"有智术,善用兵"②,不久便称霸哈密以北地区,进而掌控也先子孙部落和赤斤、罕东诸卫。1470年,乜加思兰率众进入河套,与满都古勒、博罗呼济农、斡罗出等会合。又把女儿嫁给满都古勒,拥戴满都古勒为汗,并谋害了博罗呼济农,将斡罗出逐出河套,最终占据了应绍卜诸部。原博罗呼济农、斡罗出属下的多数部众投身乜加思兰的

---

① 宝音德力根:《应绍卜万户的变迁》,《中国人文社会科学博士硕士文库》(历史学卷·上),浙江教育出版社,2005年,第412页。

② 《明宪宗实录》,成化十五年五月庚午。

麾下,和乩加思兰率领的各部逐渐形成了应绍卜万户。

1479 年,乩加思兰被其族弟亦思马因杀死,应绍卜万户易手亦思马因。亦思马因等人拥立年仅七岁的达延汗即蒙古大汗位,但自己仍把持朝政。1483 年,亦思马因和达延汗发生战争,亦思马因率领部分人马逃往甘肃边外。1488 年,亦思马因死。1492 年,也先汗之孙亦不剌控制亦思马因部众。1495 年,达延汗征亦不剌部,亦不剌投诚,并成为应绍卜万户之主。在多年的战乱中,应绍卜万户势力较前有所减弱。

1508 年,应绍卜的亦不剌、鄂尔多斯的满都赉阿哈剌忽和满官嗔—土默特的火筛等犯上作乱,执杀达延汗派往鄂尔多斯做济农的次子乌鲁斯博罗特。1510 年,达延汗率领左翼三万户及科尔沁万户,在答兰特哷衮与右翼三万户进行决战,平定右翼叛乱,亦不剌和满都赉阿哈剌忽逃至青海,火筛投降。

此后,达延汗将蒙古中央六万户分封其诸子,蒙古黄金家族对六万户的直接统治最终得以确立。然而,随着达延汗后裔黄金家族成员对各万户的不断再分封,六万户很快被瓜分,在达延汗以前业已存在的蒙古六万户实际上遭到破坏。

应绍卜万户的命运正是如此。达延汗诸子时期,应绍卜万户被分割成喀喇沁、阿速特和永谢布(即应绍卜。为了和应绍卜万户的总称相区别,下文将从应绍卜万户中分离出来的应绍卜部,按清代的习惯写为永谢布)三个主要部分。喀喇沁部之主是达延汗第三子巴尔斯博罗特的第四子巴雅斯哈勒汗,这殆无疑义,但关于阿速特和永谢布的分封情况,在蒙古文史书中的记载很不一致。《蒙古源流》载,达延汗第十子乌巴散扎受封阿速特与永谢布。罗《黄金史纲》认为,达延汗子孙"后来又分家,各占诸兀鲁思"时,博迪达剌拥有了永谢布。较晚成书的《金轮千辐》则主张,阿勒博罗特(又作 Albura、Arbolad 或 Arbuγura,明末汉籍一般作那力不剌)是阿速特、西喇努特(Širanud,

＊舍郎奴～舍奴郎)和达剌明安(Darai Mingɣan)三鄂托克之主①。这样一来,永谢布和阿速特之主就有了达延汗第十子乌巴散扎、第七子阿勒博罗特(那力不剌)和达延汗孙,即第三子巴尔斯博罗特的末子博迪达剌(又作我托汉卜只剌,Otqon Bodidara)三人的说法。那么,事实是怎样呢? 这个问题将在第三章里专门讨论。

---

① 萨囊彻辰:《蒙古源流》(库伦本),1955 年,第 68 页 v。罗卜藏丹津:《黄金史纲》,乔吉校注,内蒙古人民出版社,1983 年,第 655 页。答里麻:《金轮千辐》,乔吉校注,内蒙古人民出版社,1987 年,第 202 页。

第三章　喀喇沁万户的形成

第一节　喀喇沁万户的形成

达延汗的"诸子分封",开了瓜分六万户的先河,蒙古中央六万户随着达延汗子孙的再分封,也日趋分崩离析。

以前的应绍卜万户十大营,在达延汗征讨右三万户的叛乱后土崩瓦解,只有喀喇沁和阿速特两个鄂托克保留比较完整。除此之外,还新形成了一个叫作"永谢布"的鄂托克(与"应绍卜"同名)。在应绍卜万户中,本来没有叫作应绍卜的鄂托克,它是在该万户的废墟上,由原应绍卜万户各鄂托克的残余形成的。因此,鄂托克名沿袭了万户的总称,人数也较多。

喀喇沁万户是在喀喇沁、阿速特和永谢布这三个鄂托克的基础上逐渐形成的。

根据蒙古文史书中的记载,在达延汗诸子时期,达延汗第三子巴尔斯博罗特的第四子巴雅斯哈勒汗受封喀喇沁鄂托克。如前所说,关于阿速特和永谢布的分封情况,史书记载不尽一致。在蒙古文史书中,乌巴散扎、阿勒博罗特(汉籍称那力不剌)和博迪达剌(汉籍又作我托汉卜只剌)被列为永谢布和阿速特之主。那么,到底谁继承了永谢布和阿速特呢?

先看《蒙古源流》。巴尔斯博罗特之子"博迪达剌,甲戌年生。他在幼年玩耍时曾唱道:愿阿著、失喇二人相互残杀,好让我占有阿速特、永谢布。后来乌巴散扎青台吉之子名为阿著、失喇的兄弟二人相残。因为阿著杀死了弟弟,[属民]被瓜分,因为失喇被害无嗣,谓中了[博迪达剌说的]话,就让博迪达剌占据了阿速特和永谢布"①。据此,似乎乌巴散扎是阿速特和永谢布之主。和田清持这一观点,因此把乌巴散扎和那力不剌视为同一个人②。这当然是不正确的③。阿著和失喇固然是兄弟俩,但不是乌巴散扎的儿子,而是那力不剌的儿子。那力不剌和乌巴散扎为兄弟,据宝音德力根考证,乌巴散扎分领应绍卜万户的巴儿忽鄂托克,附牧于外喀尔喀部④。值得注意的是,罗《黄金史纲》说,乌巴散扎受封黑鞑靼(Qara Tatar)⑤。明代汉文文献中,巴儿忽部又被称作"黑鞑子",可能就是"Qara Tatar 黑鞑靼"的汉译。那么,明人所说黑鞑子和蒙古人所谓黑鞑靼应均指巴儿忽部。

再看明人的记载。1541 年成书的魏焕的《皇明九边考》载:"北虏哈喇真、哈连二部常在此边(即大同)住牧。哈喇真部下为营者一,大酋把答罕奈领之,兵约三万;哈连部下为营者一,大酋失喇台吉领之,兵约二万。"⑥和田清早已指出,哈喇真就是喀喇沁,把答罕乃即巴雅斯哈勒汗;哈连为哈速之误,而哈速即阿速⑦;失喇台吉即那力不剌长子。可见,十六世纪三四十年代,应绍卜万户已经分裂。喀喇沁归达延汗第三子巴尔斯博罗特后人管辖,阿速特则归达延汗第七子那力不剌后裔统治⑧。

关于永谢布和阿速特部领主,《北虏世代》与魏焕《皇明九边考》

① 萨囊彻辰:《蒙古源流》(库伦本),1955 年,第 68v—69r 页。
② 和田清著《东亚史研究·蒙古篇》(日文),东洋文库,1959 年,第 671 页。
③ 森川哲雄:チセハル·ハオトクとその分封について,東洋学報,1976,第 141–142 页。
④ 宝音德力根:《"喀尔喀巴尔虎"的起源》(蒙古文),《明清档案与蒙古史研究》第二辑,2002 年。
⑤ 罗卜藏丹津:《黄金史纲》,乔吉校注,内蒙古人民出版社,1983 年,第 665 页。
⑥ 魏焕:《皇明九边考》,《国立北平图书馆善本丛书》(第一集),商务印书馆,1937 年,第 442 页。
⑦ 和田清著《东亚史研究·蒙古篇》(日文),东洋文库,1959 年,第 670 页。
⑧ 宝音德力根:《应绍卜万户的变迁》,《中国人文社会科学博士硕士文库》(历史学卷·上),浙江教育出版社,2005 年,第 416 页。

的记载截然不同。《北虏世代》记事到达延汗曾孙世代,比《皇明九边考》晚几十年,反映了 16 世纪末的情况。据该书记载:"那力不剌台吉四子:失喇台吉,系那力不剌台吉长子,营名哈不慎;[中略]那出台吉,系那力不剌台吉二子,与失喇台吉同营;[中略]不克台吉,系那力不剌台吉三子,营名委兀慎;[中略]莫蓝台吉,系那力不剌台吉四子,营名达剌明暗。"①宝音德力根认为,哈兀慎即 Qaɣučin,蒙古语的意思是"旧的、老的",是旧应绍卜万户中阿速特、喀喇沁、西喇努特(舍奴郎)三部的一部分;委兀慎可能是应绍卜中亦思马因旧部②。如果这一结论能够成立,那么到了 16 世纪末叶,那力不剌的后人仅拥有应绍卜万户的一些分支了。

那么,永谢布和阿速特的主力在哪里呢?《北虏世代》在记载巴尔斯博罗特后裔时云,"我把汉点剌台吉三子:恩克跌儿歹成台吉,系我把汉长子,生三子:长曰恩克七庆台吉,二曰挨生台吉,三曰我角敬台吉。也辛跌儿台吉,系我把汉第二子,生一子,曰把儿勿台吉。哑速火落赤把都儿台吉系我把汉第三子,生四子:长曰唐兀台吉,二曰矮落台吉,三曰千令台吉,四曰虎喇海气台吉。以上三酋,营永邵卜,住于丰州滩之北、大同塞外。"③"我把汉",是"我托汉"的错讹,点喇是博迪达剌的达剌,就是 Otqon Bodidara 的音写形式,即幼子博迪达剌。显然,永谢布和阿速特主力已经归博迪达剌诸子统治。从各首领的名号至少可以看出,博迪达剌长子率领永谢布本部,二子统领原应绍卜的叭儿厫(把儿忽,即巴儿忽,Barɣu)鄂托克,幼子主阿速特部,可能还包括原应绍卜的当喇儿罕(即唐兀④)鄂托克。

在达延汗时期,最初受封应绍卜万户的是谁,已无从考证,但根据那力不剌后人曾经拥有阿速特部的事实判断,那力不剌很可能受

①　《北虏世代》,《北平图书馆善本丛书》第一辑,影印本,第 491 页。
②　宝音德力根:《应绍卜万户的变迁》,《中国人文社会科学博士硕士文库》(历史学卷·上),浙江教育出版社,2005 年。
③　《北虏世代》,《北平图书馆善本丛书》第一辑,影印本,第 493—494 页。
④　唐兀应该是"唐兀之当喇儿罕"的简称。

封应绍卜万户,因为那力不剌是达延汗的嫡幼子,按蒙古分封家产的传统,幼子不可能受到冷遇。无论如何,综合上述考证可以得出这样的结论:无论最初受封应绍卜万户的是什么人,到后来,巴尔斯博罗特第四子分得了其中的喀喇沁鄂托克,但后来的事实是,巴尔斯博罗特季子又得到了永谢布和阿速特,那力不剌后裔手里只剩下了应绍卜的一些分支而已。结果,在应绍卜万户的废墟上诞生了巴尔斯博罗特后裔统治下的喀喇沁万户。

蒙古文史书对应绍卜万户肢解后各部领主的记载之所以不同,正是反映了应绍卜万户各鄂托克的不同时期的不同领主。

巴尔斯博罗特后裔所领各部的成分,应引起我们的注意。如前所述,阿速特和喀喇沁是应绍卜万户中最具根基,也是最早的组成部分。经过 16 世纪初达延汗对右翼三万户的征讨,归附不久的和势力微弱的各鄂托克,已经烟消云散。在往日十大部落中,最后剩下的还是应绍卜万户的砥柱部落,而不可一世的巴尔斯博罗特很快独吞了这个应绍卜万户所留下的庞大遗产。巴尔斯博罗特的子孙诸部落,在喀喇沁部巴雅斯哈勒汗的麾下逐渐形成了新的万户——喀喇沁万户。

第二节　阿速特与永谢布的地域分布

在这里,试对应绍卜万户解体后的阿速特、永谢布的分布作一考察。阿还特、永谢布都是喀喇沁万户的重要成员。

萧大亨《北虏风俗》所附《北虏世系》记载,博迪达剌率永谢布、阿速特诸台吉在张家口外正北,离边约二十日程的地方驻牧①。根据郑文彬《筹边纂议》和王鸣鹤《登坛必究》记载,博迪达剌驻牧青山后

---

① 萧大亨:《北虏世系》,《北京图书馆古籍珍本丛刊》(十一),书目文献出版社,2000 年,第 493—494 页。

正北①。可见，这些史料关于永谢布、阿速特二部牧地在张家口正北的记载，说明了博迪达剌牧地的方位。这座青山当指今内蒙古的乌兰察布市兴和县和商都县交界一带的青山，其正北基本上就是今察哈尔正镶白旗和镶黄旗境。但根据《北虏世代》，这个地方在博迪达剌孙辈时，已经变成那力不剌三子不克台吉所率畏吾慎鄂托克领地②。所以，根据下列史书的记载，永谢布、阿速特二部分布在靠北、靠西的地方。茅元仪《武备志》引用《兵略》云："张家口大市厂边外，西北接甘肃边外，大酋永邵卜，部落四万有余，夷酋阿速等，部落二万有余，七庆把都儿，一万有余。"③《北虏世代》列举永谢布和阿速特三首领之后，说："以上三酋，营名永邵卜，住于丰洲滩之北，大同塞外。"④1601年成书的由杨时宁主持编修的《宣大山西三镇图说》记载，"大同巡道辖北东路总图说"时指出："边外与应绍卜巢穴相对，而东则摆腰、兀慎，西则酋妇、东哨打儿汉等驻牧"⑤。《万历武功录》中《永邵卜达成台吉列传》载："永邵卜大成所牧，在大青山后。"⑥可见，在博迪达剌之后，大成台吉、火落赤兄弟继续向西边和北边发展，到了大同边外、丰洲滩之北，即今锡林郭勒盟苏尼特古旗、包头市达尔罕茂明安联合旗一带。这就是永谢布、阿速特的根据地。1628年，在今达尔罕茂明安联合旗境内的埃不哈，永谢布等部联军与察哈尔林丹汗之间发生了一场战争，这个战役的地望恰好证明了永谢布牧地在大青山后之说。这是后话。

永谢布牧地西北连接甘肃边外一说，究竟是怎么一回事呢？《兵略》说应绍卜、阿速特和七庆把都儿分布在张家口边外，西连甘肃边

① （明）郑文彬撰《筹边纂议》卷1，明万历十九年，刻本，国家图书馆藏。（明）王鸣鹤辑：《登坛必究》卷23，《四库禁毁书丛刊》子部第35册，北京出版社，1998。
② 《北虏世代》，《北平图书馆善本丛书》第一辑，影印本，第494页。（据《北虏世代》载，不克台吉诸子"住在大青山之北"）
③ 茅元仪编撰《武备志》卷二〇五，天启刻本。
④ 《北虏世代》，《北平图书馆善本丛书》第一辑，影印本，第493—494页。
⑤ 杨时宁：《宣大山西三镇图说》卷二，《玄览堂丛书》，影印本。
⑥ 瞿九思：《万历武功录》，中华书局，1962年影印本，第867页。

外。和田清对此记载表示"颇费解",但最终还是认为,永谢布迁入了甘肃边外青海地区。看来和田清把应绍卜比定为博迪达剌长子应绍卜大成台吉(Yüngšiyebü Dayičing Tayiǰi),七庆把都儿比定为其子恩克七庆台吉(Engk Sečen Tayiǰi)①。江国真美据《明史·郑洛传》和郑洛疏文考证指出,和田清的看法是错误的,认为应绍卜实指博迪达剌次子也辛跌儿台吉(Esender Tayiǰi)之子巴儿忽台吉,七庆把都儿为青海多罗土蛮(Doluyan Tömed)首领火落赤(Qoloči)之子②。迁入青海的是永谢布的巴儿忽台吉,江国真美的考证准确无误,令人信服。但七庆把都儿恐怕不是指多罗土蛮火落赤之子,而是指巴儿忽台吉本人。理由是,第一,《兵略》先说应绍卜、阿速特、七庆把都儿三股蒙古部落各四万、二万和一万余人驻牧在张家口边外,西连甘肃边外。再说到甘肃边外蒙古时又称:"西海离边三五百里不等,盘住夷人:酉首永邵卜乞庆黄台吉等,部落二万有余,住牧在甘镇边外,在宣府张家口互市领赏。"③可见,西接甘肃边外的永谢布首领就是这位七庆黄台吉,也就是前面所说的七庆把都儿。他虽然远徙青海,但仍利用同永谢布本部的关系,在张家口与明朝互市领赏。正因如此,明人对他有所了解。《兵略》实际上记载了在张家口边外根据地的永谢布、阿速特本部和在青海的永谢布属部。《宣镇图说》的记载可为此提供佐证:"边外远野驻酋首稳克等,部彝约九千余骑,在边迤西,名不喇母林、吾力艮一带驻牧。离边约一千三百余里。倘忽台吉等部彝约八千余骑,在边迤西不喇母林、吾力艮一带驻牧。把儿台吉等部彝约五千余骑,在边迤西哈喇我包一带驻牧,离边二千余里。"④稳克是恩克七庆台吉(当时他已经成为永谢布大营首领),倘忽是唐兀台吉(可见他继火落赤后成为阿速特部首领),把儿是把儿忽台吉。虽

---

① 和田清著《东亚史研究·蒙古篇》(日文),东洋文库,1959年,第680—682页。

② 江国真美:《青海蒙古史的一个考察》(日文),《东洋学报》第67卷,1986年。

③ 茅元仪编撰《武备志》卷二〇八,天启刻本。

④ 和田清著《东亚史研究·蒙古篇》(日文),东洋文库,1959年,第680页。(此文引自《口北三厅志》)

然他们牧地地望一时很难考证落实,但恩克和唐兀曾在离明边千余里的地方一起游牧,这一点是非常清楚的。巴儿忽则远在离明边二千余里的地方游牧,显然是指甘镇边外。第二,江国氏引用过的郑洛疏文中说得很清楚:"永邵卜世牧宣大绝塞,其族甚大,开市于张家口。惟把尔户流寓青海,年久不归,所领达子、所收番子,共有万余。"[①]在青海的永谢布首领,只巴尔户(巴儿忽)台吉一人。与《兵略》对照,他就是七庆把都儿。第三,藏文史料也可资旁证。山口瑞凤引《四世达赖喇嘛传》说,1610 年,当西藏红帽派六世法主到青海时,在土默特火落赤之后,"应绍卜七庆戴青"献礼,次年亲自拜见了他[②]。据此可知,巴儿忽台吉这个称呼表示他是应绍卜巴儿忽部之主,他的真实姓名和称号可能就是 Sečen Dayičing(七庆戴青)或 Sečen baɣatur(七庆把都儿)。

至此,我们可以这样总结 16 世纪末 17 世纪初永谢布、阿速特二部的情况:永谢布首领为博迪达剌长子恩克跌儿大成台吉,他死后,其长子恩克七庆台吉继之。他们至少有四万之众,驻牧大青山以北,苏尼特草原一带。博迪达剌次子也辛跌儿之子七庆把都儿台吉率领巴儿忽鄂托克远徙青海,征服了一些藏族部落,有一二万部众,号称巴儿忽台吉。阿速特部首领为博迪达剌幼子火落赤,他死后,唐兀台吉继为首领,有二万余部众,驻牧于永谢布领地之东。

第三节　喀喇沁本部的发展

庞大的应绍卜万户解体后,取而代之的是喀喇沁万户,但喀喇沁万户却不是应绍卜万户的再现,它与旧应绍卜万户既有联系,又有区别。茅元仪著《武备志》引《兵略》说:"张家口大市厂边外,西北接甘

---

① 郑洛:"敬陈备御海虏事宜以弭后患疏",(明)陈子龙辑《皇明经世文编》卷四五〇《郑经略奏疏》,明崇祯云间平露堂刻本。
② 山口瑞凤:《十七世纪初西藏的抗争和青海蒙古》(日文),《东洋学报》1993 年第 74 卷第 1、2 号。

肃边外,大酋永邵卜,部落四万有余,夷酋阿速等,部落二万有余,七庆把都儿,一万有余,俱听哈喇慎王子白洪大(巴雅斯哈勒汗长孙——引者)调遣,不听管束。"①不仅是永谢布和阿速特,后来东土默特和朵颜兀良哈都归喀喇沁汗管辖。所以,喀喇沁万户是以喀喇沁汗为最高统治者的喀喇沁、东土默特、阿速特、永谢布黄金家族与朵颜兀良哈贵族的联合体,是原来应绍卜、满官嗔—土默特和山阳万户三个万户解体并重新组合的产物。后文将谈及,这时各部虽然保留各自的名称,但对外一般都自称为喀喇沁。这时的喀喇沁一名远远不是一个鄂托克之名,而是已为一个大万户的名称了。

文献明确记载的喀喇沁鄂托克的第一个封主,是达延汗第三子巴尔斯博罗特的第四子巴雅斯哈勒(1510—1572)。巴雅斯哈勒,在明代汉籍中以"老把都"著称。他在喀喇沁称汗后,自取尊号"昆都伦汗"(Köndülün qaγan,意为"尊贵的汗"),所以明人又称之为"昆都力哈","哈即王子也"(哈,汗之音译)。昆都伦汗经常与其兄鄂尔多斯部领主衮必力克吉囊和土默特部领主俺答汗一起活动。1547年,俺答汗与察哈尔大汗博迪汗、鄂尔多斯吉囊、喀喇沁的老把都共同商定,如明朝同意与蒙古互市贸易,他们将约束蒙古部落,"东起辽东,西至甘凉,俱不入犯"。明人称他们为蒙古"四大头目"。可见"老把都"在蒙古各部中的地位。据《万历武功录》载,昆都伦汗"常以精兵三万,政自强大也"。从侵犯明边的战例中,可窥见"老把都"的实力。1557年,昆都伦汗率师六万骑入流河口,杀死明朝副总兵蒋承勋。1559年,他又联合朵颜兀良哈,率十万大军深入明边,大略近京地区。和土默特万户、察哈尔万户一起出兵的例子就更多了。他还参加瓜分兀良哈万户的远征,并向东经营朵颜兀良哈。1571年,明蒙议和,"俺答为昆都力哈请封二字王,后竟授都督同知"。次年,昆都伦汗与其胞兄鄂尔多斯吉囊相继去世,据记载,"俺答如失左右手,日夜哭"。由此可见,喀喇沁部的势力与鄂尔多斯、土默特等万户相

---

① 茅元仪编撰《武备志》卷二〇五,天启刻本。

比不相上下。巴雅斯哈勒一支能世代称汗,正是以此实力作为基础的。

据《兵略》记载,巴雅斯哈勒汗有五子二十九孙。

Ⅰ:长子黄把都儿故,部落一万五千有余,生四子。长子白洪大,即昆都仑哈,哈即王子也,存。总管哈喇慎达子。生三子,其长子打利台吉,存;其二子蛮地台吉,存;其三子抄什麻台吉,存。二子摆独赖,故,生二子。其长子刀儿计台吉,故;其二子憨不什台吉,存。三子擦汗我不根,故,绝嗣。四子我不根,又名丙兔朝库儿台吉,存。

Ⅱ:次子青把都儿,故,部落二万有余,生六子。长子来赛台吉,存,生二子,其长子不答什台吉,存;其二子施令台吉,存。二子哑拜台吉,存,生二子;其长子朝麦兔台吉,存;其二子不剌兔台吉,存。三子来洪达赖台吉,存,生一子,沙木颜台吉,存。四子摆洪达赖台吉,故,生一子,桑儿在台吉,存。五子石令台吉,存。六子我着台吉,存。

Ⅲ:三子哈不慎,故,部落一万有余,生六子。长子小歹成台吉,故。二子脱可台吉,存。三子歹安儿台吉,存。四子矮鸦兔台吉,故。五子迭克兔台吉,存。六子洮儿计台吉,存。

Ⅳ:四子满五素,存,部落一万有余,生十一子。长子史的贵台吉,存。二子满根儿台吉,故。三子不喇兔台吉,存。四子摆哈儿台吉,故。五子塞令台吉,故。六子脱计台吉,故。七子本不什台吉,存。八子习喇我不根台吉,存,哑音。九子岛儿计台吉,存。十子班莫台吉,存。十一子哑不世台吉,存。

Ⅴ:五子马五大,故,部落一万有余,生二子。长子班不什台吉,故。二子白言台吉,存,生二子,其长子加儿木台吉,存;其二子不列世台吉,存[①]。

《兵略》所记巴雅斯哈勒汗五个儿子的名字和称号,在《北虏世代》和蒙古文史书《大黄史》记载中可以得到补充:

长子黄把都儿,《北虏世代》作摆三忽儿威正;《大黄史》称 Bayi-

---

① 茅元仪编撰《武备志》卷二〇五,天启刻本。

sangqur oyiǰang tayiǰi。可见，此人名摆三忽儿，号威正台吉。

次子青把都儿，《北虏世代》称昆都威伦歹成台吉；《大黄史》作 ǰayisangqur čing baγatur。可知，此人名斋三忽儿，号昆都伦歹成青把都儿台吉(＊Köndülün daičing čing baγatur)。

三子哈不慎，《大黄史》作 Layisangqur tayiǰi。《万历武功录》称，"哈不慎，又名来三兀儿"①。可见，此人名赖三忽儿。至于"哈不慎"，可能不是本人名，而是其所领鄂托克名。

四子满五素，《北虏世代》称矮儿克兀打儿汗台吉；《大黄史》作 Mangγus tayiǰi。因此，此人名芒古斯，满五素为其异音，意为传说中的一种妖怪，表示勇猛。"矮儿克兀打儿汗台吉"中的"兀"字可能是衍字，他的号应为矮儿克打儿汗台吉(＊Erke darqan tayiǰi)，按清代音写规则，就是额尔克达尔汗台吉。

五子马五大，《北虏世代》称七庆朝库儿台吉，即满五大；《大黄史》作 Mangγudai tayiǰi②。此人名芒古岱，满五大为异音，号七庆朝库儿台吉(＊Sečen čökür tayiǰi)。

据此可了解到，喀喇沁本部人口近七万。第一代昆都伦汗为巴雅斯哈勒。因其长子黄把都儿先死，巴雅斯哈勒长孙白洪大继而称昆都伦汗，总管部落。但巴雅斯哈勒汗以后喀喇沁部的真正实力派人物恐怕不是白洪大，而是青把都。据《万历武功录·白洪大列传》载，在老昆都伦汗死后，"所部皆统于青把都"③。

那么，喀喇沁部的牧地在哪里呢？

关于喀喇沁部的牧地，前文已经引用过的魏焕《皇明九边考》说，喀喇沁部与阿速特部一起驻牧在大同边外。郑晓《皇明北虏考》的说法略同，说以上二部"居宣府、大同塞外"④。茅元仪《武备志》所引

① 瞿九思：《万历武功录》，中华书局，1962 年影印本，第 855 页。
② 无名氏著《大黄史》(Yeke šir-a tuγuǰi)，乌力吉图校注，民族出版社 1985 年，第 129 页。《北虏世代》，《北平图书馆善本丛书》第一辑，影印本，第 493 页。
③ 瞿九思：《万历武功录》，中华书局，1962 年影印本，第 855 页。
④ 郑晓：《皇明北虏考》，《四库禁毁书丛刊》史部，北京出版社，2000，第 46—73 页。

《兵略》对此记载较为具体："宣府镇边外驻牧夷人。哈喇慎是营名。与独石相对,离独石边三百余里,在旧开平住牧,张家口互市。"①大同边外属土默特牧地,大青山后则是永谢布所属,《皇明九边考》说喀喇沁在大同边外,不确切。与下面引用的几部史书记载相对比,《兵略》的记载似乎更准确一些。

《北虏世代》载,巴雅斯哈勒汗的长子住"宣府塞",二子"居宣府塞旧开平地方",三子"居开平地",四子与五子也都"居开平塞"②。杨时宁的《宣大山西三镇图说》(1603年刊),对16世纪末喀喇沁牧地的记载最为具体。在宣镇上西路总图说条下"张家口图说"里说:"边外狮子屯一带,酋首青把都、合罗气等部落驻牧";在"新开口堡图说"里说:"边外榆林庄一带,俱青把都、毛明暗台吉驻牧。"宣府上北路总图说条下"独石城图说"里说:"边外旧开平、明[原文脱落]白洪大等部落驻牧";"清泉堡图"说里说:"边外大松林、双水海子为青把都部酋白洪大等驻牧";"松树堡图说"里说:堡"北驻青把都等部落"。宣府中路总图说条下"葛峪堡图说"里说:"边外东北有兴和、靖边等城,西北有东胜卫所等城,皆中国故地,见今青把都等酋驻牧";"常峪口堡图说"里说:"壩口外若靖边城、晾马台、兔鹊崖,皆故城廓丘墟,青把都等部落驻牧";"小白阳堡图说"里说:"边外近地若东西古道、韭菜冲等处,皆青把都部落驻巢";"赵川堡图说"里说:"边外西古道一带青把都部落驻牧";"金家庄堡图说"里称:"本堡在龙门卫山后,[中略]边外青把都部落驻牧。"③

该书所说的青把都,是喀喇沁首领巴雅斯哈勒(老把都)的次子。白洪大,是巴雅斯哈勒的嫡长孙。毋庸置疑,张家口、独石口是指常峪口、葛峪堡、小白阳、赵川等地,今均在今河北省张家口市宣化区北境近长城之处。狮子屯,即今河北省张家口市崇礼区东北的狮子沟。

---

① 茅元仪编撰《武备志》卷二〇五,天启刻本。
② 《北虏世代》,《北平图书馆善本丛书》第一辑,影印本,第493页。
③ 杨时宁:《宣大山西三镇图说》卷一,《玄览堂丛书》,影印本。

　　《宣镇图说》说，白洪大的儿子打利台吉所率喀喇沁十万之众，"俱在独石口边外地名旧开平等处驻牧，离边二三百里不等。其马营赤城边外，地名补喇素泰，为汪阿儿害驻牧"，也指出在多伦方向。关于其马营补喇素泰（意为有柳树的地方），《口北三厅志》认为是克什克腾旗的高柳谷，对此和田清表示赞成①，均误。从喀喇沁牧地分布和马营在赤城边外的史料记载来看，该地应该是今正蓝旗东南部的乌兰宝日嘎苏台（意为有红柳的地方）一带，地处慧温高勒、乃仁高勒流域，在闪电河与大滦河汇合处以北，是喀喇沁部牧地的中心。

　　《万历武功录》对此的记载也比较具体，指出巴雅斯哈勒汗"逐插汉根脑及大沙窝、三间房水草，旁近三卫"②。插汉根脑，是插汉脑儿③之误，即元代察罕脑儿行宫所在地。三间房，在今多伦县。据戚继光《蓟镇边防》，"插汉根儿，在宣镇独石边外东北，有小山一座，三个山头，每山头盖庙一间，呼为白庙儿，宣镇呼为三间房，夷人呼为插汉根儿，蓟边遂因名之"④。大沙窝，就是《明英宗实录》中所记的"以克列苏"（＊Yeke elesü，意即大沙窝），正如达力扎布考证，今地即浑善达克沙地⑤。此外，《万历武功录》对巴雅斯哈勒汗几个儿子的牧地也有明确记载：二子"所居在大沙窝、三间房，旁近赤城"；四子"所居在小白阳堡外边"；五子"所居在大沙窝、三间房也"⑥。其方位相当清楚。

　　根据以上史料记载，可以得出如下结论：喀喇沁部牧地分布在今河北省张家口市崇礼区东北部、沽源县及内蒙古正蓝旗和多伦县境内，即小滦河流域和闪电河流域之间，北起浑善达克沙地，南到崇礼

①　和田清著《东亚史研究·蒙古篇》（日文），东洋文库，1959年，第687页。

②　瞿九思：《万历武功录》，中华书局，1962年影印本，第846页。

③　插汉根脑，也有可能是插汉根儿之误。但是，插汉根儿就是三间房。因此，与三间房并列的插汉根脑，只能是插汉脑儿之误了。

④　戚继光：《蓟镇边防》，《四库禁毁书丛刊》史部第五册，北京出版社，2000，第515页。

⑤　达力扎布：《明代漠南蒙古历史研究》，内蒙古文化出版社，1997年，第87页。

⑥　瞿九思：《万历武功录》，中华书局，1962年影印本，第848、864—865页。

区狮子沟一带。在它的东南部一隅,就是东土默特本部牧地。对此,第四章将详述。

从应绍卜万户中完整保存下来的喀喇沁、阿速特、永谢布三大集团,就这样在小滦河—闪电河流域、苏尼特草原和大青山后草地等广大地区占据了各自的根据地。之后,这三部并非完全失去了联系。如前所述,永谢布和阿速特部首领,是博迪达剌诸子,而博迪达剌是巴雅斯哈勒的季弟。二部实力本来不及喀喇沁强大,其首领辈分又低于巴雅斯哈勒汗,"是时,昆都力哈春秋逾五十,胡中号为老把都"①。再加之三部的历史渊源关系,博迪达剌及其诸子奉喀喇沁首领为自己的汗,名义上属他管辖。《万历武功录》中多处记载,永谢布首领与巴雅斯哈勒汗及其子孙青把都、白洪大一起行动,或向明朝征战,或与明朝贸易,无不受喀喇沁制约。比如,1573 年,"青把都偕永邵卜"入贡;次年,"青把都偕弟哈不慎及永邵卜大成等至",进行贸易,等等。阿速特部主与喀喇沁汗的关系尤为密切,直到女真—满洲人的爱新国时期,他们仍称自己为喀喇沁人。强大的喀喇沁万户在喀喇沁汗的领导下逐渐形成,取代了以往的应绍卜万户。

---

① 瞿九思:《万历武功录》,中华书局,1962 年影印本,第 846 页。

第四章　山阳万户的解体
　　与东土默特人

16世纪40年代,随着察哈尔部的南迁,山阳万户瓦解,并促使喀喇沁万户不断向朵颜兀良哈地区的拓展。

第一节　山阳万户与朵颜兀良哈

山阳万户,本来是成吉思汗季弟斡赤斤后裔统治下的兀鲁思。1388年,脱古思帖木儿汗被明军大败,不久被阿里不哥后裔也速迭儿袭杀。此后,斡赤斤后人辽王阿扎失里遣使降明。明朝在山阳万户设置了三个卫。因为辽王阿扎失里所领,此三卫在元代分别为朵因温都儿兀良哈千户所、台州等处怯怜口千户所和灰亦儿等处怯怜口千户所①,明朝的三卫也就基本沿袭了元代的名称,分别称为"兀良哈""泰宁"(台州在元代归泰宁路)和"福余"(即灰亦儿)。明朝统称三卫为"兀良哈三卫",也偶称"朵颜三卫""泰宁三卫"或"福余三卫"。但阿扎失里降明后又很快归附北元,明朝派兵讨伐,双方关系便从此断绝。

朵颜、泰宁、福余等名称,并非是蒙古人的自称,而是明朝对他们的称谓。其实,朵颜卫人自称兀良哈(五两案)人,泰宁卫人自称翁牛特(往流)人,而福余卫人自称乌济业特(我着)人。兀良哈就是成吉思汗时期的兀良哈部的一支,其统治者是成吉思汗功臣者勒篾后人。翁牛特(往流),意为"有王之民"。他们是成吉思汗幼弟斡赤斤的直

---

① 和田清著《东亚史研究·蒙古篇》(日文),东洋文库,1959年,第149页。

属部。关于乌济业特(我着)的起源,学界说法不一。宝音德力根认为,乌济业特意为"林木中百姓",女真语,是蒙古化的"女直野人"[①]。直到 15 世纪 30 年代,往流部游牧在今吉林省洮南市一带,兀良哈部在今兴安盟一带,乌济业特(我着)部在今齐齐哈尔市一带。蒙古人从不称他们是什么三卫,而是一贯将其称作"山阳万户""乌济业特兀鲁思",或"山阳六千乌济业特"[②]。第一个称呼,纯粹是地理概念。上述诸部游牧地均在大兴安岭以南,"山阳",指大兴安岭之南。正如达力扎布所说,在 15 世纪中期,漠北蒙古迁入黄河河套之前,真正的漠南蒙古只有乌济业特诸部。这个大兴安岭以南的唯一蒙古兀鲁思,自然而然就成了"山阳万户"。第二个称谓,是源于其游牧集团成分。当时山阳万户的诸集团中乌济业特人很可能占绝对多数。

明朝永乐皇帝继位后,派使节到山阳万户,于 1404 年重建三卫。为了笼络山阳万户人,明朝政府授予他们的统治阶层各种官衔,诸如都督金事、指挥金事、指挥同知、指挥、千户、百户等,并允许山阳万户民众与明朝进行较广泛的贸易,还为其提供特殊经济待遇。兀良哈与明朝的贸易,基本上有三种形式,一是朝贡贸易,二是马市,三是边境贸易[③]。

朝贡贸易,早在永乐年间已经开始。《大明会典》记载,"永乐元年,三卫来朝,益求内附。因改封宁王于南昌,移行都司于保定,而以大宁全地与之。授都督、都指挥、指挥、千百户、镇抚等官,各赐敕书,每袭则更敕,有功则加升,入贡者以敕为验。自是袭升朝贡不绝,岁以圣节及正旦两贡,每贡各卫百人,由喜峰口入。"[④]这就是说,自1402 年以来,三卫朝贡状况一直如此。朝贡是一种带有政治色彩的

① 宝音德力根:《往流与往流四万户》(蒙古文),《蒙古史研究》第五辑,1997 年。
② 无名氏《阿勒坦汗传》,内蒙古社会科学院抄本,第 68—69 节。罗卜藏丹津:《黄金史纲》,乔吉校注,内蒙古人民出版社,1983 年,第 590 页。
③ 特木勒:《朵颜卫研究——以十六世纪为中心》,博士学位论文,南京大学,2001 年,第 49—59 页。
④ 《大明会典》卷一〇七。

贸易形式。明朝需要三卫的效忠,三卫需要明朝的物资。据郭造卿在《卢龙塞略》中记载,兀良哈三卫每年允许两次"朝贡",每次每卫百人,马百匹。明朝政府则"回赐"三卫朝贡者。回赐时不论贡马等第,每匹彩缎二表里,绢一匹。此外,还有颇为丰富的赐赏。三卫差来或自来,都督赏采缎四表里、绢二匹;都指挥彩缎三表里、绢二匹;指挥、千百户、所镇抚、头目,每人彩缎二表里、绢一匹,另外有所加;舍人每人彩缎二表里、绢一匹、织锦衣一套。此外,一般蒙古男性、妇女、随来妇女,都分别有赏。奏事进贡,求讨请旨,也都有明文规定的赏赐标准。领赏完毕后,在会同馆开市三日,进行交易[1]。

三卫马市,东边在辽东广宁,西边在宣府。辽东马市,是为海西女真和兀良哈三卫开设的。宣府马市本来是在 1571 年明朝政府与右翼蒙古议和后,和大同、山西两镇马市一道,特为右翼蒙古开设的。但兀良哈人作为喀喇沁万户的成员,随喀喇沁贵族参与宣府的张家口马市。所谓马市,就是蒙古人把马匹卖给明朝,并从明朝购买食品、纺织品、锅勺等非军用金属制品及其他手工业制品。

三卫边境贸易,以木市为主。开始在广宁,后来主要在蓟镇的潘家口和桃林口进行。蒙古人在贸易中出售木材,购入农产品和手工业品。

为了获得明朝的厚遇,山阳万户诸首领与明朝一直保持较密切的关系。又由于他们的地理分布条件,明人有关三卫的记述较多,乌济业特等三部的历史活动及其首领世系,与其他蒙古各部相比,记述也较为清楚。

明朝在三卫封官,正如明宣宗所言,"鞑官远人,以官爵縻之,为中国藩篱耳"[2]。三卫接受明朝官职,也仅仅是为了得到经济利益。山阳万户的社会,并没有因为设立三卫而发生很大变化,更没有"内地化",它始终是蒙古的一个万户。明人往往作为"属夷"记述三卫

---

① 郭造卿:《卢龙塞略》卷十五,台湾学生书局,1987 年。
② 《明宣宗实录》,宣德元年十一月乙未。

事,而其他蒙古各部则另当别论。此后,学术界常常有人视兀良哈三卫人如同异化的蒙古人,甚至称其为"蒙古别种",似乎与蒙古本部有很大区别。这一看法是十分荒谬的。诚然,山阳万户在明朝和蒙古本部之间,一直扮演骑墙的角色。所谓"虏众至则逢之为导,而贪中国赐予燕抚厚,亦时时以虏信告,我得预防"①。但是,这种策略并不说明他们与蒙古本部不同,或者与蒙古本部对立。新近有人认为,兀良哈三卫是明蒙对立中的"第三种力量",把它视作"唐与吐蕃之间的白狗等羌,唐与突厥之间的奚等等"。朵颜兀良哈人和喀喇沁建立领主与属部关系后,从明朝的"属夷"变成喀喇沁的"属部","朵颜卫部众失去自我意识,各自认同于领主部落"②云云。这样的说法,很容易给人一种错觉,即似乎兀良哈人迟至参加喀喇沁万户,才融入蒙古社会里,这种观点是不正确的。实际上,山阳万户与元朝以后形成的各自为政的诸多万户没有任何本质的不同,从来没有也不可能有不同于蒙古的"自我意识",也就无所谓重新"认同"的问题了。迟至1630年,兀良哈首领苏布地受满洲天聪汗之命,上书明朝政府,自称"朵颜三卫都督都指挥苏布地"③,难道这是认同于明朝了吗?我们以为,这不过是玩弄权术而已。

自16世纪20年代,山阳万户开始从东北的传统游牧地南移,30年代已经逐渐迁至明朝蓟、辽边外,分布在明朝宣府以东、开原以西边外的广袤地区。据1551年明朝边臣奏报:"朵颜在山海关以西,古北口以东,蓟州边外驻牧;泰宁在广宁境外;福余在开原境外辽河左右驻牧。"④在山阳万户南迁后不久,亦即16世纪40年代中期以后,左翼蒙古各部纷纷南下。察哈尔的达来孙汗、喀尔喀的虎喇哈赤及科尔沁的魁猛克等部进入三卫地区,基本控制了泰宁、福余二卫。由

---

① 叶向高:《四夷考》卷二,宝颜堂秘笈续集本。
② 特木勒:《朵颜卫研究——以十六世纪为中心》,博士学位论文,南京大学,2001年,第5、31页。
③ 《清太宗实录》,天聪四年正月丙午。
④ 《明世宗实录》,嘉靖三十年二月甲戌。

于察哈尔汗侵入山阳万户,土默特部俺答汗及其右翼同盟者势力也匆忙向东方渗透朵颜蒙古,最终和左翼蒙古诸部瓜分了朵颜卫。后来,察哈尔留居西拉木伦河以北地区,大汗的一些属部南迁到今内蒙古敖汉、奈曼、库伦等旗以及辽宁省境内的大凌河中下游一带。南下的部分喀尔喀人,征服了山阳万户的一部分,形成了喀尔喀五部,游牧在辽河河套地区。南下的科尔沁人,则游牧在嫩江流域,形成了嫩科尔沁部①。泰宁、福余二卫及朵颜卫的一部分成为这些部的属民。同时,朵颜卫的一部分,成为喀喇沁和土默特的属民,加入了喀喇沁万户。可以说,是察哈尔部的南下导致了山阳万户的瓦解,也导致了喀喇沁万户不断向朵颜兀良哈地区拓展疆域。

出于本书重点讨论的需要,拟详细考察朵颜兀良哈贵族的世系。明人记载的朵颜卫世系,虽以明朝所封二都督系统为其主线,但16世纪以前的世系并不清晰。

《卢龙塞略》"贡酋考"记载,朵颜卫"始祖都督完孛[者]帖木儿。生阿儿乞蛮,子莽兀儿,生打卜忽;子花当,妻姜三,共子十有一。……"又说,"右都督脱罗叉儿,子猛革赛,其子朵儿干,子二:长脱火赤,绝;次帖木孛罗,失祖敕书,袭授都指挥,二子:……。右都督古彦卜,二子,曰失林孛罗,曰脱可……。"②其实,该书所记花当、失林孛罗以前的世系有很多问题。根据《明太宗实录》,1404年,永乐"帝命脱儿火察为左军都督府都督佥事、哈儿歹为都指挥同知,掌朵颜卫"③。此后,哈儿歹在《明宣宗实录》中未再出现过。在哈儿歹以后有明确记载的都指挥同知是完者帖木儿。此人曾在1427年以"朵颜卫头目"的身份,派人到明朝④。1429年,"升完者帖木儿为都指挥同知。"⑤关于此人的出身,《明宣宗实录》载,是"朵颜卫都指挥佥事

---

① 达力扎布:《明代漠南蒙古历史研究》,内蒙古文化出版社,1997年,第77—148页。

② 郭造卿:《卢龙塞略》卷十五,台湾学生书局,1987年。

③ 《明太宗实录》,永乐二年四月乙丑。

④ 《明宣宗实录》,宣德二年十月乙未。

⑤ 《明宣宗实录》,宣德四年三月戊申。

脱鲁火绰儿子"①。1432 年,哈剌哈孙以都指挥佥事的身份出现,曾于 1409 年作为"朵颜卫指挥"②来明朝。1433 年,都督佥事脱儿火察死,其子朵罗干袭职,成为都指挥同知,哈剌哈孙也晋升为都指挥同知③。这样一来,朵颜卫同时有三位都指挥同知。完者帖木儿死于 1444 至 1446 年之间。完者帖木儿死后,明朝政府"命故都指挥使完者帖木儿孙阿古蛮袭职"④。1454 年,阿古蛮以"朵颜卫都指挥阿儿乞蛮"⑤的名字登上历史舞台。1457 年三月,朵罗干升任"右都督"⑥,几个月后,《明英宗实录》中开始出现了"朵颜卫都督阿儿乞蛮"⑦的记载。

根据上述记载,朵罗干为脱儿火察之子,脱儿火察当死于 1433 年。《卢龙塞略》云,朵罗干(朵儿干)为脱儿火察(脱罗叉儿)之孙,误。所谓的朵罗干之父猛革赛一人,根本不见于诸天顺以前的《明实录》。《卢龙塞略》中关于朵罗干后来事情的记载也相当混乱,错误百出。新近,特木勒根据《军政备例》中失林孛罗请袭右都督职的文书抄件,缕清了朵罗干的世系,纠正了由于《卢龙塞略》的舛误而产生的误会⑧。根据特木勒的研究,朵罗干之子为古彦卜(鬼彦部),古彦卜的二子是失林孛罗,而在失林孛罗承袭右都督之前,他的堂兄帖木孛罗任右都督⑨。

---

① 《明宣宗实录》,宣德四年二月戊寅。

② 《明太宗实录》,永乐七年四月壬午。

③ 《明宣宗实录》,宣德八年七月乙亥。

④ 《明英宗实录》,正统三年十二月甲辰,完者帖木儿最后一次来朝。《明英宗实录》,正统十一年十一月壬申,阿古蛮袭完者帖木儿职。

⑤ 《明景帝实录》,景泰五年六月丙申。

⑥ 《明英宗实录》,天顺三年三月甲辰。

⑦ 《明英宗实录》,天顺三年八月乙丑。

⑧ 特木勒:《朵颜卫研究——以十六世纪为中心》,博士学位论文,南京大学,2001 年,第 7—9 页。

⑨ 据《卢龙塞略》载,失林孛罗有四子:把班、把都儿、哈当、伯彦[帖]忽思。特木勒将把班孙朵卜误作其弟。见特木勒:《朵颜卫研究——以十六世纪为中心》,博士学位论文,南京大学,2001 年,第 13 页。

关于完者帖木儿,《明实录》称当为"朵颜卫都指挥佥事脱鲁火绰儿子"。笔者认为,脱鲁火绰儿就是脱罗叉儿,即脱儿火察,均为蒙古名 Torqočar 的异译。《明实录》关于朵颜卫首领职衔的记载很混乱。如,完者帖木儿成为都指挥同知后,还称他为指挥、都指挥、都指挥使等;朵罗干当了都指挥同知后,又称之为指挥、指挥同知等。因此,脱鲁火绰儿虽然被称作都指挥佥事,实际上他是都督佥事。此外,所谓的"故都指挥使完者帖木儿孙阿古蛮",就是后来的都督阿儿乞蛮。阿古蛮,无疑是"阿吉蛮"之误。此人的蒙古名为 Arkimal,按明代译法,既可以写成阿吉蛮,也可以写作阿儿乞蛮。不仅仅名字对音如此,更重要的事实是,作为承袭完者帖木儿职务的人,在明正统、景泰、天顺年间,除了阿儿乞蛮不见第二个人。完者帖木儿与朵罗干应该是兄弟。阿儿乞蛮父亲的名字不见于《明宪宗实录》。关于阿儿乞蛮的兄弟,《明宪宗实录》记载是影克贴木儿和影克孛罗两个人[1],但《卢龙塞略》对此没有记载。在《卢龙塞略》所收朵颜卫首领的世系表中,真正可靠而且有价值的只是关于花当诸子以后的记载。

这样一来,朵颜卫首领的早期世系,似乎为如下所示:

　　　　　　→完者帖木儿→？→ 阿儿乞蛮 →花当

脱儿火察→　|

　　　　　　→朵罗干→古彦卜→失林孛罗

当然,这仅仅是朵颜卫左右都督世系的脉络。至于他们的兄弟支系,尚无从考证。《明实录》的有关记载表明,明朝在脱儿火察之后一段时间里没有设立都督一职。到了天顺年间,1457 年任命阿儿乞蛮为都督,朵罗干升迁为右都督,这是朵颜卫二都督的开始。在《明实录》中,只有右都督,而不见左都督一说。显然,右都督为朵罗干升职后新设,为了区别于原来左军都督府都督,才称之为右都督。在这个意义上,花当一系确属朵颜卫的"正统"。明末史家把该家族当作

---

[1] 《明宪宗实录》,成化十五年九月丙辰。《明宪宗实录》二十年十一月庚寅。

朵颜卫统治阶层的正宗,看来是有根据的。根据《明宪宗实录》记载,右都督朵罗干于1467年初和阿儿乞蛮一同派人到明朝①。此后,不仅朵罗干本人,而且右都督一系,在成化、弘治、正德三朝(1465—1521)从《明世宗实录》中销声匿迹,迟至1532年才又重见记载②,前后历时整整65年,可见朵罗干子孙的没落。明人对右都督系统的错乱记载,似乎也说明了这一问题。

　阿儿乞蛮在景泰、天顺、成化、弘治四朝活跃了40余年,在1497年后不再见诸史乘。1507年,其子花当继承了阿儿乞蛮的官职③。花当(1507—1527年任都督④)的势力不仅完全控制了朵颜卫,还控制了其他二卫。魏焕的《皇明九边考》记载,"朵颜卫左都督花当,今袭者为革兰台;右都督朵儿于[干],今袭者曰拾林孛罗。泰宁都督二,今止一人,曰把班。福宁[余]都督二,今无,止都指挥一,曰打都。二[三]卫惟朵颜日众,朵颜惟花当日众。把班、打都、拾林孛罗,皆为制驭。今考,革兰台子孙为都指挥者二,曰脱力,曰哈哈赤,为正千户者四,曰革孛来,曰干帷,曰把儿都,曰伯革;为舍人者曰打哈等,最多。每岁朝贡二次,共六百人。"⑤可见花当势力之强盛。失林孛罗在向明朝提出要承袭右都督时说:"我今见与都督花当一般行事",如不授予右都督,"只得领着人马投迤北达子,在外做反",云云,那不过是抬举自己,威胁明朝政府的把戏而已,不足为凭。据《卢龙塞略》载,花当子孙部落共有13000余丁⑥。失林孛罗子孙所有人口情况虽然尚不清楚,但其四个儿子中的两个绝后,承袭祖职的长子把班的后人也只不过是"随长昂(花当玄孙——引者)驻牧"而已。因此,朵颜

---

① 《明宪宗实录》,成化三年正月乙酉。
② 《明世宗实录》,嘉靖十一年七月癸丑,失林孛罗子把班乞升袭。
③ 《明武宗实录》,正德二年三月辛巳。
④ 花当卒年,从特木勒。特木勒:《朵颜卫研究——以十六世纪为中心》,博士学位论文,南京大学,2001年,第10页。
⑤ 魏焕:《皇明九边考》,《国立北平图书馆善本丛书》(第一集),商务印书馆,1937年,第434页。
⑥ 《卢龙塞略》称"某某有部落多少",当指其男丁,而不是全部落成员人数。

右都督系统为花当及其后人所"制驭"是毋庸置疑的,如果认为这是魏焕的"过分夸大",恐怕欠妥。

我们还应根据《卢龙塞略》记载,对花当与失林孛罗子孙的世系、部众及牧地分布作一叙述。这样做虽有繁琐之嫌,但为了比较全面地了解朵颜兀良哈的整体情况,还是不得已而为之了。

都督花当有子十一人,以下用一、I、1、(1)、a、(a)分别表示六个世代:

一、革儿孛罗,有子三人。

I. 革兰台,有子9人。

1. 影克。(1)长昂,子二:a 伯忽乃,b 伯晕歹;(2)莽吉儿;(3)拱难,部落8000有余。牧地在大宁北境,南直界岭口400余里,西南至喜峰口贡关500余里。

2. 猛可。(1)阿只孛来;(2)伯先忽,部落200余名。牧地在汤兔境界,南直冷口200余里,至贡关300余里。

3. 猛古歹。(1)罕麻忽;(2)那彦孛来;(3)那秃;(4)那木赛,部落700余名。牧地在会州讨军兔境界,西南至贡关200余里。

4. 抹可赤。(1)兀鲁伯忽;(2)老撒;(3)台孛罗;(4)孩子;(5)兀捏孛罗,部落300余名。牧地在母鹿境界,至义院口300余里,西南至贡关500余里。

5. 董忽力。(1)伯彦孛来;(2)把当;(3)把儿赤;(4)把来;(5)猛安歹,部落400余名。牧地在土果根境界,直界岭口300余里,西南至贡关500余里。

6. 兀鲁思罕。(1)升纳;(2)挨伯秃,部落200余名。牧地在敖母林境界,直义院口300余里,西南至贡关500余里。

7. 斡抹秃。(1)那彦帖忽思;(2)丑忽儿;(3)伯彦打来;(4)炒令哥,部落400余名。牧地在青城境界,西南至贡关450里。

8. 长秃。(1)打巴;(2)把来;(3)暖台;(4)董一;(5)秃者;(6)兀亮,部落300有余。牧地在省集境界,直界岭口500余里,西南至贡关 500 余里。

9. 叉哈赤来,随长昂驻牧。

II. 革孛来,有子四人。

1. 伯彦帖忽思。(1)撒因帖忽思:勺儿秃;(2)炒蛮:a 伯忽,b 把扎罕;(3)阿牙台:a 哈剌,b 伯彦,c 叉罕;(4)倘孛来:a 阿巴孩,b 那彦罕;(5)哈讨木儿,部落 450 余名。牧地在里屈劳境界,直古北口 200 余里,东南至贡关 700 余里。

2. 把秃孛罗。(1)长秃;(2)莽灰;(3)纳儿买,部落 500 余名。牧地在以逊境界,直罗文谷 400 余里,东南至贡关 600 余里。

3. 伯思哈儿。(1)脱孙孛来(伯彦卜儿);(2)兀捏可:a 斡班歹,b 速班歹;(3)撒只忽;(4)伯彦歹;(5)句那,部落 500 余名。牧地在哈剌塔剌境界,直古北口 300 余里。

4. 伯彦孛罗:卜以麻,牧地在可里屈劳境界。

III. 脱力,有子十二人。

1. 兀可儿。(1)孛劳;(2)伯彦孛来;(3)长秃;(4)勺儿秃;(5)伯先忽,部落 300 余名。牧地在兀忽马儿境界,直董家口 300 余里,西南至贡关 200 余里。

2. 兀捏孛罗。(1)伯彦;(2)土里苦;(3)撒因帖忽思;(4)哥鲁哥,部落 280 余名。牧地在接伯个境界,至董家口 280 余里,西至贡关 140 余里。

3. 哈孩。(1)满都孛来;(2)炒蛮;(3)猛可;(4)杜冷,部落 400 余名。牧地在哈剌兀速,直界岭口 400 余里,至贡关 400 余里。

4. 可可,部落 100 余名。牧地在撒因毛境界,直马兰谷 400 余里,东南至贡关 400 余里。

5. 脱罗罕,部落 50 余名。牧地在大兴州境界,直墙子岭 450 余里,东南至贡关 500 余里。

6. 乞塔,部落 50 余名。牧地在撒因毛境界。

7. 脱来,绝。

8. 兀忽纳,绝。

9. 伯牙儿,部落 200 余名。牧地在舍巴兔境界,直马兰谷 300 余里,东南至贡关 400 余里。

10. 黑猛可,部落 100 余名。牧地在卜灯,直马兰谷 500 余里,东南至贡关 500 余里。

11. 满都忽,部落 50 余名。牧地在卜灯。

12. 伯彦打赖,部落 60 余名。牧地在卜灯。

二、把儿孙,有子四人。

I. 伯革。1. 脱来:(1)卜都儿;2. 脱罗罕;3. 孛罗,部落 900 余名。牧地在勺速境界,西南至贡关 1300 余里。

II. 孛来。1. 孛儿忽乃:(1)卜忽力;2. 黑猛可;3. 莽灰;4. 抹罗宅;5. 董灰,部落 800 余名。牧地在留兔境界,直界岭口 700 余里,西南至贡关 700 余里。

III. 失林看。1. 伯彦帖忽思;2. 伯彦孛来:(1)失兰歹,部落 300 余名。牧地在火郎兀境界,直界岭口 600 余里,西南至贡关 700 余里。

IV. 翰堆孛来。1. 撒因帖忽思;2. 花伯:(1)脱罗伯忽;(2)速班;(3)阿罕歹;(4)阿哈儿;3. 帖黑赤,部落 800 余名。牧地在舍伯兔境界,直界岭口 300 余里,西南至贡关 500 余里。

三、打哈,有子九人。

I. 咬儿翰。1. 孛儿勺:(1)伯彦;2. 炒儿抹力;3. 董灰;4. 脱买,部落 300 余名。牧地在挨伯兔境界,直界岭口 500 里,西南入贡关 500 里。

II. 倘孛来。1. 哈答;2. 哈剌;3. 安迭孛来;4. 卜哈,部落 300 余名。牧地在舍剌哈境界,直青山口 600 余里,西南至贡关 700 余里。

III. 影克。1. 花孛来;2. 赤劳温,部落 100 余名。牧地在北留儿境界,直界岭口 700 余里,西南至贡关 700 余里。

IV. 阿儿扎。1. 莽灰;2. 董灰,部落 200 余名。牧地在迭儿孛只鹰境界,直冷口 700 余里,西南至贡关 800 余里。

V. 伯彦帖忽思,绝。

VI. 斡抹秃,绝。

VII. 马答哈。1. 大成,部落 500 余名。牧地在青州木境界,直界岭口 800 余里,西南至贡关 80 余里。

VIII. 伯牙只忽,绝。

IX. 哥鲁哥歹。1. 脱罗思伯;2. 伯忽,部落 400 余名。牧地在绍素境界,直冷口 700 余里,至贡关 800 余里。

四、把儿真阿哈,有子三人。

I. 斡堆。1. 伯彦头儿;2. 虎房忽纳;3. 撒只剌忽,部落 300 余名。牧地在舍剌母林境界,南至贡关 1000 余里。

II. 把卜孩:1. 满都;2. 帖里赤,部落 200 余名。牧地在迭儿孛只鹰境界。

III. 板卜。1. 伯彦打来:(1)长男;(2)公男;(3)奇男;2. 阿剌章,部落 500 余名。牧地在毛哈气水、鸣急音境界,至白马关 80 余里,东至贡关 700 余里。

五、哈哈赤,有子八。

I. 炒蛮。1. 纳木打来,部落 100 余名。

II. 主蔺台,部落 80 余名。

III. 董灰,部落 50 余名。

IV. 帖古。

V. 哈木宅,部落 50 余名。

VI. 那斡,绝。

VII. 把扎孩,部落 50 余名。

VIII. 把秃儿,部落 50 余名。均在罕赤保哈境界游牧,直界岭口 400 余里,至贡关 600 余里。

六、字来,有子一人。

I.脱孙孛来。1.大成;2.卜彦,部落200余名。牧地在炒儿境界,西南至贡关700余里。

七、把都儿,有子四人。

I.董忽力,绝。

II.斡卜勿儿,部落100余名,在炒秃境界驻牧,西南至贡关700余里。

III.板卜来,部落100余名,在捨剌不花驻牧。

IV.那彦帖忽思,部落100余名,在炒秃境界驻牧,西南至贡关700余里。

八、把秃来,有子二人。

I.卜彦哈当。1.伯桑,部落150余名。牧地在以马兔境界,直冷口500余里,西南至贡关700余里。

II.伯彦打来,部落50余名。牧地在以马兔境界,直冷口500余里。

九、虎秃罕,有子四人。

I.讨阿。(1)纳木歹;(2)阿晕。

II.伯牙只忽。

III伯牙帖忽思。

IV把儿孩,共部落300余名。牧地在纳林境界,直界岭口500里,至贡关700余里。

十、虎秃孛来,有子三人。

I萨因帖忽思。

II斡多罗忽。

III阿卜忽,共部落400余名。牧地在罕赤保哈境界,系大宁东北,西南至贡关800余里。

十一、孛罗歹,有子三人。

I罕麻忽。

II堵阿。

III 阿卜宅,共部落 200 余名。牧地在纳林境界。

此外,花当结义兄弟等十六人,部落 500 余名,随长昂驻牧。

朵颜兀良哈右都督古彦卜,有子二人。

I 失林孛罗。1. 把班。(1)兀鲁思罕,a 朵卜,(a)花歹,随长昂驻牧;(2)古只儿伯忽,随长昂驻牧;2. 把都儿:(1)斡鲁散,牧地在卜剌兔;3. 哈当,绝;4. 伯彦[帖]忽思,绝。

II 脱可:1. 那斡孩:(1)那彦孛来,部落 20 余名,随把都儿驻牧。

另外还有一些零星部落,大部分都是在花当长子革兰台和二子把儿孙子孙控制下。这里不一一列举。

第二节　朵颜兀良哈的分裂

以上考证的山阳万户与朵颜兀良哈人,与喀喇沁万户之间有什么联系呢? 简而言之,16 世纪 40 年代中期以后,左翼蒙古诸部南迁,瓜分了山阳万户,导致了该万户的瓦解。察哈尔人控制了北部朵颜兀良哈,使其成为自己的附庸。于是,南部兀良哈归附了蒙古右翼万户。这不仅使朵颜兀良哈南北分裂,而且导致了喀喇沁万户向东拓展疆域,客观上起到壮大喀喇沁万户的作用。

一、察哈尔对兀良哈人的经略经纬

山阳万户与蒙古大汗部等其他兀鲁思之间关系由来已久。早在阿鲁台、孛来把持蒙古朝政时期,在脱欢和也先太师在世时,在乩加思兰、伊斯马因等人横行的时候,山阳万户与蒙古本部都曾有过紧密联系,参加过蒙古重大的政治、军事活动,有时主动有时被动。这些在和田、达力扎布等人的论著中已有充分的考述,兹不赘述。话直接从 16 世纪说起。

最早掌控朵颜兀良哈人的是察哈尔汗部。据《明孝宗实录》载,1504 年 6 月,"有自房中逃回者。……于是引自房中回者审之。皆能汉语。一人云：闻有议者，欲内犯。三人云：朵颜卫头目阿儿乞蛮领三百人往北虏通和，小王子与一小女寄养，似有诱引入寇之迹。"①7月，"礼部因奏，近闻迤北小王子与三卫有交通之迹，请令同兵部及京营提督官召在馆夷人，令通事谕以大义，归语虏酋，感恩悔过。"②结果，次年正月，阿儿乞蛮遣使明廷，"且言，迤北小王子欲妻以女，不从。数被仇杀，终不改图。"③总之，当时曾有阿儿乞蛮与达延汗往来的记录，经明廷警告后，阿儿乞蛮称他拒绝了达延汗的联姻提议。阿儿乞蛮与达延汗的联姻真实情况至今并不清楚，但是有一点非常明显，即大汗部与朵颜卫已经开始接近。

十年以后，即1514年，蓟州镇巡报告，朵颜三卫"与小王子缔姻，且乘宣大入寇之势，为边患"。三卫气焰嚣张，向明廷提出了将原来300人的入贡人数扩大到600人，"且云：若限以旧数，则不复贡矣"。这反映了达延汗意欲同三卫结亲，目的是拉拢三卫首领，通过三卫与明朝进行贸易。次年夏日，花当之子把儿孙率一千人马攻入明边，在马兰谷杀死了参将陈乾④。朵颜卫的这种变化，充分说明了他们和蒙古大汗部的关系已经相当密切。

关于此时的三卫与小王子的联姻，《明实录》只是泛泛记载道，朵颜三卫"与小王子缔姻"，显然，当时明廷没有获取三卫中究竟哪一个首领与蒙古大汗部通婚的确切消息。后来，《明史纪事本末》的作者顾应泰写到"花当次子把儿孙骁勇敢深入，结婚小王子，为中国患滋深矣"。顾氏的这个说法很像是从《明武宗实录》记载中总结出的推断。但几年前，胡日查撰文认为，"结婚小王子"的把儿孙就是17、18世纪蒙古文史书中记载的巴阿孙塔布囊（Baγasun tabunong），把儿孙娶的是达延汗的独生女格根公主。胡日查甚至认为，前文提到的

① 《明孝宗实录》，弘治十七年六月辛巳。
② 《明孝宗实录》，弘治十七年七月庚子。
③ 《明孝宗实录》，弘治十八年正月庚子。
④ 《明武宗实录》，正德九年九月戊子。《明武宗实录》，十一月己巳。《明武宗实录》，十年六月己巳。

1504 年达延汗令阿儿乞蛮寄养的那个小女就是格根公主①。

蒙古文史书的记载到底是怎样的呢？先看 1661 年成书的《蒙古源流》。《蒙古源流》罗列了在平定右翼三万户的答兰特哩衮战役中立功的五个功臣之名，其中提到了"五鄂托克喀尔喀人巴阿孙塔布囊"。后来还有一处记载，达延汗"把满都海彻臣夫人的独生女儿脱啰勒图公主下嫁给了扎噜特人巴阿孙塔布囊。"②记载这件事的另外一部史书是答里麻于 1739 年撰写的《金轮千辐》。该书记载，"将赛音满都海夫人所生的格根公主下嫁给了兀良罕的巴嘎苏特塔布囊（Bayasud tabunong）"。"赛音达延汗将其独生女格根公主嫁给了兀良罕济玛（济拉玛之误）的后裔巴嘎苏特巴图尔（Bayasud batur），使他成为塔布囊。据有人说，他的后裔有三喀喇沁、二土默特诸首领。……（他们是否另外有根源？未见他们的史乘）。"③其实，《蒙古源流》和《金轮千辐》的记载有很大出入。第一，答兰特哩衮战役时，五鄂托克喀尔喀尚未形成。五喀尔喀晚在 16 世纪后半期才形成，所以参加这次战役的应该是内外喀尔喀分离以前的大喀尔喀万户。那么，巴阿孙是喀尔喀万户异性贵族，他所属的扎噜特应该是喀尔喀万户的旧鄂托克之一。《金轮千辐》说巴阿孙是兀良罕人（兀良哈人），这与《蒙古源流》相互矛盾。蒙古文史书和明代汉籍没有一处记载，包括朵颜兀良哈的山阳万户参加过答兰特哩衮战事。第二，胡日查认为，巴阿孙所属的扎噜特本来是朵颜兀良哈的一个鄂托克，后来被喀尔喀征服了。所以《蒙古源流》以巴阿孙的宗主部落的名称称他为"五鄂托克喀尔喀的扎噜特人"④。但是，把儿孙既然是达延汗的塔布囊，他就不可能再次沦为五喀尔喀扎噜特部的阿勒巴图，这是再清

① 胡日查：《关于"塔布囊"的若干历史问题》（蒙古文），《内蒙古社会科学》1999 年第 3 期。
② 萨囊彻辰：《蒙古源流》（库伦本），1955 年，第 65r、66v 页。
③ 答里麻：《金轮千辐》，乔吉校注，内蒙古人民出版社，1987 年，第 128 页。
④ 胡日查：《关于"塔布囊"的若干历史问题》（蒙古文），《内蒙古社会科学》1999 年第 3 期。

楚不过的了。从《卢龙塞略》的记载看,把儿孙的后代全部附属于察哈尔万户的各个鄂托克,没有一个人附属于内喀尔喀①。如果这个巴阿孙是花当之子把儿孙,那么他绝对不可能被说成"五鄂托克喀尔喀的扎噜特人"②。《金轮千辐》的作者答里麻不了解喀喇沁人的历史,"未见他们的史乘",因此他的记载,实际上是他的推断,而且主要根据显然是他所生活年代的喀喇沁、土默特各旗贵族均称塔布囊的事实。其实,答里麻本人也对这个说法没能肯定,所以采取了保留态度。其实,扎鲁特是喀尔喀万户的一个鄂托克,巴阿孙是其首领。扎鲁特鄂托克在达延汗以后瓜分兀良哈万户的战争中被喀尔喀万户吞并,成为喀尔喀万户的一员。

史书记载的与小王子结婚云云,不一定非指和达延汗本人结成姻亲,与大汗家族的姻亲关系,也属这一类。

据《明世宗实录》载,16世纪40年代,朵颜与察哈尔汗部的关系更趋密切。1541年,蓟州边臣奏报:"朵颜三卫夷情叵测。革兰台骁勇绝伦,今虽通贡,乃私与北虏和亲,广招达子数万,沿边抄略。"③1546年,兵科官员奏称,"小王子结好朵颜,而辽东不得高枕矣。"④1550年,蓟州军务说:"朵颜等三卫部落日蕃,累肆侵噬。花当胁求添贡,把儿孙深入掳掠,动挟北虏以恐喝中国久矣。"⑤可见,在察哈

---

① 郭造卿:《卢龙塞略》卷十五,台湾学生书局,1987年。
② 胡日查认为扎噜特是"原朵颜卫蒙古人的重要成员",并说五喀尔喀的其他四个鄂托克也都"有可能是兀良哈三卫的蒙古人"(详见胡日查:《关于"塔布囊"的若干历史问题》(蒙古文),《内蒙古社会科学》1999年第3期)。这是不可能的。难道几个喀尔喀台吉单枪匹马征服了兀良哈三卫,瓜分了它的五个鄂托克吗?上引《蒙古源流》的说法充分说明,扎噜特就是达延汗时期大喀尔喀万户的一个鄂托克。喀尔喀当初可能只有三个鄂托克,征服三卫后才发展为五个。其中,乌济业特为三卫旧鄂托克,是众所周知的事。除此之外,弘吉剌特是成吉思汗母亲月伦夫人出身的部族。成吉思汗幼弟斡赤斤继承了月伦夫人的部众和宫室,因此,作为斡赤斤后裔控制下的泰宁卫集团,肯定会包括弘吉剌特吧。所以,笔者推测,巴林、扎噜特和巴岳特这三个部,是喀尔喀万户原有的鄂托克,而另外两个部,是原兀良哈三卫的、被喀尔喀人所征服的鄂托克。
③ 《明世宗实录》,嘉靖二十年九月甲辰。
④ 《明世宗实录》,嘉靖二十五年六辛丑。
⑤ 《明世宗实录》,嘉靖二十九年九月丁未。

尔部南下以后,朵颜卫归附察哈尔部,做他们的向导,屡屡侵犯明边,以保证自身安全和经济利益。

但是,朵颜兀良哈人并没有全部投靠察哈尔部。下面,对察哈尔经营兀良哈的过程和结果作一考察。

察哈尔征服兀良哈人的过程到底是怎样的? 新近,特木勒对此做了比较深入细致的考证。他说,"三卫中的泰宁、福余卫在察哈尔东迁以后相继溃灭,而朵颜卫却因山险的保护而存留下来"。"察哈尔东迁以后,朵颜卫部众也并非毫发无损。'察哈尔迁移后,其实主要驻牧潢水之北',在潢河即西拉木伦河北岸驻牧的朵颜卫部落立即被察哈尔收服。"这个"西拉木伦河北岸驻牧"究竟是哪个部落呢?他引证了刘效祖《四镇三关志》的记载:"东虏部落三支:……一支曰土蛮,系打来孙之子,与安摊一枝叶,嘉靖二十五年移驻黄河北,收纳朵颜卫夷人蟒惠、伯户、鹅毛兔、壮兔等,共兵五六万,甚精强。离宁前、锦、义、广宁一带为近"[①]。特木勒认为,"蟒惠何人待考,鹅毛兔是朵颜卫左都督革兰台之子斡抹秃(Omoγtu),壮兔应该就是长秃(jongtu),是斡抹秃之弟。他们被打来孙汗征服,说明在察哈尔东迁以后,朵颜卫的北方立即受到蒙古本部的威胁。"[②]

那么"朵颜卫夷人蟒惠、伯户、鹅毛兔、壮兔等"为西拉木伦以北部落之说根据何在? 刘效祖说土蛮(实为打来孙)移居黄河北,没说以上部落在黄河北,此其一。其二,蟒惠、伯户、鹅毛兔、壮兔等人不是革兰台子孙。革兰台子鹅毛兔和长秃分别是右翼俺答汗和巴雅斯哈勒汗的阿勒巴图,前者的牧地在大宁新城一带,后者的牧地在喀喇沁左翼南部。如果他们起初被打来孙汗所征服,就不可能再变成右翼蒙古的阿勒巴图,这是再清楚不过的。那么,以上几个人是谁呢?他们当中的前三个人当是花当第三子打哈的儿子和孙子,即:打哈四

---

① 刘效祖:《四镇三关志》,《四库禁毁书丛刊》,北京出版社,2000年,第533页。
② 特木勒:《朵颜卫研究——以十六世纪为中心》,博士学位论文,南京大学,2001年,第17页。

子阿儿扎的长子莽灰(蟒惠)、打哈九子哥鲁哥歹的次子伯忽(伯户)、打哈六子斡抹秃(鹅毛兔)。壮兔待考。这些人都是察哈尔部的阿勒巴图。叔侄几个人作为一个部落集团,都被察哈尔征服。其三,按郭造卿的记载,莽灰的牧地在迭儿孛只鹰,距直冷口700余里,西南至喜峰口800余里;伯忽的牧地在绍素,离边里程同上。可见两地相距甚近。又据《四镇三关志》和《蓟镇边防》记载,斡堆、莽灰、伯忽俱住在(蓟镇)正北厂房、老河一带,去(蓟镇)边600余里①。斡堆是莽灰(蟒惠)、伯忽(伯户)的堂叔。老河即老哈河。老哈河方面的迭儿孛只鹰和绍素是什么地方呢?《蒙古游牧记》载,翁牛特右翼旗"东北至卓索河源。六十里接左翼界。卓索河源出旗北海他罕山,东流会獐河,入老河。旗东北二十里有方山,蒙古名都尔伯勒津"。所谓的迭儿孛只鹰,应是这个都尔伯勒津(* Dörbeljin,意即四方形)的音译。绍素,可能也在其附近。据此,打来孙汗征服的朵颜部的根据地,应该在今赤峰市市区北部至老哈河一带。

对于察哈尔的侵入,朵颜兀良哈人也曾进行过反抗。1547年初,把儿孙长子伯革擒获南下左翼蒙古的一个叫作猛哥秃的人,并将其交给了明朝②。此人可能是一个察哈尔小头目。据《蓟门考》记载,"都指挥故夷伯华[革]、哱来并见在乌德、恶登四人,乃花当次男把都儿(孙)之子也。部落千余骑,住牧于辽东边外。此夷昔常辽镇为患,因离蓟边远隔,绝,无穷犯之迹。先季与北房敌抗数次,坚不服降。后哱来被虏所杀,因势弱不能拒,遂亦归东虏矣。"③据郭造卿记载,伯革的牧地在勺速,孛来的牧地在留兔,另外一个弟弟失林看的牧地在火朗兀。特木勒指出,火朗兀在今赤峰市元宝山建昌营一带。

---

① 明代诸史书,对蓟镇边外蒙古首领牧地的记载有出入。这是因为他们在不同季节有不同营地所致。正如戚继光谈蓟镇边外蒙古情况时所说,"各夷住巢,冬夏不一。或趁草住牧,大抵相离不远"。因此,只要考证出其中的一个地方,就能了解其他地方的大体分布。
② 《明世宗实录》,嘉靖二十六年正月辛巳。
③ 米万春:《蓟门考》,《四库禁毁书丛刊》,北京出版社,2000年,第506页。

勺速与绍素可能是同一个地名的不同译字。这样,伯革兄弟的牧地西连蟒惠、伯户、鹅毛兔叔侄几个人的游牧之地,是在他们的东边和东南部,经老哈河,东边可能到从建平县北部至敖汉旗西部的老哈河左岸一部分地区。

此外,根据《卢龙塞略》记载,察哈尔还控制了朵颜兀良哈人其他一些部落。他们是:花当三子打哈的长子及其儿子们,在挨伯兔,今地不详。打哈二子的其他几个儿子,即倘孛来(在舍剌哈)、影克(在北留儿)、马答哈(在青州木)。舍剌哈(＊Širqa),按其离边里数和方位,应该指锡尔哈(Širq-a),即锡尔哈河。该河"源出围场内,会诸小水,北流出纳林锡尔哈栅,入平泉州(即八沟厅)西北喀喇沁右翼境,东北流经赤峰县(即乌兰哈达厅),属翁牛特右翼境,又东北英金河。"①北留儿和青州木不详,但据《四镇三关志》载,影克和马答哈等人的牧地在"火朗兀、哈喇兀素、舍哈喇,去边一千里"②。舍哈喇是舍剌哈之倒误。可见,他们的牧地当在今赤峰市松山区南部和元宝山区一带。花当四子的长子在舍剌母林,即西拉木伦河,是最北边的地方。次子在迭儿孛只鹰,即赤峰市松山区北部。花当五子及其诸子在罕赤保哈,据郭造卿称,该地在大宁城东北,即老哈河流域。花当八子,在以马兔。这个以马兔,据说离喜峰口700余里,可能指《钦定热河志》所记载的伊玛图山③,也在赤峰市松山区北境。花当十子,在罕赤保哈。花当十一子及其子孙在纳林,可能指纳林昆都仑河。

这样看来,察哈尔控制了几乎一半的朵颜兀良哈人,是朵颜兀良哈人的北方诸部。地域包括今天赤峰市市区全境、辽宁省建平县北部、敖汉旗西部一带,北边可能到西拉木伦河,具体情况不明。但是无论如何,察哈尔所征服的朵颜地区,并不在西拉木伦河以北。

① 和坤等:《钦定热河志》,载沈云龙编《中国边疆丛书》(二十九),文海行印社影印,1966年,第2471页。
② 刘效祖:《四镇三关志》,《四库禁毁书丛刊》,北京出版社,2000年,第526页。
③ "伊玛图山,汉名羊山。在赤峰县属翁牛特右翼东北30里"。见和坤等:《钦定热河志》,载沈云龙编《中国边疆丛书》(二十九),文海行印社影印,1966年,第2369页。

特木勒认为："察哈尔东迁，对泰宁、福余二卫意味着被'蹂躏破坏'，而朵颜卫虽然在边缘地带小有损失，却依仗他们得天独厚的地理优势保全了牧地和部众的安全。"①情况其实不然，是察哈尔控制了整个北部兀良哈人。

需指出的是，兀良哈首领们在察哈尔部没有获得集体的特殊地位，没有形成塔布囊阶层。察哈尔万户中，没有形成类似在喀喇沁万户中的"诺颜—塔布囊"体系。花当之孙马答哈与土蛮汗的亲妹妹联姻②，算是大塔布囊。然而后来，他在察哈尔部历史上一直默默无闻。这是为什么呢？值得研究。

二、兀良哈归附蒙古右翼的过程

当察哈尔万户侵入兀良哈北部时，右翼的俺答汗和巴雅斯哈勒汗也开始经营兀良哈。首先研究右翼蒙古对兀良哈经营问题的学人是和田清。他说，察哈尔东迁并控制三卫后，土默特的俺答汗从滦河流域向东侵犯，从大汗的控制下夺取了三卫的一部分。喀喇沁的巴雅斯哈勒汗在察哈尔东迁的第二年（按和田清的观点，即1548年）侵犯广宁，云云③。右翼万户的势力似乎在1548年就已经进入了辽东边外。特木勒引证《明世宗实录》的有关记载，并正确指出，巴雅斯哈勒汗根本没有进入辽东边外。他认为，右翼蒙古侵入明朝蓟镇边外的燕山山脉地区当在1550年"庚戌之变"以后④。而达力扎布认为，朵颜卫大约在1546—1548年间被右翼蒙古兼并。至于具体经过，朵颜卫可能主动归附了右翼蒙古⑤。但特木勒认为，"兼并"就意味着

---

① 特木勒：《朵颜卫研究——以十六世纪为中心》，博士学位论文，南京大学，2001年，第18—19页。
② 郭造卿：《卢龙塞略》卷十五，台湾学生书局，1987年。
③ 和田清著《东业史研究·蒙古篇》（日文），东洋文库，1959年，第576页。
④ 特木勒：《朵颜卫研究——以十六世纪为中心》，博士学位论文，南京大学，2001年，第19页。
⑤ 达力扎布著《明代漠南蒙古历史研究》，内蒙古文化出版社，1997年，第113页。

右翼蒙古进入朵颜卫地区,通过这里侵犯蓟镇边境。所以,当时的朵颜卫并没有被兼并,为了在左右二翼蒙古的矛盾缝隙中求存,仅仅在"名义上"归附了右翼蒙古①。

实际上,包括蒙古人在内的所有游牧民族或游牧集团的相互兼并,并不一定非进行军事占领不可。采取军事入侵或军事威慑的手段,迫使对方与自己建立姻亲关系,使之处于自己掌控之下,是大游牧集团,甚至是游牧国家采用的基本策略。一些势力相对弱小的部族,虽一时还没有受到来自大部族的军事入侵,但出于权宜之计,往往自动表示归附。这类事情,在游牧民族史上屡见不鲜。在历史上,军事占领是多个国家和民族普遍采用的做法。

蒙古文《阿勒坦汗传》一书中在1543—1544年间的叙事中说,乌济业特兀鲁思的以恩克丞相为首的诸首领,携带成吉思汗母亲月伦哈屯之宫帐归降俺答汗,"山阳万户"从此成为他的属民。俺答汗将恩克丞相赐予其弟喀喇沁的昆都伦汗,恩克的弟兄们则分别成为土默特贵族的属民②。正如学者们指出的那样,这位恩克就是兀良哈首领花当的重孙,大名鼎鼎的影克。《阿勒坦汗传》没有提到俺答汗东征三卫之事,只说恩克"来降"。该传记作为歌颂俺答汗武功和佛事的著作,如果真发生过较大规模的三卫远征,一定会对此大书特书。因此,达力扎布认为兀良哈人自动归附俺答汗的说法是有道理的。兀良哈人为什么归附俺答汗?目前尚未见到能直接说明其中原因的史料。根据察哈尔南下以后对三卫的压迫和北部朵颜兀良哈的遭遇,最合乎情理的推测似乎只能是为了免遭察哈尔的征服,恩克率领南部兀良哈人,自动归附了当时不可一世的俺答汗,以期遏制察哈尔势力。

可以推知,恩克归降俺答汗的时间,肯定不会在1543—1544年

---

① 特木勒:《朵颜卫研究——以十六世纪为中心》,博士学位论文,南京大学,2001年,第21页。

② 《俺答汗传》,第68、69节。

之间。第一，察哈尔与朵颜卫的冲突最早可能发生在 1546 年底①。没有来自察哈尔的威胁，恩克归降的事件就不可能发生。第二，朵颜兀良哈是在恩克率领下归附俺答汗的，而恩克成为朵颜首领是在 1548 年。《明世宗实录》载，"朵颜卫夷人影克差舍人董沙等贡马，请求承袭。影克，革兰台子也。旧规，三卫夷人应袭者，咸以入贡时袭于阙下。至革兰台，使遣人代贡请袭。及是革兰台死，影克复援其父例以请，诏仍许之。"②达力扎布认为，从 1543 年以后革兰台不见于记载，"影克显然是在这段时间里承袭父位担任了三卫首领"③。但须注意，影克未等到入贡时间，于十月份就遣人代贡请袭，真可谓迫不及待。影克没有必要在几年时间里隐瞒其父亲的死讯，这对他承袭父职是不利的。基于此，影克率领兀良哈人投靠俺答汗，应在 1548 年以后。第三，影克归降的时间下限，应该在 1550 年"庚戌之变"以前。《明世宗实录》载，1550 年五月时，"俺答、小王子部落盘据威宁海子及开平边外，岁犯宣大诸镇。朵颜三卫数引北房犯广宁、辽阳，睥睨白马关，逼黄花镇"。可见在"庚戌之变"之前，朵颜三卫已经"数引北房"，犯广宁、辽阳，威胁白马关、黄花镇了。1551 年，明朝大臣仇鸾说，"朵颜诸夷影克、哈哈赤、哈舟儿、陈通事等，昨岁导房犯顺，"④指的是 1550 年秋影克等人引右翼兵马侵犯北京的所谓"庚戌之变"。叶向高在《四夷考》中记载："顷之，有庚戌之变，房时言辽阳军导我来。房呼朵颜为辽阳军，故云。"⑤根据这些记载可以断定，恩克率领的朵颜兀良哈人参与了俺答汗发动的"庚戌之变"。假如当时恩克还没有归附俺答汗，朵颜卫就不可能听从俺答汗的调遣，充当"辽阳军"，这说明在"庚戌之变"以前，俺答汗与朵颜兀良哈人之间的领主与阿勒巴图的关系业已确立，其重要的证据就是"辽阳军"听

---

① 《明世宗实录》，嘉靖二十六年正月辛巳。
② 《明世宗实录》，嘉靖二十七年十月己未。
③ 达力扎布著《明代漠南蒙古历史研究》，内蒙古文化出版社，1997 年，第 113 页。
④ 《明世宗实录》，嘉靖二十九年五月壬午；三十年八月戊寅。
⑤ 叶向高：《四夷考》卷二，宝颜堂秘笈续集本。

从俺答汗的调遣,为领主尽从征义务。从这个意义上讲,恩克归降俺答汗,成为喀喇沁黄金家族诸诺颜的属民,正是喀喇沁万户中"诺颜—塔布囊"系统形成的开端。

第三节　东土默特部的起源

喀喇沁万户中的一个成员就是东土默特。东土默特人从满官嗔—土默特万户中分离出去,加入了喀喇沁万户。

满官嗔部,又作多罗土蛮或土默特。学术界一般称之为满官嗔—土默特部。满官嗔—土默特部,是15世纪蒙古中央六万户之一。最初,该万户的首领为脱罗干、火筛父子。1479年,蒙古满都鲁汗与脱罗干率兵击败了把持朝政的权臣乩加思兰。如前所述,乩加思兰是当时应绍卜万户的首领。是年,满都鲁汗死,少年达延汗即位。1483年,达延汗与脱罗干举兵击败了继乩加思兰后成为应绍卜万户之长的亦思马因。从此满官嗔—土默特万户取代了应绍卜万户的地位,其势力仅次于大汗直属的察哈尔万户。

脱罗干死后,其子火筛袭任满官嗔—土默特部首领。当时,达延汗也已长大成人,而且"为人贤智卓越"。达延汗采取各种措施,加强汗权,巩固统治地位。为了削弱异性贵族的势力,确立蒙古黄金家族在六万户的直接统治地位,派其次子到鄂尔多斯万户,三子到满官嗔—土默特部任万户长。这引起了异性贵族的群起反抗,导致了右翼三万户的叛乱。右翼叛乱者杀死了达延汗的次子。达延汗首先率兵攻打火筛所领满官嗔—土默特部,但遭败绩。后达延汗率领左翼三万户和科尔沁万户,在答兰特哩衮击败叛乱者。火筛投降。

答兰特哩衮战役以后,达延汗将其子孙分封到各部。达延汗四子阿尔苏博罗特被分封到了满官嗔—土默特部。达延汗死后,其第三子巴尔斯博罗特窃取汗位(1516—1519在位),对由达延汗分封诸子而业已定型的右翼诸部最高统治权,作了有利于其家族的改动。

结果,巴尔斯博罗特的次子阿勒坦夺取了满官嗔—土默特部的最高统治权,阿尔苏博罗特则沦落为满官嗔—土默特部的一支多罗土蛮鄂托克之主①。

满官嗔—土默特部之长阿勒坦,就是历史上大名鼎鼎的俺答汗。俺答,是蒙古语名字阿勒坦(金子之谓)的音译。俺答汗时期,满官嗔—土默特的势力已达到巅峰。土默特部以土默川(即古丰洲滩)为根据地,开始营建今呼和浩特,不仅控制了右翼三万户,而且还征服了青海地面和西北卫拉特蒙古,开辟了西藏和蒙古的交通,在蒙古引进了藏传佛教的格鲁派,和明朝建立了和平贸易关系,化干戈为玉帛,俺答被明朝封为顺义王。并迫使蒙古大汗封其汗号。总之,满官嗔—土默特部已成为与蒙古大汗部势力相匹配的大集团。

本书所探讨的东土默特部,就是这个满官嗔—土默特部的一支。它的成立始于俺答汗的长子僧格洪台吉。僧格,汉文史料又作辛爱、省革、黄台吉、都令哈等。俺答汗的土默特部以今呼和浩特所在土默川平原为中心,东至大同边外,左与喀喇沁部为邻。僧格的封地在土默特部的东部,分布在今河北省沽源、张北、尚义等县和内蒙古兴和县以及与这些县为邻的察哈尔南部各旗的地方。僧格与俺答汗的关系一直不睦,他在东方逐渐发展为一个较为独立的势力。

1550年"庚戌之变"后,僧格继续向东方扩张势力,经营朵颜兀良哈的一些部落,为后来东土默特部的形成打下了坚实基础。《万历武功录》中的"僧格传"记载,当时,僧格"曰引安滩、把都儿、克失炭等,略伯彦帖忽思,因以所略马牛羊阒匿深山中。先是,亡命陈打罕("李家庄贼"头目——引者)与黄台吉(指僧格——引者)合兵,略朵颜把卜亥马牛羊得算。乃复谋我蓟门,假以娶妻朵颜故,得久逐潮河水草。顷之,移壁长水海、白庙儿,有吞噬三卫之志。自是上谷以东,渔阳以西,胡马充塞道路矣。黄台吉益纵兵,掳掠朵颜都指挥哈哈赤

---

① 宝音德力根:《往流与往流四万户》(蒙古文),《蒙古史研究》第五辑,1997年。

马牛羊及车辆过半,意在胁三卫以自归,然后连卫而图我,可知也。"①可见,僧格首先收服了伯彦帖忽思部落。伯彦帖忽思是花当长子革儿孛罗的次子革孛来的长子。该部后来成为他的属部。然后,又征服了陈打罕,即所谓的"李家庄贼"②,在"李家庄贼"的引领下,抢掠察哈尔属兀良哈人把卜孩(花当四子把儿真的第三子)部。之后,僧格又纵兵抢掠哈哈赤(花当第五子),即察哈尔属兀良哈人部。

僧格通过姻亲关系,加强与属部的关系。他纳其属部的头目伯彦帖忽思之女大嬖只和伯彦打赖(花当四子把儿真的末子)之妹苏布亥以及喀喇沁属部董忽力(花当长子革儿孛罗之长子革兰台的第五子)之女宝兔嬖只为妾。此外,俺答汗的女儿下嫁猛古歹(董忽力之兄)的儿子那秃③,僧格的女儿下嫁伯彦帖忽思的次子炒蛮。当时,蒙古黄金家族的成员们自称"诺颜"或"台吉",而他们的女婿们被称作"塔布囊"。所以,在土默特部和兀良哈属部之内逐渐形成了"诺颜—塔布囊"统治体系。可僧格不久回呼和浩特,并且为了和他父亲俺答汗之妾、土默特部实力人物三娘子结婚,故与娶自其他部落(包括兀良哈在内)的妻妾离了婚。东边的鄂托克由僧格的儿子噶尔图(明代史料中又称之为赶兔)及其弟弟们继承,最终形成东土默特部,并离开满官嗔—土默特万户,归依了喀喇沁万户。

---

① 瞿九思:《万历武功录》,中华书局,1962 年影印本,第 785 页。
② 关于"李家庄贼"的始末,请参考特木勒:《朵颜卫研究——以十六世纪为中心》,博士学位论文,南京大学,2001 年,第 39—48 页。
③ 特木勒:《朵颜卫研究——以十六世纪为中心》,博士学位论文,南京大学,2001 年,第 36—37 页。

第五章　喀喇沁万户中"诺颜—塔布囊"体系的形成

第一节　喀喇沁与兀良哈的"诺颜—塔布囊"体系

如前所述,朵颜兀良哈首领影克在 16 世纪 40 年代末率部投靠了俺答汗。俺答汗将影克之部赐给喀喇沁部的巴雅斯哈勒汗,将其余众人分给了土默特部贵族。从郭造卿的记述来看,在影克率领下分到喀喇沁台吉属下的兀良哈部人有:花当的长孙革兰台九个儿子中的五个、三孙脱力的十二个儿子以及花当结义兄弟十六人,是朵颜兀良哈人的主力。

据《卢龙塞略》的记载,革兰台之子影克与哈赤来的牧地在大宁北境;董忽力的牧地在土果根;兀鲁思罕的牧地在敖母林;长秃的牧地在省集境界。据 1576 年成书的《四镇三关志》载,影克之子长昂的牧地在大宁城(去边 700 里);董忽力的牧地在哈落兀素与字郎打罢(去边 500 里);兀鲁思罕的牧地在儿女亲(去边 400 里);长秃的牧地在毛挨兔(去边 400 里)①。与《四镇三关志》几乎同时成书的《蓟镇边防》载,长昂的牧地在东北大宁(去边 430 里);董忽力的牧地在哈刺兀素(去边 360 里);兀鲁思罕的牧地在儿女亲(去边 380 里);长秃

---

① 刘效祖:《四镇三关志》,《四库禁毁书丛刊》史部第十册,北京出版社,2000 年,第 525 页。

的牧地在大碱场(去边380里)①。影克父子的牧地一直在大宁城附近。大宁城的蒙古名为可苛河套(即 Köke qota),就是今内蒙古自治区赤峰市宁城县大明城。所谓大宁城北境,应该是指今天的宁城县中部、北部和喀喇沁旗东部。董忽力的牧地在土果根、哈落兀素与孛郎打罢一带。据《蓟镇边防》载,哈剌兀素"在大宁东南,即董忽力巢穴"②。哈剌兀素是敖母林的支流,敖母林即敖木林,是大凌河上游。哈剌兀素在今辽宁省建昌县境内。土果根、孛郎打罢地望虽尚不明确,可按所说里程,应当离哈剌兀素不远。兀鲁思罕的牧地在敖母林、儿女亲一带,应该是敖木林流域,即大凌河上游。长秃的牧地在大碱场、毛挨兔、省集一带。大碱场在大宁城东南二日程,蒙古名以克马喇③。大碱场东南过一个小山岭,即到毛挨兔。《蒙古游牧记》所记载喀喇沁左旗南部的摩该图河与摩该图山,就是这个毛挨兔(* Moɣayitu)。据《钦定热河志》载,摩该图河"源出(建昌)县属喀喇沁左翼南三十八里之摩该图山,在县治东南境,东南流经沙帽山,入搜集河"④。所以,其牧地应在今辽宁省喀喇沁左翼蒙古族自治县、建昌县北境。省集,根据所提供的地理位置和地名读音推断⑤,应该是指森几(Senji)河,属于大凌河上游,即今辽宁省喀喇沁左翼蒙古族自治县西南境。如此看来,以上兀良哈诸首领的牧地分布在今内蒙古自治区赤峰市喀喇沁旗东部、宁城县北部,跨老哈河,东边到辽宁省喀喇沁左翼蒙古族自治县和建昌县北境一带地方。

　　花当结义兄弟十六人,据说都附牧影克父子。那么,他们的牧地也应该在大宁北境。

---

① 戚继光:《蓟镇边防》,《四库禁毁书丛刊》史部第十册,北京出版社,2000,第515页。

② 戚继光:《蓟镇边防》,《四库禁毁书丛刊》史部第十五册,北京出版社,2000,第514页。

③ 疑"马"字为"乌"字之误。"以克乌喇"(* Yeke aɣula),"大山"之意。

④ 和坤等:《钦定热河志》,载沈云龙编《中国边疆丛书》(二十九),文海行印社影印,1966年,第2504页。

⑤ 省,读作 * sen。最简单的例子有:俺答汗长子僧格(Sengge)的名字,在明代又作省革(Sen ge)。

关于脱力诸子的牧地。据《卢龙塞略》载,兀可儿的牧地在兀忽马儿境界,直董家口 300 余里,西南至贡关 200 余里。兀捏孛罗的牧地在接伯个境界,至董家口 280 余里,西至贡关 140 余里,可见在兀可儿牧地南。《蓟镇边防》说,兀可儿、兀捏孛罗、伯彦孛来父子三夷住牧在东北虎叉、忽骂儿一带,去边 300 里[①]。据《四镇三关志》载,伯彦孛来、兀可儿住牧在虎叉、兀忽马儿,去边 300 里。兀捏孛罗的牧地在会州,去边 400 里[②]。《蓟门考》称,兀可儿、兀捏孛罗、哈孩兄弟在大宁城以西海沿马喇[③]。其中,会州,前文已有考证,在今河北省平泉市南。虎叉,疑即呼察(* quča,种绵羊之谓)。据《钦定热河志》载,在平泉州属喀喇沁右翼南 140 里有呼察察罕陀罗海山,呼察河源于此[④]。所谓接伯个,应该就是济伯格(* jöbüg,意为锛子),即济伯格河。据《钦定热河志》载,济伯格河,汉名锛子河,源出平泉州西境,东南流经州治西,会豹河[⑤]。他们的牧地应该在今河北省平泉市中部、南部,承德市东南部一带。

至于脱力其他儿子的牧地,《卢龙塞略》记载,哈孩牧地在哈剌兀速,可可牧地在撒因毛,脱罗罕牧地在大兴州,伯牙儿牧地在舍巴兔,伯彦打赖等人牧地在卜灯。其地方都在喜峰口东北。《四关三镇志》称,哈孩等在省祭,伯牙儿、可可等住在大兴州。《蓟镇边防》的记载与《四关三镇志》同[⑥]。据《蓟门考》记载,可可、脱罗罕等住牧的大兴

① 戚继光:《蓟镇边防》,《四库禁毁书丛刊》史部第十五册,北京出版社,2000 年,511—512 页。
② 刘效祖:《四镇三关志》,《四库禁毁书丛刊》史部第十册,北京出版社,2000 年,第 526 页。
③ 米万春:《蓟门考》,《四库禁毁书丛刊》史部第十五册,北京出版社,2000 年,第 506 页。
④ 和坤等:《钦定热河志》,载沈云龙编《中国边疆丛书》(二十九),文海行印社影印,1966 年,第 2363 页。
⑤ 和坤等:《钦定热河志》,载沈云龙编《中国边疆丛书》(二十九),文海行印社影印,1966 年,第 2458—2459 页。
⑥ 刘效祖:《四镇三关志》,《四库禁毁书丛刊》史部第十册,北京出版社,2000 年,第 526 页。戚继光:《蓟镇边防》,《四库禁毁书丛刊》史部第十五册,北京出版社,2000 年,第 512 页。

州和伯牙儿牧地捨八兔相互连接。左翼蒙古西犯,从大兴州捨八兔
川口南下。他们过以逊,到大兴州,大兴州蒙古名也叫作哈剌河套
(* Qar-a qota),从此到古北口仅二日程①。据《钦定热河志》载,滦
平县即喀喇河屯(与喀剌河套同)厅,从西北锡喇塔拉川流入县境。
锡喇塔拉川,又名兴州河,以古宜兴州得名,源出丰宁县,属正白旗
境②。按此,大兴州应该就是锡喇塔拉川流域,即今兴州河流域。以
逊,即今伊逊。这个方位一经确定,"撒因毛"就容易寻找了。原
来,"撒因毛"是"撒因"和"毛"两个地方,就是武烈河上游的赛因河
和茅沟河。"撒因"与"赛因",都是蒙古语 Sayin 的音译;"毛"与
"茅"也都是蒙古语 Maγu/Muu 的音译,而茅沟是该河蒙古名 Maγu
γool 的音译。可见,他们的牧地在今隆化县东部、承德县西北部。哈
孩的牧地哈剌兀速,恐怕是《蓟门考》中所说的洪山口边外,滦河附近
的哈剌兀素,即《钦定热河志》中所载的喀喇乌苏。"喀喇乌苏,汉名
黑水池,在(丰宁)县属察哈尔正白旗西北 140 里。"③也就是说,他们
的牧地在今河北省丰宁满族自治县东南部、滦平县北部到隆化县东
部一带。

从史料中看得出,喀喇沁塔布囊属部的占地非常广阔。大致在
以今天内蒙古自治区赤峰市喀喇沁旗、宁城县北部为中心,东边到辽
宁省喀喇沁左翼蒙古族自治县和建昌县北境一带;西边经过河北省
隆化县东部,到丰宁满族自治县东部、滦平县北部;南边经平泉市境,
到承德市东南部一带。如前所述,在他们的西北方就是喀喇沁部的
牧地。

喀喇沁属部兀良哈人的牧地,在察哈尔所属兀良哈人的南部和
西南部。有理由认为,影克(恩克)归降俺答汗,阻止了察哈尔部势力

---

① 米万春:《蓟门考》,《四库禁毁书丛刊》史部第十五册,北京出版社,2000 年,第 502 页。
② 和坤等:《钦定热河志》,载沈云龙编《中国边疆丛书》(二十九),文海行印社影印,1966
　年,第 2451 页。
③ 和坤等:《钦定热河志》,载沈云龙编《中国边疆丛书》(二十九),文海行印社影印,1966
　年,第 2502 页。

的进一步南下。受封影克所领兀良哈部落后,喀喇沁台吉们的力量空前壮大,喀喇沁万户成为继俺答汗土默特部后首屈一指的右翼蒙古大部落集团。

巴雅斯哈勒汗及其子孙同兀良哈属部的关系,似乎相处得比较和善。他们通过联姻,加强了相互关系。联姻的具体情况,与东土默特一样,大致是兀良哈首领向有势力的黄金家族成员"事以子女",男儿称"塔布囊",女子称"嬖只"。"其种最贵者为之婿,虏酋岁至而祭天以往来其部落。而次则奉女为嬖只,嬖只者,妾之称也,有小大,各分部人马,其父兄反为所摄而因亲以居矣。"[1]另一个方面,台吉们也把姐妹或女儿嫁予兀良哈,称为"阿巴亥"(台吉女儿)或"衮济"(公主)。

游牧部落的联合和游牧国家的成立,往往以武力征服(征服不等于占领)或以联姻为重要途径,而联姻的开始,也往往由于武力征服威胁。朵颜兀良哈首领的女子作台吉们的嬖只很可能出于"其父兄反为所摄"。但随着姻亲关系的确立和亲属关系的扩大,喀喇沁、土默特台吉和兀良哈塔布囊之间的联合,也日趋紧密。

喀喇沁与朵颜兀良哈之间的联姻,早在巴雅斯哈勒汗时期就已开始。《蓟门考》也载,兀可儿等十人"皆系故夷脱力之子,亦影克之堂兄弟也。部落约有二百骑。伊妹是把都儿之妾"[2]。《万历武功录》中的《猛可真列传》云:"猛可真,把都儿妾也。"[3]这个把都儿,就是老把都,即巴雅斯哈勒汗。他娶的猛可真,是花当长子的第三个儿子脱力之女。根据郭造卿的记载,脱力子孙有1600余丁,他们是很有实力的大家族。巴雅斯哈勒汗死后,其次子青把都成为喀喇沁实际上的执政者。当时,在喀喇沁属朵颜兀良哈部落中,影克的长子长昂的势力最为强大。青把都把女儿东桂嫁给了长昂。《万历武功

---

[1]　郭造卿:《卢龙塞略》卷十五,台湾学生书局,1987年。
[2]　米万春:《蓟门考》,《四库禁毁书丛刊》史部第十五册,北京出版社,2000年,第506页。
[3]　瞿九思:《万历武功录》,中华书局,1962年影印本,第1179页。

录·长昂列传》载，"长昂，又名专难，影可长子也。少失母，养于姨母土阿、姑母那干，皆以子畜之。稍长，室西虏青把都女东桂，由此昂益习于兵。"①长昂的强盛和与喀喇沁本部的密切关系，可见一斑。

第二节　东土默特与兀良哈的
"诺颜—塔布囊"体系

喀喇沁万户向东扩展的另外一个标志，是东土默特部从土默特万户中分离出去，与兀良哈首领建立了"诺颜—塔布囊"体系，并一起加入了喀喇沁万户。

东边的鄂托克由僧格的儿子噶尔图及其弟弟们继承。

噶尔图，又作赶兔或安兔，其蒙古语 γaltu，是僧格的第九子。据《北虏世代》记载，僧格的十四个儿子中，安兔排行第九，第十到第十二子分别为朝克图台吉（朝兔台吉）、土拉噶图台吉（土喇兔台吉）和土里巴图台吉（土力把兔台吉），"以上三酉俱系安兔同母兄弟，俱住宣府东塞"②。噶尔图是僧格和兀良哈人伯彦打赖之妹苏布亥的儿子③，他的三个弟弟朝克图、土拉噶、土里巴图则也是苏布亥所生。噶尔图的后裔、近代蒙古著名文学家尹湛纳希的家谱记载，噶尔图和他的弟弟们 Tulaγtu（＝土喇兔）、Čoγtu（＝朝兔）、Čolmatu（＝土力把兔）、Buryatu（布尔噶图——此名不见于《北虏世代》，可能出生年代较晚）是东土默特诸台吉的祖先④。这证明，《北虏世代》的记载是可信的。达延汗以来的许多事例证明，噶尔图胞兄弟四人，按照传统受封，并占有了其舅舅所领的鄂托克。这样，噶尔图兄弟及其子孙的兀鲁思形成东土默特部本部，他们与属部的兀良哈诸首领一起被称作

① 瞿九思：《万历武功录》，中华书局，1962 年影印本，第 1163 页。
② 《北虏世代》，《北平图书馆善本丛书》第一辑，影印本，第 496—497 页。
③ 和田清著《东亚史研究·蒙古篇》（日文），东洋文库，1959 年，第 601 页。
④ 《尹湛纳希家谱》，内蒙古社会科学院藏写本。

"土默特的执政塔布囊"①,变成喀喇沁万户的一部分。

僧格之妾苏布亥的兄长伯彦打赖为确保获取明朝的赏物,经常向明朝密报土默特部的活动情况,也因此与僧格发生了冲突。1567年苏布亥死,伯彦打赖欲投靠明朝,但遭拒绝,后完全被僧格控制。1615 年,伯彦打赖死,噶尔图杀死其表兄长男,兼并了伯彦打赖部落②。史料显示,噶尔图还控制了继母大嬖只的部众。据《蓟镇边防》载:"大比只巢住在兀碍,去边三百五十里(乃辛爱妾)。"可《武备志》说:"东夷兀爱是营名,与下北路龙门所相对,离独石边一百余里。……酋首安兔,故。"该书还援引《职方考》云:"蓟镇系朵颜三卫属夷。东北系擦恼儿(察汉儿之误)。西北系青把都儿、大嬖只、赶兔等部落驻牧。"大比只,即大嬖只。兀碍,就是兀爱。安兔即噶尔图。不难发现,在苏布亥死后,噶尔图与其继母一起游牧,大嬖只的原驻牧地兀爱随之变成噶尔图的领地。此外,笔者在《东土默特本部旧牧地考》一文中没有提及 17 世纪初期有名的兀良哈塔布囊善巴、赓格尔等都是东土默特的塔布囊。善巴的祖父是俺答汗的属民猛古歹。对俺答汗与猛古歹的联姻关系、后来东土默特人的"满官嗔"之名的由来等,特木勒作了令人信服的考证③。这位猛古歹,是花当的后裔,归附土默特俺答汗的影克(恩克)的兄弟。据《卢龙塞略》载:"猛古歹,妻伯彦主喇。子曰罕麻忽,曰那彦伯来,曰那秃,曰那木赛。""伯彦主喇其男亦为安滩婿。"④安滩即指俺答汗。又据《王公表传》载:"善巴,土默特部人,姓乌梁罕,元臣济拉玛十三世孙。祖莽古岱由喀喇沁徙居土默特,有子三:长哈穆瑚;次诺穆图卫征,子即善巴;次鄂穆

① 中国第一历史档案馆藏、李保文整理《十七世纪前半期蒙古文文书档案（1600－1650)》,内蒙古少儿出版社,1997,第 43 页。
② 特木勒:《朵颜卫研究——以十六世纪为中心》,博士学位论文,南京大学,2001 年,第33—35 页。
③ 特木勒:《朵颜卫研究——以十六世纪为中心》,博士学位论文,南京大学,2001 年,第36—38 页。
④ 郭造卿:《卢龙塞略》卷十五,台湾学生书局,1987 年。

什固英。"①俺答汗女婿的莽古岱之子,就是善巴的父亲诺穆图(那秃)。赓格尔是善巴的近族。据此可推知,土默特其他贵族属部的塔布囊们,至少是俺答汗的一些塔布囊们,加入了后来的东土默特部。应该说,东土默特部的塔布囊部落不仅包括僧格的属民,而且还包括原来俺答汗等人的一些属部。

为了把整个东土默特"诺颜—塔布囊"体系的实际范围勾勒清楚,下面将进一步考察东土默特部的牧地分布状况。

首先是兀良哈塔布囊们的根据地。根据《卢龙塞略》,归附东土默特贵族的兀良哈人,包括以下几支:首先是花当长子革兰台的几个儿子。《卢龙塞略》载,猛可的牧地在汤兔;猛古歹在会州、讨军兔;抹可赤在母鹿;斡抹秃在青城境界。《蓟镇边防》云,鹅毛兔(斡抹秃)、伯彦主喇(猛古歹妻)等夏营地在青城,春冬营地在会州、讨军兔一带。这里所说的会州,蒙古名插汗河套(* Čaɣan qota),在今河北省平泉市境内。《钦定热河志》称,会州城在平泉州治南50里,属于平泉州南境②,即今平泉市南。据《蓟镇边防》记载,逃军兔有两处,一处在会州以西,当时改称讨军兔;一处在都山之后,位于会州以西的讨军兔,即清代的托津图。《钦定热河志》说,"托津图河,即豹河之上流。在平泉州(即八沟厅)东北境西南流,会诸小水为豹河。"③豹河,又称瀑河,其主流在今河北省宽城满族自治县境内。豹河上游在今平泉市西境。因此,讨军兔无疑是在平泉市西部。青城,蒙古名哈喇河套,即明初所建大宁新城,在今宁城县大明城西南50里,距会州120里④。汤兔,离冷口边较近,可能就是汤图河一带。"汤图河源出

---

① 祁韵士等:《钦定蒙古回部王公表传》卷二十五,文渊阁四库全书本。
② 和坤等:《钦定热河志》,载沈云龙编《中国边疆丛书》(二十九),文海行印社影印,1966年,第2063页。
③ 和坤等:《钦定热河志》,载沈云龙编《中国边疆丛书》(二十九),文海行印社影印,1966年,第2458页。
④ 张穆:《蒙古游牧记》,载李毓澍主编《中国边疆丛书》(八),文海行印社,1965年影印本,第75—76页。

建平县(即塔子沟厅)西南境,东南流经迁安县边外,至石柱子会青龙河。"①母鹿这个地名,尚未见于明代其他汉籍。

据此可知,土默特所属革兰台几个儿子的牧地分布在今河北省平泉市西部到东面的辽宁省凌源市、建昌县一带。

其次,是花当第二子革孛来及其子孙。据《卢龙塞略》载,革孛来及其子孙的牧地分布在里屈劳、以逊、哈剌塔剌等地。据《四关三镇志》与《蓟门考》记载,伯彦帖忽思、伯斯哈儿、伯彦孛罗和把秃孛罗俱在古北口境外以逊、以马兔一带驻牧②。以逊、以马兔,《蓟门考》又作一逊、一马兔,称二地均属无碍之地,即今河北省围场满族蒙古族自治县、隆化县境内的伊逊河、蚁蚂吐河。可知,革孛来子孙的牧地当在这两条河的流域内。

最后,是花当四子的第三个儿子板卜子孙。板卜之子伯彦打来名气很大,是僧格的妻兄、噶尔图四兄弟的舅父。据《卢龙塞略》记载,他的牧地在毛哈气水、鸣急音境内。《蓟门考》称,他"在石塘岭境外地方满套儿等处驻牧"。《四关三镇志》载,该部在"石塘岭、慕田、四海冶境外满套儿驻牧"③。据《蓟门考》载,满套儿是蒙古"犯石塘岭、古北口、曹家寨三路之总括",地在潮河上游。满套儿即现在河北省丰宁满族自治县南潮河流域一带。毛哈气水,指汤河上游。《蓟门考》说,毛哈气儿即汤河上稍④。据《明档》记载,宣府总兵董继舒等报告,崇祯四年三月十七日,明军到白塔儿、天克力沟等地,次日,

① 和坤等:《钦定热河志》,载沈云龙编《中国边疆丛书》(二十九),文海行印社影印,1966年,第2460页。
② 刘效祖:《四镇三关志》,《四库禁毁书丛刊》史部第十册,北京出版社,2000年,第525页。米万春:《蓟门考》,《四库禁毁书丛刊》史部第十五册,北京出版社,2000年,第505页。
③ 米万春:《蓟门考》,《四库禁毁书丛刊》史部第十五册,北京出版社,2000年,第505页。刘效祖:《四镇三关志》,《四库禁毁书丛刊》史部第十册,北京出版社,2000年,第525页。
④ 米万春:《蓟门考》,《四库禁毁书丛刊》史部第十五册,北京出版社,2000年,第503页。

到汤河、满套儿等地,搜查敖目部蒙古(敖目即鄂木布)①。可见,汤河距满套儿很近。因此,毫无疑问,伯彦打来的牧地就在潮河上游、汤河流域一带,即今河北省丰宁满族自治县南部和西南部。

那么,在"宣府东塞"的噶尔图兄弟的封地究竟在哪里呢? 对此,《宣大山西三镇图说》记载得非常清楚。该书第一卷的"宣府巡道下辖北路总图说"载,下北路"迤东百五十里外即安、朝二酋巢穴,而白草、瓦房尤为群虏往来之冲"。接着,在"各城堡图说"中,对噶尔图、朝克图的驻牧地,指出了以下地方:龙门所边外白塔儿、滚水塘;牧马堡边外七峰嵯;长伸地堡外乱泉寺一带;宁远堡边外一克哈气儿;滴水崖堡外大石墙、庆阳口等处。"宣府怀隆道辖东路总图说"载,该路"东北即安、朝二酋驻牧之处,而宝山寺、黑牛山、大安山、天屹力等处,层岸叠嶂,深林从棘,虏尤易于潜逞"。另外又在"各城堡图说"下指出赶兔兄弟的牧地:四海冶堡边外芍药湾、宝山寺;周四沟堡边外的乱泉寺、孤山、碱场、虎喇岭等处;黑汉岭堡边外的白塔儿、牛心山等处;靖胡堡边外的黑牛山、乱泉寺、许家冲等处;刘斌堡边外的天克力(离边约150里)②。上述诸多城堡分布在今北京市延庆区中部从东南向西北延伸,至河北省赤城县中部从南向北延伸的一条 L 形线路上,即延庆县的四海镇、黑汉岭、周四沟、刘斌堡和赤城县的后城、龙门所、牧马堡。在这条线外边凡有关赶兔兄弟牧地的地名大部分都很清楚。乱泉寺是赤城县东南部的万泉寺;宝山寺是北京市怀柔区中部的宝山寺;天克力在宝山寺以北的天河附近。孤山、碱场、虎喇岭等处,均在周四沟边外。据明朝兵部档案,这些地方与白塔儿、宝山寺的距离不是很远,大致在今延庆区东、怀柔区北一带。

据此可知,噶尔图兄弟的牧地在今天的北京市怀柔区北、延庆区东,河北省赤城县东部黑河以东,丰宁满族自治县汤河流域等地区。

总之,今天的北京市怀柔区北、延庆区东,河北省赤城县东部黑

① 《明档》,太子太保兵部尚书梁崇祯四年三月二十八日题行稿,宣府巡抚沈塘报。
② 杨时宁:《宣大山西三镇图说》卷一,《玄览堂丛书》,影印本。

河以东,以及丰宁满族自治县西南部,是当时东土默特诸诺颜的根据地。河北省丰宁满族自治县西部和南部,围场满族蒙古族自治县、隆化县境内的伊逊河、蚁蚂吐河一带,以及从平泉市西部到辽宁凌源市、建昌县一带,是当时东土默特诸塔布囊的牧地所在。

第三节 喀喇沁万户的名称来源与执政者

一、万户名称

根据以上考证得出的结论,最后形成的喀喇沁黄金家族与兀良哈首领、东土默特黄金家族和兀良哈首领之间的联合,即"山阳诸诺颜与塔布囊"(Ölge-yin tayiǰi tabunong-ud),成为喀喇沁万户的重要组成部分。他们的活动地域大致如下:西边从今天的内蒙古锡林郭勒盟正蓝旗,向南经河北省张家口市崇礼区东北部、沽源县,向东经河北省赤城县东部黑河以东,北京市怀柔区北、延庆区东,河北省滦平县北部、承德市南部和平泉市境,再东边经辽宁省凌源市、建昌县和喀喇沁左翼蒙古族自治县,往北经过内蒙古赤峰市敖汉旗西部、赤峰市市区北境,从此再向西经河北省围场满族蒙古族自治县、内蒙古多伦县,再到正蓝旗境一带的广阔地域。如考虑阿速特部和永谢布部的牧地,则必须指出,喀喇沁万户是当时南蒙古一个庞大的兀鲁思,是蒙古诸万户中一方举足轻重的势力。

在新万户中,喀喇沁部势力强,影响大,汗与洪台吉均出自该部,该集团因此被称作"喀喇沁万户"。因为该万户吸收了原来"山阳万户"的朵颜兀良哈部,而朵颜兀良哈部首领又是原山阳万户的统治者,所以"山阳诸诺颜与塔布囊"同时又被称作"山阳万户"。后文要谈到的17世纪20年代的蒙古文书为此提供了有力的证据。比如,天聪汗给蒙古贵族达尔汗土谢图和威征的书中提到,ene noγon deger-e, naqun-i abaγ-a qaračin tümen-tai bida mordaqu bolba.“今年出青草时,我们已决定与嫩阿巴噶(指嫩科尔沁——引者)和喀喇沁万户一起出征。"①东土默特首领鄂木布在致天聪汗的书中谈道:tere qoorutu qaɣan-iǰegün tümen-eče abuɣsan čerig-ün toɣ-a-yi sečen qaɣan gegen -degen ayiladuɣsan buy-a.……qadamalǰi kelegčin-ni baraɣun tümen-i abuba bida, oda ǰurčid-tü ayalaqu buy-a geǰi kelenem genem, mani ölge tümen-i keǰiyele qamiɣasi ečim geǰi kelekü bayinam. "那个毒辣的汗(指察哈尔林丹汗——引者)从左翼万户所取得的军队人数,天聪汗已经知道了吧。……他们扬言:我们已经拿下了右翼万户,现在将出征女真人。他们说我们山阳万户无论何时都无处可去。"②可见,"山阳万户"是与"左翼万户"和"右翼万户"相对而言的,也就是天聪汗所说的"喀喇沁万户"。

在17世纪的蒙古文史书中,也能见到"喀喇沁万户"这一名称。比如,《蒙古源流》记载,三世达赖喇嘛在"前往喀喇沁万户"(Qaračin tümen-e ögede bolqu-yin ǰaɣur-a)的途中,受到土默特各鄂托克领主的延请③。

在"喀喇沁万户"中,其各部名称当然没有消失,甚至到喀喇沁万户被女真爱新国合并,万户中的阿速特、永谢布、喀喇沁、土默特、兀良哈诸部仍然都存在。然而,这些部落虽在万户内部有明显的区别,可在对外的交往中一般都自称"喀喇沁"。不仅在喀喇沁如此,在其他万户也是如此。比如在察哈尔万户,敖汉、奈曼、阿喇绰特、兀鲁特等,虽各有名分,但在和外界的交往中,往往又仅自称察哈尔。明朝后期的一些文献认为,察哈尔汗大营在西拉木伦河以南,原因可能就在于,把西拉木伦河以南的察哈尔分支和西拉木伦河以北的察哈尔本部混淆了,就像把内喀尔喀误以为泰宁卫、将科尔沁误以为福余卫一样。

---

① 中国第一历史档案馆藏、李保文整理《十七世纪前半期蒙古文文书档案(1600- 1650)》,内蒙古少儿出版社,1997年,第2页。
② 中国第一历史档案馆藏、李保文整理《十七世纪前半期蒙古文文书档案(1600- 1650)》,内蒙古少儿出版社,1997年,第94页。
③ 萨囊彻辰:《蒙古源流》(库伦本),1955年,第82页v。

　　关于喀喇沁万户各个成员被称为"喀喇沁人"，是有明确记载的。举几例：

　　善巴和席兰图是东土默特著名的塔布囊。但在《旧满洲档》里，亦即在当时爱新国的记载中，他们在不少地方被记作喀喇沁人。如《旧满洲档》2966：8～2967：1（前数为页码数，后数为行数，下同）：Karacin-i daidarhan-i cooha juwe tanggu。Sirantu-i cooha emu minggan-be unggihe "派遣了喀喇沁的代达尔汉的二百军队和席兰图的一千军队。" 2989：1～3：juwan duin-de karacin-de unggihe bithe. Han-i bithe. Jorigtu darhan. Sirantu. samba-de unggighe "十四日给喀喇沁的书。汗之书。给卓力克图达尔汗、席兰图、善巴。" 3143：5～6：karacin-i samba-de bufi tebuhe bihe "给喀喇沁的善巴居住。" 3743：6～8：tere inenggi karacin-i beise. Beisei coohai ton-be alanjime jihe. ……sirantu dehi. Kengkel nadanju. Samba emu tanggu "是日，喀喇沁诸诺颜来报其军队数。……席兰图四十人，赓格尔七十人，善巴一百人。"

　　不仅塔布囊们如此，东土默特的黄金家族成员也常常被当作喀喇沁人。比如，《旧满洲档》3392：2～3记载：ineku tere inenggi karacin-i ombu cukur isinjiha "又，那一天喀喇沁的鄂木布楚琥尔到来。" 3918：8记载：tere inenggi karacin-i ombu cukur han-de acanjime hengkileme jihe "那天，喀喇沁的鄂木布楚琥尔来会见汗并叩头。" 3919：8记载：ice jahūn-de karacin-i ombu cukur-de suje ilan. Mora samsu orin buhe "初八日，给了喀喇沁的鄂木布楚琥尔缎子三匹，翠蓝布二十匹"。3925：7又记载：orin nadan-de karacin-i tumed ombu cuher-de unnggihe bithei gisun "二十七日给喀喇沁的土默特鄂木布楚琥尔的书云。"最后一例非常清楚地表明，当时无论土默特还是兀良哈，都被认为是"喀喇沁"。

　　阿速特部台吉们对爱新国同样自称为喀喇沁人。比如，17世纪20年代末30年代初，阿速特台吉们与女真爱新国汗皇太极互致书信时，女真方面分别称他们为"喀喇沁的火落赤把都儿贝勒""喀喇沁的彻臣戴青"和"喀喇沁寨桑台吉"等①。

永谢布人是否也自称喀喇沁人,未见史书明确记载。但作为喀喇沁万户的成员,则被当时的明朝人所周知。在明朝兵部题行档中,有这样一份珍贵的资料:崇祯十一年九月十一日兵部行稿援引兵科抄出宣大总督卢象升题本指出:"夫哈喇慎者,其国名也。白洪大者,其先年王子之称谓也。永邵卜者,哈慎王子支分之台吉也。……崇祯元年,插酉猖獗,掩袭诸夷,大战于大同、得胜边外,如哈喇慎几二三万人,永邵卜几五六万人,卜什兔(卜什兔指归化城土默特首领顺义王博什克图——引者)之东西哨几七八万人,俱为插酉所败,死亡相枕,籍其生者,鸟兽散去,插随并诸部之赏。"②所谓的"国名"哈喇慎(即喀喇沁),就是指万户名称。所谓"哈慎王子支分之台吉"永邵卜,即是喀喇沁所属鄂托克永谢布之谓。顺便提一下,这份报告还提供了了解察哈尔西迁之前的喀喇沁、永谢布等鄂托克实力的第一手资料。

基于此,德国学者魏弥贤认为,喀喇沁表示当时喀喇沁人、土默特人的"国籍",而各自的部称则表示他们的"部籍"③。实际上,"喀喇沁"是万户的名称,而喀喇沁、土默特、阿速特、永谢布等是该万户下属各部名称。

二、喀喇沁万户的执政诸诺颜与塔布囊

如前所述,喀喇沁部的统治者是喀喇沁黄金家族上层和兀良哈贵族。喀喇沁黄金家族上层当然都是博尔济吉特氏(元译孛儿只斤),是达延汗的子孙。兀良哈贵族为兀良哈济尔默氏。根据清朝宗室《玉牒》所记喀喇沁部额驸姓氏,兀良哈济尔默氏尚有"乌梁海济

---

① 中国第一历史档案馆藏、李保文整理《十七世纪前半期蒙古文文书档案(1600-1650)》,内蒙古少儿出版社,1997年,第70—71、110、112—113页。
② 中央研究院历史语言研究所编《明清史料》丁编第六本,第575页。
③ Michael Weiers, "Die Eingliederung der Kharatsin 1635," Zentralasiatische Studien, no. 29 (1999).

尔默氏""乌梁罕济尔默氏""乌朗罕济尔默氏""乌喇翰济尔门氏"
"乌亮海吉勒莫特氏"等不同写法①,实际上都是蒙古语 Uriyangqan
jelme 的不同译写。Uriyangqan 即兀良哈无疑。jelme,清代写作济拉
玛,就是《元朝秘史》中的者勒篾,成吉思汗大臣名。据《蒙古王公表
传》载,兀良哈部统治家族是济拉玛(者勒篾)后裔。所以,"济尔默"
就是"济拉玛"的不同译写。那么,兀良哈统治家族显然是以其远祖
名为姓的。者勒篾七传至花当(清代写作和通),置兀良哈三卫之众
于朵颜卫统治下。但是,兀良哈人没有发展成为一支独立的政治力
量,而是成为其西邻喀喇沁和东土默特的附庸。

　　在喀喇沁部,以喀喇沁汗为首的被称作"台吉"或"诺颜"的达延
汗子孙居最高统治地位。喀喇沁万户的最高统治者是喀喇沁汗与洪
台吉。

　　喀喇沁的第一任汗,是达延汗第三子巴尔斯博罗特的第四子巴
雅斯哈勒(1510—1572)。他在喀喇沁称汗后,自取尊号"昆都伦汗"
(Köndülün qaγan,意为"受尊重的汗",即"尊贵的汗"),所以明人又
称之为"昆都力哈""髭突里哈"(哈等于汗)或"鞑靼王子"。他的长
子以黄把都儿著称于世,名摆三忽儿,号威正台吉。此人在巴雅斯哈
勒汗还在世时就已经死去,所以未能登上汗位。喀喇沁的第二代汗,
是黄把都儿的长子白洪大。据罗《黄金史纲》载,白洪大拥有汗号,被
称为白洪代汗(Bayiqundai qaγan)②。据《兵略》记载,白洪大的长子
名打利台吉。据罗《黄金史纲》载,白洪大的长子是"汗阿海绰斯奇
卜"③。"汗阿海",意为"汗殿下"。所以,打利和绰斯奇卜应该是同
一人,而且各具有汗号。绰斯奇卜的长子,名拉斯喀布。在 17 世纪
20 年代的蒙古文文书中多次提到了"喀喇沁汗",但没有直呼其名。
只有在 1628 年的喀喇沁—满洲结盟誓词中,在满洲执政贝勒之首提

① 杜家骥:《清朝满蒙联姻研究》,人民出版社,2003 年,第 83 页。
② 罗卜藏丹津:《黄金史纲》,乔吉校注,内蒙古人民出版社,1983 年,第 659 页。
③ 茅元仪编撰《武备志》卷二〇五,天启刻本。罗卜藏丹津:《黄金史纲》,乔吉校注,内蒙
　古人民出版社,1983 年,第 659 页。

到了"皇太极",在喀喇沁执政诺颜之首提到了"拉斯喀布"①。皇太极即天聪汗,拉斯喀布就是喀喇沁汗。毫无疑问,喀喇沁的汗位,一直由巴雅斯哈勒汗的嫡长子一系独占的。

在关于喀喇沁末代汗的问题上,德国学者魏弥贤提出了自己的见解,但很难令人接受。他列举了罗《黄金史纲》中喀喇沁首领Laskib,《旧满洲档》和《满文老档》中的喀喇沁汗Laskib,《皇清开国方略》中的喀喇沁汗Laskab,以及蒙古文文书中的Laskiyab。但是,他把最原始的蒙古文文书中的"ǰasaɣ bariɣsan. laskiyab. mangsur ……"(执政的laskiyab. mangsur ……)读作"执政者,[和?]laskiyab. mangsur……",怀疑laskiyab是喀喇沁执政者的名字。对于《旧满洲档》和其他晚期史料的记载,认为都是后人作伪,也表示了怀疑。在《旧满洲档》所收天聪二年二月一日喀喇沁的杜棱古英等人致天聪汗的书信里提到了一句:"Man-u qaɣan qung tayiǰi(我们的汗和洪台吉)",魏弥贤把这句话译作"我们的汗[名为]洪台吉",因此认为当时喀喇沁汗名应为洪台吉。魏弥贤甚至猜测,这个洪台吉也有可能就是天聪汗皇太极,因为喀喇沁—满洲联盟成立以后,满洲天聪汗实际上成为喀喇沁的汗②。但正如下一章将详述的那样,17世纪蒙古文文书中,有关喀喇沁的内容里,不止一次地出现了"Man-u qaɣan. qung taiǰi qoyar"(我们的汗与洪台吉二人)的记载。魏弥贤的结论,是因误译而得出的。

洪台吉是万户中仅次于汗的大头目,相当于副汗。在巴雅斯哈勒汗时期,究竟谁做过喀喇沁的洪台吉,未见明确记载,但在巴雅斯哈勒汗之后,喀喇沁洪台吉是由巴雅斯哈勒汗的末子马五大(Mangɣudai tayiǰi,号七庆朝库儿台吉)子孙担任的。据《兵略》载,马

---

① 中国第一历史档案馆藏、李保文整理《十七世纪前半期蒙古文文书档案(1600—1650)》,内蒙古少儿出版社,1997年,第33、45页。

② Michael Weiers,"Die Eingliederung der Kharatsin 1635,"Zentralasiatische Studien, no. 29 (1999).

五大生二子,长子班不什台吉,故。二子白言台吉,存,生二子。长子加尔木台吉,存;二子不列世台吉,存①。这与罗《黄金史纲》的记载完全吻合。罗氏记载,斡特根楚忽尔(即七庆朝库儿)之子布颜阿海(即白言台吉),布颜阿海之子弼喇什(即不列世台吉)②。这个白言台吉(即布颜阿海),是喀喇沁汗拉斯喀布的近族祖父,在喀喇沁诸贵族中,辈分大,很有威望,因此明代汉籍记载,布颜阿海作为喀喇沁的领袖人物,要比汗的名气大得多。根据1628年农历五月喀喇沁小塔布囊绰思熙的报道,当时喀喇沁的洪台吉就是这位布颜阿海(白言台吉)③。在1628年五月二十七日(6月28日)的喀喇沁—满洲结盟誓词中,有"执政的拉斯喀布、布颜、赓格尔、莽苏尔为首"这样的内容,可见此时布颜洪台吉还在世。但在《旧满洲档》1628年农历八月三日(8月31日)的记载里,出现了"布颜阿海之子弼喇什洪台吉"的内容。所以,弼喇什继洪台吉之位,当在1628年6月28日至8月31日之间。这些史料证明,担任喀喇沁洪台吉的是马五大的子孙。马五大是巴雅斯哈勒汗的嫡幼子。通观有关蒙古封建割据时期的万户和鄂托克的史料可知,嫡长子一系继承汗位,嫡幼子一系担任洪台吉一职,在当时是非常普遍的。

在汗与洪台吉之下,是执政诸部台吉。

喀喇沁部自然直属喀喇沁汗与洪台吉掌控。喀喇沁其他大台吉,都是汗与洪台吉的兄弟叔侄,比较有名的比如有布尔噶图。据《旧满洲档》载:"布尔噶图原为蒙古国喀喇沁之管旗贝勒。"④这一时期所谓的"管旗贝勒",不是指清代蒙古行政单位"旗"的首脑,而是指蒙古的"和硕"(军事组织)之主。据罗《黄金史纲》载,此"管旗贝

---

① 茅元仪编撰《武备志》卷二〇五,天启刻本。
② 罗卜藏丹津:《黄金史纲》,乔吉校注,内蒙古人民出版社,1983年,第659页。
③ 中国第一历史档案馆藏、李保文整理《十七世纪前半期蒙古文文书档案(1600-1650)》,内蒙古少儿出版社,1997年,第51页。
④ 《旧满洲档》,台北故宫博物院藏影印本,1969年,第4871页:(9) Burhatu dade monggo gurun-i karacin-i gūsa ejelehe beile bihe。

勒"是拉斯喀布汗的堂兄弟①。因其在对明朝的战争中荣立军功,天聪汗赐名代达尔汉②。

东土默特部的执政台吉具有洪台吉称号。赶兔是否有过洪台吉称号,至今尚未见到明确记载,但其子鄂木布称洪台吉继他之后成为东土默特的首领。鄂木布致满洲天聪汗的书里自称为"鄂尔德尼洪巴图鲁台吉"。除此之外,鄂木布的堂兄弟召尔必泰也被满洲人称为"洪台吉"③。东土默特大台吉,还有鄂木布亲兄弟和堂兄弟数人。

阿速特部首领也有洪台吉之称号。据蒙古文书资料载,阿速特首领火落赤有七个儿子。后来其中的五个被阿巴噶部所杀,名叫彻臣戴青和图巴斯克的两个儿子逃到了喀喇沁部④。此外《旧满洲档》还提到了名叫巴德玛洪台吉的阿速特大台吉⑤。

永谢布诸台吉的情况尚未见记载。

兀良哈济尔默氏贵族,是黄金家族的阿勒巴图(属民),有义务向黄金家族缴纳阿勒巴(贡物),有战事要从征。比如,喀喇沁万户成员之一的阿速特部的台吉彻臣戴青兄弟们在喀喇沁拥有阿勒巴图。当他们被察哈尔打败,回到喀喇沁万户时,说道:"我们的属民中,愿意的人迎接我们,并缴纳了贡赋;不愿意的人则不给我们任何东西。"⑥可见,在他们得势的时候,他们的属民是要向他们缴纳贡赋的。喀喇沁、土默特等喀喇沁万户其他分支的情况也是如此。

然而这并不等于喀喇沁塔布囊在万户中没有统治地位,恰恰相

---

① 罗卜藏丹津:《黄金史纲》,乔吉校注,内蒙古人民出版社,1983年,第659页。
② 《旧满洲档》,台北故宫博物院藏影印本,1969年,第4871页。
③ 中国第一历史档案馆藏、李保文整理《十七世纪前半期蒙古文文书档案(1600-1650)》,内蒙古少儿出版社,1997年,第60—61,91页。
④ 中国第一历史档案馆藏、李保文整理《十七世纪前半期蒙古文文书档案(1600-1650)》,内蒙古少儿出版社,1997年,第110页。
⑤ 《旧满洲档》,台北故宫博物院藏影印本,1969年,第3402页。
⑥ 中国第一历史档案馆藏、李保文整理《十七世纪前半期蒙古文文书档案(1600-1650)》第36号文书,内蒙古少儿出版社,1997年,第110页。(7)…… albatu ulus bidan-i (8) duratai-ni uγtuǰi alba tatalγ-a ögbe. dura ügei-ni (9) mandu yaγuma ögkü biši.

反,兀良哈诸塔布囊是喀喇沁万户统治阶层的组成部分,故有"山阳诸诺颜与塔布囊"之称。17世纪30年代的蒙古文文书中,记有"土默特执政诸塔布囊"之谓①。在喀喇沁部诸"执政者"名单里,不仅有拉斯喀布汗、布颜洪台吉的名字,而且还包括莽苏尔、苏布地、赓格尔等大塔布囊②。同一时期,满洲天聪汗和其他贵族或因满洲与喀喇沁关系事宜,或因喀喇沁内部事务,致信喀喇沁部和土默特部的诸塔布囊,要求他们对部下严加管束③。凡此种种都说明,有势力的兀良哈大贵族们在喀喇沁万户中作"执政塔布囊"是事实。他们有自己的牧地,拥有人口众多的部民,形成各自的兀鲁思。

在17世纪20—30年代,喀喇沁部执政塔布囊中,著名的有苏布地、万旦卫征、固噜思奇布、色棱、马济、索诺木等塔布囊。其中,苏布地和万旦卫征是兄弟,他们的世代如下:花当(和通)长子革儿孛罗(格呼博啰特),其长子革兰台(格呼勒泰),其长子影克(恩克),次子伯晕歹(伯洪大),其子即苏布地和万旦卫征。固噜思奇布是苏布地的儿子。据《清太宗实录》载,苏布地拥有4000人的军队④。1635年,万旦卫征有1615丁,固噜思奇布有1500丁。色棱有656丁,是革兰台之弟图琳固英之子。此外,马济塔布囊有428丁,索诺木有410丁,都是大塔布囊,可惜他们的家世尚不明白。东土默特部的执政塔布囊中,最著名的有善巴和赓格尔,1635年时候分别有372丁和188丁⑤。善巴的祖父名莽古岱(猛古歹),是花当之孙革兰台的第三个儿子⑥。赓格尔是善巴的近族。

———————————

① 中国第一历史档案馆藏、李保文整理《十七世纪前半期蒙古文文书档案(1600-1650)》,内蒙古少儿出版社,1997年,第43页。

② 中国第一历史档案馆藏、李保文整理《十七世纪前半期蒙古文文书档案(1600-1650)》,内蒙古少儿出版社,1997年,第33页。

③ 《旧满洲档》,台北故宫博物院藏影印本,1969年,第2989、3069、3097、3427页。

④ 《清太宗实录》,天聪四年春正月己丑。

⑤ 以上诸塔布囊的人丁数目见《旧满洲档》,见《旧满洲档》,台北故宫博物院藏影印本,1969年,第4143—4144页。

⑥ 祁韵士等:《钦定蒙古回部王公表传》卷二十五,文渊阁四库全书本。

第六章　喀喇沁万户与爱新国（一）

——喀喇沁部诸台吉、塔布囊与爱新国

喀喇沁部是喀喇沁万户的中心。这一时期的喀喇沁部，当然指原右翼三万户中的喀喇沁人和以朵颜兀良哈为中心的三卫之众的联合体。此章将重点探讨察哈尔西迁以后喀喇沁部的变化及喀喇沁与满洲的联盟等问题。

第一节　察哈尔西迁后喀喇沁人的动向

察哈尔西迁，是 17 世纪上半叶蒙古史上最重大的历史事件之一，其影响十分深远。这次事件最直接的后果之一就是导致了喀喇沁万户的解体。

17 世纪初，林丹汗（1604—1634 在位）即蒙古大汗位。林丹汗即位后，立志改变达延汗以后汗权旁落的局面，自称"林丹呼图克图、英明成吉思、大明聪睿、所向无敌察克瓦喇迪、大太宗天之天、全世界之兜率天、转金轮教法之汗"[①]。尽管如此，实际受林丹汗控制的还仅仅是察哈尔万户。17 世纪初，察哈尔万户有"八大部二十四哨"，人口众多，实力雄厚，主要分布在西拉木伦河以北地区，在西拉木伦河以南和大兴安岭以北也有一些分支。

林丹汗时期，东北亚政治史发生了重大变化。1616 年，建洲女

---

① 无名氏著《大黄史》（Yekešir-a tuγu ji），乌力吉图校注，民族出版社，1985 年，第 122 页。

真首领努尔哈赤建立了爱新国。努尔哈赤父子极力经营蒙古各部,
1619 年和 1624 年分别与蒙古东部的内喀尔喀五部和嫩科尔沁部建
立了反明朝、反察哈尔的政治、军事同盟,把矛头指向了蒙古大
汗——林丹汗。在这种形势下,林丹汗采取了以武力统一蒙古各部
的强硬政策,讨伐内喀尔喀五部和嫩科尔沁部,但均遭失败。到了
1627 年,东部的五鄂托克喀尔喀和科尔沁、爱新国结盟,连察哈尔万
户西拉木伦河以南的兀鲁特、敖汉、奈曼等鄂托克都归附了爱新国。
把左翼蒙古诸部尽数丢给爱新国后,林丹汗做出了西迁的决定,准备
以右翼蒙古为根据地,再反旆经营左翼诸部。这样,1627 年林丹汗
西征。结果,在 1627—1628 年间,右翼诸万户随之纷纷瓦解。

一、喀喇沁诸诺颜的失败

1627 年(明天启七年、爱新国天聪元年),是林丹汗西征的第一
年。过去,史学界对林丹汗西征开始的具体时间,说法各异。和田清
认为,是在春夏之交,王雄对此表示赞同;萩原淳平认为,在二月初;
达力扎布则认为是在年底[①]。

《明朝兵部题行档》载,据侦探通事郭进宝等进边报称:"探问
得,哈喇慎家先日原在独石口边守口夷人暖兔、根更等二十余名说
称:原于天启七年十月内,被察酋趁散,投奔东边奴儿哈痴,因无盘
费,又无牲畜,到于东边半路归英地方,住过三年有余,饥饿无奈,思
想原住巢穴从东步行前来,到于独石边北栅口外住牧。"[②]这则消息
可以证明,林丹汗攻打喀喇沁部确实在天启七年十月(1627 年 11 月
8 日—12 月 7 日)。林丹汗西征是从攻打喀喇沁部开始的,确切时间
应该是在十月内,达力扎布的判断是正确的。上引郭进宝等人的报

---

① 和田清著《东亚史研究·蒙古篇》(回文),东洋文库,1959 年,第 891 页。王雄:《察哈
　尔西迁的有关问题》,《内蒙古大学学报》1989 年第 1 期。萩原淳平著《明代蒙古史研
　究》(日文),同朋舍,1980 年,第 329 页。达力扎布著《明代漠南蒙古历史研究》,内蒙
　古文化出版社,1997 年,第 294 页。
② 《明朝兵部题档》,兵部尚书梁等崇祯三年十二月二十六日题稿。

告虽系 1630 年,但是消息出自被林丹汗打败的喀喇沁人暖兔、根更等人之口,应该非常可信。

如前所述,喀喇沁台吉与塔布囊的牧地分布在今河北省北部和内蒙古自治区锡林郭勒盟南部,这一地区成为察哈尔西征路上的第一个征服对象是可想而知的。根据《崇祯实录》十月二十六日(1627年 12 月 3 日)记载:"插汉西攻摆言台吉哈喇慎诸部。诸部多溃散,或入边内避之。"明朝边臣王象乾于第二年回忆说:"自黄台吉与插汉内讧,去岁卜石兔西走,哈喇慎俱被掳,白台吉仅身免,东哈部今无几矣。"① 黄台吉、摆言台吉、白台吉,均指白言台吉,即喀喇沁万户的第二号大人物白言洪台吉。东哈,即喀喇沁部②。可见,1627 年 12 月初,林丹汗已经打败喀喇沁部,进入明朝宣府边外。这时的土默特部之主顺义王博硕克图汗早已逃到河套地区。十一月内(1627 年 12 月 8 日—1628 年 1 月 6 日),林丹汗乘胜西上,占领了归化城(今呼和浩特市)。与博硕克图汗素有矛盾的鄂木布③之子西令投降,林丹汗与之结盟。不久,林丹汗征伐土默特万户东哨各部,即驻牧在大同边外的兀慎、摆腰、明暗等部④。

喀喇沁万户被林丹汗击散以后,其中一部分人东投爱新国,一部分人避入明朝境内。但是,喀喇沁汗和洪台吉率领兀鲁思主部向西往大同边外地方迁徙,其目的可能是为了与西土默特部会合。在林丹汗西征开始以前,右翼万户得悉察哈尔来袭后,喀喇沁与土默特两部曾经在黄旗海子备兵,所以当林丹汗从归化城再讨伐土默特东哨时,又一次遇到了喀喇沁本部主力。于是,双方发生了历史上有名的昭城之战,即所谓的"赵城之战"。

---

① 《崇祯实录》,天启七年十月已未。《崇祯实录》,崇祯元年九月辛未。
② 在《明朝兵部题行档》中,"东哈"表示喀喇沁,"西哈"指外喀尔喀。
③ 俺答汗与三娘子生不他失礼,不他失礼与巴汉比姬生鄂木布。鄂木布,又名索囊。不他失礼父子,为了争夺顺义王位,一直与俺答汗嫡长子一系不和。
④ 达力扎布著《明代漠南蒙古历史研究》,内蒙古文化出版社,1997 年,第 295—302 页。王雄:《察哈尔西迁的有关问题》,《内蒙古大学学报》1989 年第 1 期。

关于这次战役的主要史料,见诸《清太宗实录》。《清太宗实录》天聪二年二月一日(1628年3月6日)载:

> "蒙古喀喇沁部落苏布地杜棱古英、朵内衮济、诺干达喇、万旦卫征、吴尔赫贝勒、塔布囊等以书来奏曰:察哈尔汗不道,伤残骨肉,天聪皇帝与大小诸贝勒俱知之。我喀喇沁部落被其欺凌,夺去妻子牲畜。我汗与布颜台吉、博硕克图汗、鄂尔多斯济农同雍谢布及阿苏忒、阿霸垓、喀尔喀诸部落合兵,至土默特部落格根汗赵城地方,杀察哈尔所驻兵四万人。我汗与布颜台吉率兵十万回时,复值察哈尔兵三千人赴明张家口请赏,未得而回,又尽杀之。今左翼、阿禄、阿霸垓三部落及喀尔喀部落遣使来约,欲与我合力兴师。且有与天聪皇帝同举兵之语。请天聪皇帝睿裁。观伊等来约之言,察哈尔汗根本动摇,可乘此机,秣马肥壮,及草青时,同嫩阿霸垓、喀喇沁、土默特兴师取之。大国若欲发兵,即宜秣马厉兵,至期进发。如不发兵,亦听大国之便。兹蒙皇帝敕谕,谨此奏闻。"①

"赵城之战"这一词语,最早是1918年日本学者和田清根据上引《清太宗实录》记载而提出。他正确指出,这个"格根汗赵城",就是俺答汗的呼和浩特(归化城);喀喇沁塔布囊等大败察哈尔,是虚报。可遗憾的是,和田清把这次战役和《明史》中提到的"旱落兀素战役"混为一谈②。萩原淳平怀疑和田清的说法,否认有过"赵城之战"③。达力扎布认为,"赵城之战"发生在1627年十二月至次年正月之间,并理清了旱落兀素战役的真相,指出旱落兀素之战与"赵城之战"并非一事④。

先来考察《清太宗实录》中这条史料的渊源与流传。《清太宗实录》是从《旧满洲档》的旧满文档案中翻译、修饰而成。旧满文的汉

---

① 《清太宗实录》,天聪二年二月癸巳朔。
② 和田清著《东亚史研究·蒙古篇》(日文),东洋文库,1959年,第889—897页。
③ 萩原淳平著《明代蒙古史研究》(日文),同朋舍,1980年,第398页。
④ 达力扎布著《明代漠南蒙古历史研究》,内蒙古文化出版社,1997年,第294—300页。

译如下：

"（天聪）二年二月初一日，喀喇沁塔布囊等送来之书之言如下：杜棱古英、朵内衮济、诺干达喇、万旦卫征为首的山阳诸诺颜、塔布囊致书天聪汗。为天聪汗之书之回复。察哈尔汗不道，杀掠亲族。（此事）天聪汗和大小诸贝勒已知道了吧。（他们）欺凌我喀喇沁万户，抢掠我们妻子牲畜。我们的汗、洪台吉、博硕克图汗以及鄂尔多斯济农与永谢布、阿速特、阿巴嘎、喀尔喀合兵而来，砍杀了驻扎在格根汗昭城的察哈尔四万军队。我们的汗和洪台吉带来了十万军队。来时，喀喇沁汗和洪台吉遇到去巴颜苏布请赏未得之三千察哈尔请赏人，尽杀之。左翼山阴三阿巴嘎和喀尔喀欲征（察哈尔），且问我们率领我等和天聪汗一起往征何如。天聪汗明鉴。观此二书之言，察哈尔汗根基在轻微动摇。乘此动摇之际，我们决定把马喂肥，今年山青草时，和嫩科尔沁、喀喇沁和土默特一起出征。如果你们也要出征，要喂肥马匹，修整甲胄兵器。如不欲出征，随你们便。"

可见，汉文《清太宗实录》中的"吴尔赫贝勒"是"山阳诸诺颜"之意，译者没弄明白满文 ulhe-i（蒙古文 ölge-yin 之误，意为"山阳的"）的本意；"如不发兵，亦听大国之便。兹蒙皇帝敕谕，谨此奏闻"云云，都是编者所加文字，原本没有；"赵城"，译文用字不当，以至于产生误会，应作"昭城"。

问题还远不止于此。更为重要的是，作为史料的《旧满洲档》的满文记载，不仅不是原文，而且是篡改蒙古文原文原件后的赝品，纯属杜撰。这是将两份完全不同的蒙古文文书合二为一，然后加以翻译的产物。幸亏这两份文书的抄件和进行改动的痕迹，一直流传到现在。1997 年中国第一历史档案馆影印的《十七世纪前半期蒙古文文书档案》一书，公布了这两个文书及其改动痕迹。

第一份文书内容如下：

（1）｛Oom suwasdi sisdam｝. （2）sečen qaγan - du. dügüreng güying. tonoi günǰi. noγuγan dara. wandan˙oyiǰang. ekilen ölge - yin

(3) noyad tabun ong-ud bičig bariba. (4) sečen qaɣan-ača ekilen mendü amuɣulang buyu. (5) sečen qaɣan-u öggügsen bičig-ün qariɣu. čaqar-un qaɣan yosu ügüi törül törügsen-iyen alaǰu talaǰu yabuqu-yi (6) sečen qaɣan ekilen yeke baɣ-a noyad medebe y-e. qaračin tümen-i bidan-i aolitqaǰi, eme keüked mal-i abǰi bainam. (7) mani qaɣan. qung tayiǰi. bosoɣ-tu qaɣan. ordus-in ǰinong-tai yöngsiyebü. asud abaɣ-a qalaq-a (8) ede ireǰi gegen qaɣan-i ǰao-tu saɣuɣsan dörben tümen čerig-in-i abiǰi ɣarɣaǰi orkiǰi bainam. (9) mani qaɣan. qung tayiǰi arban tümen čerig abǰi irebe. tere ireküden čaqar-un ɣurban mingɣan sang-in (10) bayan sübe-tü sang abuy-a geǰü oruǰu. kitad sang ese ügčü qariǰu irekü-yi qaračin-i qaɣan. qung tayiǰi. tere sang-in-i (11) učiraǰu kele ɣarɣal-ügei tasu alaba {genem}. baraɣun ɣurban abaɣ-a qalq-a morday-a geǰi. ende-yi mani abun (12) sečen qaɣan-tai edü mordaqula yambar geǰi ireǰi bainam. (13) sečen qaɣan gegen den ayilad. {????? üge ene bui}.

"{愿吉祥!}

致天聪汗。杜棱古英、朵内衮济、诺干达喇、万旦卫征为首的山阳诸诺颜、塔布囊致书。

天聪汗为首(大家)安康否?

为天聪汗之书之回复。察哈尔汗不道,杀掠亲族。(此事)天聪汗为首大小诸贝勒已知道了吧。(他们现在)欺凌我喀喇沁万户,抢掠我们妻子、牲畜。我们的汗、洪台吉、博硕克图汗以及鄂尔多斯济农与永谢布、阿速特、阿巴噶、喀尔喀合兵而来,杀伤并驱逐①驻扎在格根汗昭城的(察哈尔)四万军队。我们的汗和洪台吉带来了十万军队。来时,喀喇沁汗和洪台吉遇到了去巴颜苏布请赏未得的三千察哈尔请赏人,尽杀之,使他们无一生还。

---

① 在《清太宗实录》里,把这句话译作"杀察哈尔所驻兵四万人",误。

右翼、三阿巴噶和喀尔喀①欲征(察哈尔),且问我们率领这里的人马,与天聪汗一道出征怎么样?天聪汗明鉴。

｛喀喇沁……书言｝(这句话大部分已被涂掉,无法辨认——译者)。"②

第二份文书内容:

(1) sečen qaɣan-u bičig. darqan tüsiy-e-tü. oyiǰang qoyar-tu ilegebe. čaqar-ɣin qaɣan ula ködelǰi bayinam. ene ködelügsen (2) čaɣ-tu aɣta taruɣlaɣulaǰu ene noyon deger-e. naqun-i abaɣ-a qaračin tümen-tei bida mordaqu bolba. (3) ta morday-a gekü bolusa aɣta yuɣan tarɣulaɣul quyaɣ duɣulaɣ-a ǰer ǰebe-iyen ǰasa. (4) ülü mordaqu bolusa ta öbesüben mede.

"天聪汗之书。给达尔汗土谢图、卫征二人。察哈尔汗根基在动摇。乘此动摇之际,我们决定把马喂肥,今年出青草时,和嫩科尔沁、喀喇沁万户一起出征。如果你们也要出征,要喂肥马匹,修整甲胄兵

---

① "右翼、三阿巴噶和喀尔喀",《旧满洲档》译作"左翼山阴三阿巴噶和喀尔喀"(Hashu ergi aru-i ilan abaga, kalka, PP. 2789)。《满文老档》从之(《满文老档》四,第119页)。《清太宗实录》作"左翼、阿鲁、阿霸垓三部落及喀尔喀部落"(天聪二年二月癸巳朔),均误。宝音德力根根据《满文老档》误载,这样解释"左翼阿鲁三阿巴噶":"指成吉思汗三个弟弟——合撒儿、合赤温、别里古台后裔统治下的诸部。这些部落各以阿鲁科尔沁、翁牛特、阿巴噶为首。'左翼'是以蒙古大汗部落察哈尔为中心的说法。……'阿鲁'指兴安岭之北"(宝音德力根:《往流与往流四万户》(蒙古文),《蒙古史研究》第五辑,1997年)。笔者也曾据《旧满洲档》错误地注释了这句话,认为这是满洲人对三阿巴噶的称呼(乌云毕力格:《从17世纪前半叶蒙古文和满文遗留性史料看内蒙古历史的若干问题(1)〈昭之战〉》(蒙古文),《内蒙古大学学报》1999年第3期)。达力扎布对该史料原文进行了正确断句和汉译。他的译文如下:"右翼三(万户)、阿巴噶、喀尔喀欲出征(察哈尔)"(达力扎布著《明清蒙古史论稿》,民族出版社,2003年,第337页)。后来,有人在研究阿巴噶的文章中也谈到了这个问题,并批评了达力扎布的某些说法。文章虽然没有提及达力扎布的正确释读和翻译,但是对该史料的断句和翻译,显然是来自达力扎布的文章。

② 中国第一历史档案馆藏、乌力更文整理《十七世纪前半期蒙古文文书档案(1600-1650)》,内蒙古少儿出版社,1997年,第24页。

器。如不欲出征,随你们的便。"①

显而易见,第一份文书是喀喇沁台吉和塔布囊致爱新国天聪汗的信,报道了呼和浩特战事,谎称蒙古各部联军打败了林丹汗。第二份文书是天聪汗给两名蒙古贵族的信。他在看到喀喇沁首领来信后,认为察哈尔根基已动,约达尔汗土谢图、卫征二人在第二年初夏与爱新国联手出征察哈尔。但《旧满洲档》把这两封信合二为一了。其具体做法是:先删掉了第一份文书的首尾两行(第一行是蒙古文书的习惯用语"愿吉祥",最后一行是发信人的落款),然后又删除了第二份文书的开头语(即"天聪汗之书。给……"),最后用"观此二书之言"一句,把两份文书捏在一起,炮制出了新的"文书",就是前面翻译的《旧满洲档》的那一段文字②。

那么,所谓"赵城之战"的真相到底是什么?笔者在17世纪蒙古文文书中发现了科尔沁首领奥巴洪台吉致天聪汗的一份书信,反映了呼和浩特战事的真实情况。笔者曾利用该文书详细论述了昭城之战的真相及其清代史书中的流传③。奥巴的报道与喀喇沁诺颜、塔布囊们的说法大相径庭。奥巴洪台吉之书,内容如下:

A:(1) Oom suwasdi sidam. (2) baγ-a darqan-u bayiqundai čökökür. (3) čaγan lam-a sereng qung tayiǰi maγu kitad kegüken ede bosǰu (4) irebe. čaqar-un qaγan baraγun γurban-du mordaǰu dobtolǰi (5) qaγan aqai buyan aqai qoyar küriyelegsen čerig-i nayiman ǰaγun kümün (6) alaldǰi tuγulǰu γarǰu. gegen qaγan-u köke qota-du (7) oruγsan-du tegün-ü qoyina ača basa nekeǰü aba tabiγsan-du. (8) on-

① 中国第一历史档案馆藏、李保文整理《十七世纪前半期蒙古文文书档案(1600－1650)》,内蒙古少儿出版社,1997年,第24—25页。
② 乌云毕力格:《从17世纪前半叶蒙古文和满文遗留性史料看内蒙古历史的若干问题(2)〈敖木林之战与喀喇沁—爱新国联盟〉》(蒙古文),《内蒙古大学学报》1999年第4期。
③ 乌云毕力格:《从17世纪前半叶蒙古文和满文遗留性史料看内蒙古历史的若干问题(2)〈敖木林之战与喀喇沁—爱新国联盟〉》(蒙古文),《内蒙古大学学报》1999年第4期。

bu–in kegüked buyan aqai–gi basa küriyeleǰü abuɣsan (9) aǰuɣu. tere küriyen–eče buyan aqai. čorǰi–yin sangkarǰai–gi (10) daɣariǰu ɣarqu daɣan nigen noyan kümün–i alaǰu mör deger–e–ki (11) čerig–iyen čabčiǰu ɣarba genem. Onbu–yin qoyar kegüked–inü (12) oruǰu. nigen kegüken dutaɣaǰu ɣarba genem. gegen qaɣan–u (13) köke qota–yi abču qoyar mingɣan čerig tabiǰu iregsen–i. (14) tegün–ü čiɣanača čaɣlasi ügei olan čerig–üd ireǰü (15) düriǰü qarin köke qota–yi buliyaǰu abuba genem. (16) čaqar–un čerig–ün qoyiɣur baraɣun qoyina–ača tübai–yin ɣurban (17) otoɣ ulus dobtolǰu abču ečibe genem. ǰegün (18) urida–ača ɣurban mingɣan aduɣu abču ulus dobtolǰu (19) ečibe genem. basa tegün–eče öber–e tabunong–ud–i alaǰu (20) abaqanar–i abču ečibe genem. ɣurban mingɣan aduɣun–u (21) qoyina–ača qaɣan mordaǰu daruɣdaǰu sayid–iyen alaɣdaǰu (22) qariǰu irebe genem. tüba tabunong–ud–un qoyina–ača (23) mordaǰu qaračin–u bandi tayiǰi–yi bariǰu irebe genem. (24) yeke ulus oruɣsan ügei buyan aqai. qaan aqai. onbu–yin (25) ɣool qory–a oruba genem. arban qosiɣun–du döčiged ger (26) kürbe genem. buyan aqai–yin ger–deče abuɣsan bičig –tü (27) uridu sečen qaɣan. naqun–u abaɣ–a. qoyitu abaɣ–a. qalq–a (28) baraɣun ɣurban edür sara bolǰiǰu morday–a gegsen bičig–i (29) ü ǰeǰü. keǰy–e geǰi mendü amur ügei geǰi yabunam genem. (30) dotor– un čaqar boru qotan–ača örgülǰi bui genem. (31) ene iregsen noyad–un üge qoyitu qalq – a očir ölügei – dü (32) siqaǰu kürü irebe geǰi mengdegürenem genem. ene (33) mengdegüregsen–dür ene noyon deger –e (34) ese mordaqula. ügei bolusa küčütei bolqu. (35) ügei bolusa kümün – dü abtaqu. ulus alalduqu dür (36) ügei genem. ulus ǰüg bügüde–eče dayisun bolba geǰu (37) uqurčilaǰu qaɣučin čaqar–a bolba qalq–a. (38) kesigten. tanai čerig. mani čerig ireküle oruǰu öggüy–e (39) geǰi yabunam genem. man–dur egüber sonusdaɣsan ene. (40) nada basa kele bui-y-e.

B：tusiya-tu han-i unggihe bithe

"愿吉祥！

巴噶达尔汉的白珲岱楚忽尔、察罕喇嘛、色楞洪台吉、毛奇塔特、扣肯，这些人出逃而来。察哈尔汗出征右翼三万户，包围了汗阿海和布颜阿海。时，汗阿海和布颜阿海两个人，率八百人砍杀，突围，进入了格根汗的呼和浩特。[对方]从后面追，[如]围猎[一般追杀]。鄂木布的儿子们①又包围了布颜阿海。据称，当布颜阿海从这个圈子里经绰尔津桑噶尔斋突围时，杀死了一个诺颜(官人)，砍杀了路上所遇士兵。据说，鄂木布的两个儿子参加了[战役]，一个逃脱了。取了格根汗的呼和浩特，留二千士兵[驻守]。[但是]，从它(呼和浩特)的对面来了无数的军队，进行攻击，夺取了呼和浩特。从察哈尔军后面，图巴的三鄂托克来进攻，抢夺而去。从东南方向，有人来抢掠三千匹马而去。除此之外，还杀死塔布囊们，抢走了阿巴海们②。[喀喇沁]汗追赶[被抢的]三千匹马，被打败，让臣下死了[一些人]。图巴从后面出击塔布囊们，抓获喀喇沁的班第台吉而归。大兀鲁思没有参加，参加的是布颜阿海、汗阿海和鄂木布的主营。据说，到达十和硕的有四十余家。在布颜阿海家得到了以前的[一份]书。其中说：'天聪汗、嫩阿巴噶、北阿巴噶、喀尔喀、右三[万户]约定日期，将

---

① 鄂木布的儿子们，指的是西土默特的不他失礼之子鄂木布的儿子。鄂木布的儿子西令，此前已投降察哈尔。有《明实录》为证：天启七年十一月甲子朔，察哈尔"克归化城，夺银佛寺，收西令、色等。"十一月癸巳，"是月，插汉虎墩兔憨(林丹汗——引者)与西令、色盟于归化城"。色，色令之误，见谷应泰《明史纪事本末》卷三，中华书局点校本，1977 年。

② 这里出现的 Abaqanar 一词，笔者曾经读作"阿巴哈纳尔"，因此得出结论，参加昭城之战的还有阿巴哈纳尔蒙古(乌云毕力格：《从 17 世纪前半叶蒙古文和满文遗留性史料看内蒙古历史的若干问题(1)〈昭之战〉》(蒙古文)，《内蒙古大学学报》1999 年第 3 期)，误。达力扎布指出，"但是从整句话前后内容来看似指塔布囊们的妻子——台吉之女，即 Abaqainar 或 Abaɣainar，也许此词有笔误"(达力扎布著《明清蒙古史论稿》，民族出版社，2003 年，第 344 页)，正确。后来也有人撰文讨论过这个问题，但显然是得到了达力扎布文章的启示。

出征[察哈尔]'。看到此书后,[察哈尔]感到无论何时都不安全。据称,在内的察哈尔,从博罗和屯络绎不绝。这些[逃]来的诺颜们说:'喀尔喀已临近鄂齐尔幹勒黑[地方],[察哈尔]因此慌张。在此慌张之际,在今年出青草时,希望您和天聪汗相约而出征。如不出征,要么[察哈尔]变得强大,要么被他人所收。[察哈尔]兀鲁思没有厮杀的样子,感到四面八方都是敌人,因此四散。连浩沁察哈尔都说,如果喀尔喀,克什克腾,你们的军队,或我们的军队来,都将投降。'我们在这里听到的就这些。还有我的[口述]使者。"

背面用老满文记:土谢图汗来信①。

土谢图汗奥巴洪台吉书中提到的巴噶达尔汉,是内喀尔喀弘吉拉特部人,汉籍作暖兔,满文史料作 Nomtu darhan。色楞洪台吉,是内喀尔喀巴林部人。总之,他们是被林丹汗抢掠的内喀尔喀贵族,这时从察哈尔逃到了科尔沁部②。这些人亲身经历过"昭城之战",他们提供的情报应该是可信的。据此可知,昭城之战开始时,林丹汗军队曾包围了喀喇沁汗和洪台吉。喀喇沁汗等以八百人的兵力奋战突围,往西向呼和浩特进发。当时,与林丹汗结盟的土默特鄂木布之子西令台吉在守卫呼和浩特。在呼和浩特,喀喇沁军队同鄂木布之子交战,鄂木布之子失利。喀喇沁人以二千军队留守呼和浩特,但不久之后,无数察哈尔军队前来进攻,并从喀喇沁人手里夺回了呼和浩特。喀喇沁汗、洪台吉等大败,一些诺颜和塔布囊被杀死。

"大兀鲁思没有参加"这次战役。也就是说,喀喇沁万户没有全体投入战斗。根据奥巴的报告,参加这次战役的只有喀喇沁汗(当时的汗为拉斯喀布)、布颜洪台吉(即汉籍所记白言台吉)以及东土默

① 中国第一历史档案馆藏、李保文整理《十七世纪前半期蒙古文文书档案(1600－1650)》,内蒙古少儿出版社,1997 年,第 145 页。

② 乌云毕力格:《从 17 世纪前半叶蒙古文和满文遗留性史料看内蒙古历史的若干问题(2)〈敖木林之战与喀喇沁—爱新国联盟〉》(蒙古文),《内蒙古大学学报》1999 年第 4 期。

特部的鄂木布三人的部众。换句话说,是山阳诸诺颜与塔布囊集团中的诺诺颜势力(即黄金家族集团)。与诺颜们最亲近的个别塔布囊也参加了这次战役,但苏布地等大塔布囊显然没有参加。

达力扎布对上述所引奥巴洪台吉书信的释读和解释,与笔者有很大不同之处,他所得出的结论也与笔者的结论不同。他写道:"昭城之役分为两阶段,首先是察哈尔尾追喀喇沁汗、洪台吉至昭城,围攻入城的喀喇沁洪台吉和城内的土默特温布(即鄂木布——引者)台吉部落,洪台吉突围,温布数子或降或逃,察哈尔留二千人守城,主力撤走。其次是喀喇沁汗、台吉们与右翼土默特、鄂尔多斯、永谢布等部袭击察哈尔留守昭城之兵,同时从西北和西南两个方向袭击前来的察哈尔部。阿巴噶、喀尔喀是否参战无确证,也许是喀喇沁塔布囊虚张声势。此后喀喇沁汗与台吉们在南下躲避途中遇察哈尔到明宣府讲赏之人,尽杀之。"①

在上述奥巴的书信中,看不到达力扎布所说的第二阶段。从昭城逃回来的人们并没有提起过"右翼土默特、鄂尔多斯、永谢布等部袭击察哈尔留守昭城之兵"一事。奥巴书信中提到的集团和人物有喀喇沁、察哈尔、图巴的三鄂托克以及察哈尔汗(林丹汗)、喀喇沁汗与洪台吉、鄂木布、鄂木布诸子等。没有出现过土默特、鄂尔多斯、永谢布等集团。所谓的图巴的三鄂托克,虽然不知具体所指,但可以肯定的是也属于察哈尔一方,因为他们"出击塔布囊们,抓获喀喇沁的班第台吉而归"。所以,喀喇沁汗与洪台吉联合右翼诸集团袭击察哈尔的第二阶段似乎不存在。至于所说的第一阶段的经过,也存在许多疑点。达力扎布可能是为了解决前后文产生的抵牾,把"鄂木布的儿子们又包围了布颜阿海"一句,译成了"(察哈尔兵)追击,再围温布之子和布颜阿海"。这样,不是甲包围乙,而是丙包围了甲和乙。这样翻译,是因为把后面的"鄂木布的两个儿子参加了[战役],一个逃脱了"一句,理解成了"温布的二子降附,一子逃出"(这里把蒙古

_____

① 达力扎布著《明清蒙古史论稿》,民族出版社,2003年,第346—347页。

语词 oruǰu 理解为"投降")。接着,先夺取呼和浩特的人成了察哈尔人,来夺回呼和浩特的"无数军队"就成了右翼军队。林丹汗"追击夺三千马[之兵],被击败,臣下被杀而返"。但最后的结果又是"也可兀鲁思(大万户)未归附,布颜阿海、汗阿海、温布等的主要古里延降附"(这里同样把蒙古语词 oruɣsan,oruba 译成了"归附、降附")。也就是说,喀喇沁汗、洪台吉和土默特的鄂木布向林丹汗投降了。这样,前后文便产生了难以解释的逻辑矛盾。①

　　事实是,喀喇沁汗、洪台吉并没有向林丹汗投降。他们撤离昭城,退到喀喇沁塔布囊的营地。此后,他们从事联合满洲抵抗察哈尔的活动。

二、苏布地等大塔布囊的动向

　　关于喀喇沁归附爱新国,史学界很早就存在着一种错误的说法,而且直至今天一直没能得以纠正。这就是,在昭城之战以后,塔布囊苏布地率领喀喇沁部众投靠了天聪汗。但根据上述所引有关最原始的报道,在昭城之战时,喀喇沁的苏布地等有势力的大塔布囊们根本不和汗与洪台吉在一起。他们没有参加昭城之战。喀喇沁与爱新国结盟,是昭城之战结束后八个月的事情。

　　有关昭城之战以后苏布地和喀喇沁部动向的错误说法,始于清代官、私史书的误载。昭城之战结束后,喀喇沁部分台吉与塔布囊致书爱新国天聪汗,邀他联手攻打察哈尔。这部分台吉与塔布囊的名字,在《清太宗实录》里是这样记载的:"蒙古喀喇沁部落苏布地杜棱古英、朵内衮济、诺干达喇、万旦卫征、吴尔赫贝勒、塔布囊等以书来奏。"②《钦定蒙古回部王公表传》"喀喇沁部总传"写道:"天聪二年

---

① 萨出日拉图博士在他的学位论文《17世纪漠南蒙古历史地理变迁研究》第二章中,对"赵城之战"相关的蒙古文档案文本重新进行了解读,提出了自己的见解,值得关注和参考。为保持本书的全貌,这次对旧文未作相关修订,特此说明。
② 《清太宗实录》,天聪二年二月一日。

二月,恩克曾孙苏不地以察哈尔林丹汗虐其部,偕弟万旦卫征等乞内附。"①《皇朝藩部要略》称:"苏不地偕弟万旦卫征等乞内附,表奏察哈尔汗不道,⋯⋯。"②张穆在《蒙古游牧记》里也说:"济拉玛十四世孙苏布地,世为所部塔布囊。天聪初,以察哈尔林丹汗虐用其众,偕同族色棱等来降。"③所以,海内外学者都认为,在昭城之战以后,大塔布囊苏布地率领喀喇沁部归附了天聪汗。

　　误会源于《清太宗实录》对"杜棱古英"一名的错误解释。根据前引喀喇沁台吉与塔布囊的蒙古文文书及其满文译文,列名在致书天聪汗的喀喇沁诸台吉与塔布囊之首的,是杜棱古英,蒙古文作Dügüreng güyeng,满文作 Dureng guyeng。根据《王公表传》《喀喇沁部总传》和《札萨克镇国公色棱列传》,济拉玛(者勒蔑)后人和通(花当)之子名格呼博啰特。格呼博啰特生二子:长,格垀勒泰宰桑,为札萨克杜棱贝勒固噜思奇布、札萨克一等塔布囊格呼勒二旗祖;次,图噜巴图尔,为札萨克镇国公色棱一旗祖。固噜思奇布的父亲是苏布地,色棱的父亲是图琳固英,是固噜思奇布的"族祖"④。郭造卿《卢龙塞略》记载花当子孙世系甚详。据此,革兰泰(格呼勒泰)兄弟凡三人,季弟为脱力。脱力有子十二人,其中三子名哈孩,哈孩幼子名杜冷⑤。按此,杜冷的辈分应是固噜思奇布的族祖,这与《王公表传》的记载完全吻合。可以肯定,明清文献中出现的"图琳固英"和"杜冷"为同一个人,也就是满文、蒙古文档案中出现的杜棱古英。此人名杜冷(或作图琳,均为蒙古语 Dügüreng 的不同音译),号古英(蒙古语 Güyeng)。他是苏布地的族叔父,但《清太宗实录》援引这条史料的时候,在杜棱古英的名前顺手加了苏布地的名字,杜棱古英也因此

①　祁韵士等:《钦定蒙古回部王公表传》卷二十三,文渊阁四库全书本。
②　祁韵士、张穆:《皇朝藩部要略》卷一,筠渌山房本。
③　张穆:《蒙古游牧记》,载李毓澍主编《中国边疆丛书》(八),文海行印社,1965 年影印本,第 70 页。
④　祁韵士等:《钦定蒙古回部王公表传》卷二十三,文渊阁四库全书本。
⑤　郭造卿:《卢龙塞略》卷十五,台湾学生书局,1987 年。

成了"蒙古喀喇沁部落苏布地杜棱古英"。这大概是因为苏布地也拥有杜棱称号(但是不叫杜棱古英),而且名声很大,《清太宗实录》的编纂者认为,只有苏布地有资格率领喀喇沁部落"乞内附"。其实,这次部分喀喇沁贵族致书天聪汗的目的不是"乞内附",其带头人也不是苏布地。

那么,当时苏布地等大塔布囊到底在哪里?在《明朝兵部题行档》中可找到明确的答案。答案正是杜棱古英并非苏布地的铁证。

兵部尚书王洽等在崇祯二年(1629年)三月的题为"乘机先发制奴"的题本中,转引了督师尚书袁崇焕的一份塘报。其全文如下:

"塘报为夷情事。二月二十四日,据山海平辽镇总兵官赵率教塘报,据中后所参将窦承功禀,据高台堡备御叶天赋报称,有束卜的差来夷使那莫赛、张吉太恰等四十名到关,赍授束酉夷禀一纸。内称:束卜的都领都督、握约什、古路什等跪禀大太师袁台座,叩首禀安。原额我两家一家。至今,我因与长汉儿结下仇。有长汉儿相犬一样,好歹不知。他与天下达子为下大仇。我与他真假不便。我搬在里边关上住牧,日里料山,夜里听静,保守边疆。有我来里边住牧,牲畜不伏水草,今种地在耳。有我搬在岭外边旧住处暖太那木城住。报知太师。我恐有小人讨好说,我往外搬,我要有二心。离我本地方,肯住二年。有东夷与我会议,不为别事。我恨恼长汉儿不过,我与东夷于旧岁九月内剿杀长汉儿报仇。我夷官实意,为天朝报效。有我祖父,我如今,得过皇爷恩典无数,又多蒙太师恩典,又发买卖市口通行。我买吃二年。望乞太师天恩,我往外搬,差人乞讨送行礼物,又讨盘缠、各样的种。常有里头外头话语,各自规矩一样。我达子家,两家住在一处,搬住场,会议吃筵席。我有心与太师会议。今我不得便见太师金面,有太师不凭信,我把五城头、千把总出来看我住场,修理房舍,跟我住一两个月才知道,我实心。东夷事情差人禀知。有里边太师洪福,也大把宁前二卫,并五城头都填实人烟。又锦义二卫,又填实人烟,又往前填实广宁。有我将长汉儿赶散了,相太师里边一样，我旧地方住去。有前旧岁十月内，差通事好人盟，心有金言，替我上本讨新旧额赏。原当不过二月。如今，我们比不的先时，又无吃的，又无庄稼。望乞天恩，新旧赏速速发给。相里边朝廷大事，袁太师张主，我外边大事我主张，别相的小官张主大事。今差通事投赴太师，宽恩上栽。为此理合跪禀。"①

对此禀报，明朝督师袁崇焕认为，"据此看得，束酋假东虏之威，其与长汉媾隙复仇，同穴相斗。然口口忠顺报效天朝，去岁之盟誓，今日乞赏拨，情似无他心"，请求发给他们"各季额赏银"②。

塘报中的"束卜的"或"束卜的都领都督"，就是大名鼎鼎的喀喇沁塔布囊苏布地，号都领，即杜棱，明朝所封朵颜卫左都督。兀良哈首领们在蒙古是喀喇沁塔布囊，在明朝是"属夷"。尤其是在有求于明朝的时候，他们就拿出明朝所封官衔以"夷官"自居。和苏布地一起呈上禀报的"握约什、古路什"二人中，古路什肯定是苏布地儿子固噜思奇布。握约什，疑为阿玉石。"长汉儿"，指察哈尔。"东夷"，当指满洲人。而苏布地等"在岭外边旧住处暖太那木城"的具体位置，目前尚不清楚。

苏布地等人的禀报，本来是"夷禀"，即蒙古文禀报。袁崇焕塘报内的汉译，大概出自明朝的通事官之手，很多地方语句不通顺，意思表达不清楚。尽管如此，它还是给人提供了非常有价值的信息。概括起来，有以下几点值得注意。其一，苏布地等被察哈尔打败以后，搬入明朝边墙内驻牧，"日里料山，夜里听静，保守边疆"。看来，他们是利用同明朝的传统关系，又当起了"守口夷人"的角色。其二，到了1629年春，苏布地等离开他们的"本地方"已二年。明朝在高台堡地方开设"买卖市口"，允许他们通行，也有了二年时光。从这条史料中可以清楚地看出，苏布地等在1627年被察哈尔打败后，马上逃到了明朝境内避难。其三，苏布地等承认，曾经在"旧岁（指崇祯元年，

---

①　兵部尚书王等题本，崇祯二年三月初二日。
②　同上。

1628 年)九月内"与"东夷"(指爱新国)联手"剿杀"察哈尔,并明示其目的就是为了向察哈尔"报仇"。这是指 1628 年秋天的天聪汗的第一次察哈尔远征(详后)。其四,在塔布囊等避入口内以后,牲畜不服水草,牧人只能以种地为业。结果,他们没有了吃食和庄稼,所以苏布地等决意搬到边外,回到原驻地。他一面向明朝边臣解释这次搬迁的目的,一面又向明朝乞讨赏银、盘缠等。

毫无疑问,1627 年喀喇沁被打败后,苏布地等人就马上逃到了明朝境内。苏布地在禀报中提到了 1628 年参加过爱新国远征察哈尔的事,并以此作为功劳。假如他参加过 1628 年初昭城之战,在禀报中理应也会提及。事实是,在昭城之战以前,他们早已逃入明朝边墙之内。

可见,林丹汗一举打败了"山阳诸诺颜与塔布囊"后,喀喇沁汗与洪台吉率众西奔,苏布地南逃明朝边境。

第二节　喀喇沁部与爱新国结盟

清代官私史书一致记载,喀喇沁塔布囊苏布地等"以察哈尔林丹汗虐其部",偕众"乞内附",喀喇沁因此成为满洲爱新国的臣民。这是"天朝史学"的渲染,与事实不符。就历史事实来说,这个说法存在两个明显的错误。一,开辟喀喇沁和爱新国交通的人,不是苏布地,而是喀喇沁汗与洪台吉;二,喀喇沁人首次与爱新国打交道,不是为了"乞内附",而是交涉联手出征察哈尔事宜。

首先讨论第一个问题。喀喇沁与满洲之间的使臣往来,早在昭城之战以前就已经开始。下面引用一份蒙古文文书,对此问题加以说明。

A：(1) Oom suwasdi sidam. (2) sečen qaɣan‐u {－－} bičig. qaɣan. degedü oyiǰang {－－} erdeni oyiǰang {－－} dai qung (3) tayiǰi ɣurbaula‐du ilegebe. bičig‐tü talbiɣsan üge tan‐i ǰöb {－－} (4) ǰöb bayitala. čaqar-un qaγan. ta bügüde törül törügsen tan-i öber-e bisi. dayan qaan-ača saluγsan ür-e bayinam. (5) bida qoyar ulus iǰaγur yabulčaǰu {--} medegsen ügei bile. ene ilgegsen elčin-dü (6) tan-i edür sar-a-yin bolǰaγ-a-yi yaγakiǰu itegeǰü kelem. čaqar {--} -un qaγan ken-dü sayin (7) {--} manduči bolusa dayisun bayinam. čaqar luγ-a dayilaqu tan-i (8) ünen bolusa qoyitu elčile edür sar-a-yin bol ǰaγ-a kelem-y-e. {----}

B：omšon biyai juwan-de karacin-i lama-de unggihe bithe

"愿吉祥!

天聪汗之书。遣送于汗、德格都卫征、额尔德尼卫征岱洪台吉三人。你们书中所写的话正确。但虽说正确,察哈尔汗与你们都是亲族,你们不是别人,都是达延汗一个人的后裔。我们两国原先没有来往相知。我们怎能相信你们派来的使者,告诉他们相约日期。不管察哈尔汗对什么人是好人,[但]对我们是敌人。如果你们出征察哈尔是真,就告诉以后的使者相约日期。"

文书背面用老满文写着:"十一月十日遣送喀喇沁喇嘛的书。"①

这份文书是天聪汗给喀喇沁上层人物的。其中,"汗"当然指喀喇沁汗。而德格都卫征和额尔德尼卫征岱洪台吉二人是谁,还不清楚。但无论如何,根据此文书内容,可知喀喇沁汗等向满洲派遣使者,欲与他们一起出征察哈尔。但因此前喀喇沁与满洲还没有过交往,所以满洲方面对此要求表示怀疑,于是要求喀喇沁汗再派信使商讨此事。这份文书写于十一月十日。可以断言,这个日期是天聪元年十一月十日(1627年12月17日)。如前所述,天聪二年二月一日,喀喇沁的使者到达沈阳,陈述昭城之战的情况,并约天聪汗出兵察哈尔。天聪汗决定出征察哈尔,进一步加强同喀喇沁的联系。既然天聪汗回复喀喇沁汗的书信是在十一月十日,那么,喀喇沁汗致书

---

① 中国第一历史档案馆藏、李保文整理《十七世纪前半期蒙古文文书档案(1600-1650)》,内蒙古少儿出版社,1997年,第132—133页。

天聪汗一定是他被林丹汗打败的十月内。

可见,喀喇沁一被察哈尔打败,就立即派使者到满洲,请求天聪汗出兵察哈尔。从此,双方使节才往来不断。

1628年初,喀喇沁部分台吉与塔布囊致书天聪汗,目的是"回复天聪汗之书"。这份文书,前文已经多次引用。致书的头面人物分别为杜棱古英、朵内衮济、诺干达喇和万旦卫征四人。如前所述,杜棱古英是喀喇沁塔布囊,是苏布地族叔父。万旦卫征,是苏布地之弟,也系大塔布囊。朵内衮济,作为喀喇沁有实力的人物,在《旧满洲档》中曾出现过多次。在《明朝兵部题行档》中,朵内衮济的名字只于崇祯四年(1631)出现过一次。"东协副总兵祖大乐呈解东来西夷孛儿计口供,东夷造完盔甲……要在正月内西犯,令一王子带领,各牛录挑选达子一万余,骑往多奈滚吉家,看旧路,寻往宣大一带看路等情到。"①这位与爱新国保持良好关系的宣大路上的多奈滚吉,肯定就是朵内衮济。诺干达喇,不见清代史书。在喀喇沁,各台吉所娶兀良哈首领之女,称"比妓";兀良哈首领所娶各台吉之女,称"阿把亥",或"滚济"(源于汉语"公主")。朵内衮济就极可能是一位女首领。诺干达喇,意思是"绿度母",应该是女人名。可以认为,这两个人是朵颜兀良哈的女首领,是喀喇沁某台吉的女儿。

根据蒙古文书的内容,在1628年初春的昭城之战以后,杜棱古英等四人致书爱新国天聪汗。这些人当时可能为躲避察哈尔战火,活动于明朝边外、爱新国边境附近。

接下来讨论第二个问题。杜棱古英等人致书天聪汗,并非"乞内附"。杜棱古英等人的书,于天聪二年二月一日(1628年3月6日)到了沈阳。分析该书蒙古文原件内容就会明白,喀喇沁统治阶层向爱新国大肆渲染昭城之战,宣称蒙古联军在呼和浩特大败林丹汗,察哈尔已经进入蒙古右翼三万户和喀尔喀万户的包围之中。如此谎报军情的目的,显然是为了鼓动天聪汗,使爱新国也卷入反察哈尔战争。

---

① 太子太保兵部尚书梁等题本,崇祯四年正月十七日封旨。

在书中陈述昭城之战的"胜利"和战后的"有利形势"后写到,如天聪汗有意和他们一起征讨察哈尔,将约定在 1628 年夏天共同行动。不难看出,喀喇沁使节来到爱新国,是为了寻找反察哈尔的同盟军。

天聪汗接到杜棱古英等人之书后,得出了"察哈尔汗根本动摇"的结论,决意与喀喇沁等蒙古各部联合远征察哈尔,于是他很快着手组织这次远征。天聪汗写给达尔汗土谢图和卫征二人的书就是将意图付诸行动之一例。同时,为大规模远征察哈尔,天聪汗制定了与喀喇沁结盟的计划。由是,以杜棱古英等人致书为契机,爱新国与喀喇沁的结盟活动拉开了序幕。

爱新国与喀喇沁联盟的成立,曾经历了一番波折。

一、两次敖木林战役

爱新国与喀喇沁联盟的行动,首先遭到了察哈尔的破坏。当爱新国与喀喇沁互派使节,准备建立联盟之际,游牧于大凌河上游的察哈尔多罗特部,不断截杀双方使臣,严重威胁爱新国与喀喇沁的外交往来。为此,爱新国曾两次出兵攻打大凌河上游的察哈尔人。因为大凌河上游的蒙古语名为敖木林①,故称这两次战役为"敖木林之战"。

第一次敖木林战役发生在天聪二年二月八日至二十五日之间(1628 年 3 月 12 日—3 月 30 日)。《旧满洲档》详细记载了这次战役的过程。

2803：(7) Manju gurun-i sure han-i karacin-de takūraha elcin-be, cahari alakcud dolod gurun (8) juwe jergi tosofi waka manggi, manju gurun-i sure han, komso cooha-be gaifi, (9) cahar-i mongo alakcud gurun-be dailame, juwe biyai ice jakūn-de bonio erinde juraka, (10) ice uyun-de dadai subargan-de deduhe, tere inenggi, 2804：(1) han

---

①　蒙古文为 Ou müren,或作 Aɣuu müren,意为"宽河"。

geren beise ambasa-be isabufi hendume, ere fonji jihengge gemu simnefi (2) jihe sain haha, ai ambula cooha, faksihan-i yabuki, fakcuhūn ume yabure seme (3) fafulaha. Tofohon-de, han geren beise-i baru hendume, (4) suwe siliha cooha gaifi juleri yabu, bata ucaraci, faksihan-i kafi jafa, akū bisire medege-be tede (5) enderakū, be geren ing-be gaifi suweni siranduhai genembi seme hendufi unggihe, (6) juleri tucifi genehe beise, niyalma jafafi fonjici, oo muren-de sereng cing baturu, gurun baising (7) yooni bi seme alaha, tereci geren ing-be aliyafi gemu uksilebufi, (8) han beise-i beye gaifi feksifi, dolot gurun-i dorji hatan baturu feye bahafi (9) burulame tucike, juse sargan-be gemu baha, guru taiji-be waha, olji (10) emu tumen emu minggan juwe tanggū baha, monggo nikan emu minggan duin tanggū haha - 2805: (1) be boigon araha, tereci funcehe-be olji araha. Juwan nadan-de, dain-be etehe doroi (2) abka-de hengkilehe, (3) baha olji-be hafan cooha-de afafi feye baha niyalma-de (4) jergi bodome šangnaha. (5) orin emu-de, amasi songko-de tabcilame sain morin-be sonjofi unggihe, emu tanggū (6) gūsin morin, nadanju ihan baha, baha olji-be genehe hafan cooha-de ssssangnaha. (7) orin duin-de, cahar-ci ukame genere ukanju-i songko fehubufi, (8) han beise-i beye gaifi feksifi juwe tanggū boo baha, jai inenggi jakūn ihan wame, (9) abka-de tu wecehe.

"在察哈尔的阿拉克绰特、多罗特兀鲁思两次截杀满洲国前往喀喇沁的使臣以后，满洲国天聪汗率领少数军队，为了征讨察哈尔蒙古阿拉克绰特兀鲁思，于二月初八日猴时（申时）出征。初九日，在塔台苏布尔汗驻跸。那天，汗召集诸贝勒大臣，说道：'这次来的全是选拔而来的好汉。何用众多军队，应计谋而行。'十五日，汗约束[大家]不要乱行军，并对诸贝勒说道：'你们带领精选部队进发！如遇到敌人，以计谋围捕他们。在那里不会弄错消息。我们率领诸营随后就到。'先出发的贝勒们抓到了活口，询问后得知，色令青巴图尔的兀鲁思和板升全在敖木林地方。在那里等待诸营的到来，令［士兵］全部披甲。汗率领诸贝勒进攻。多罗特兀鲁思的多尔济哈坦巴图尔负伤后逃走，其妻子儿女全被俘获。杀死了古鲁台吉。俘虏了一万一千二百人。令一千四百个蒙古男丁和汉人男丁成为家。剩下的人，做了战俘。十七日，以战胜礼，拜天。根据［立功］等次，将战俘赏给了官兵受伤者。二十一日，在班师途中，进行抢掠，挑选［其中的］良马送去。得一百三十匹马、七十头牛。把战利品赏给了去［抢］的官兵。二十四日，追踪从察哈尔逃走的逃亡者，汗率诸贝勒进攻他们，获二百户。次日，宰八头牛拜天祭旗。"①

　　比照原文的影印件，可知《旧满洲档》这一文本是经过了后人的一些润饰和修改。如"满洲国天聪汗""赏给官兵"等句子，都是后人笔墨。尽管这样，其基本史实的报道，仍然可信。

　　文本中提到的"察哈尔的阿拉克绰特、多罗特兀鲁思"，是察哈尔万户的一支。阿拉克绰特是察哈尔的山阳四鄂托克（左翼四鄂托克）的第一大鄂托克。17 世纪初，该鄂托克的首领为瑷塔必、脑毛大黄台吉父子。瑷塔必是蒙古大汗不地的亲侄儿。多罗特，是阿拉克绰特鄂托克的属部，其首领为脑毛大黄台吉的季弟，名拱兔。据《辽夷略》载："拱兔者，对锦州西北边五百里而牧，其市赏在锦州大福堡焉。……独拱兔一枝近锦州边者，五子，长以儿度赤，次剌八四气，三色令，四果木，五剌麻，而约兵五千也。盖瑷塔必十枝，凡三十二派，而脑毛大、拱兔为强。"②据此，天聪汗攻打的色令青巴图尔，应是多罗特兀鲁思首领拱兔的三子，号青巴图尔。色令的兀鲁思（所属游牧民）和板升（从事农业的所属汉民）当时生活在敖木林地方（大凌河

① 《旧满洲档》，台北故宫博物院藏影印本，1969 年，第 2803—2805 页。
② 张㙼：《辽夷略》，载《辽筹二卷》，玄览堂丛书本。

上游)①。

　　这次战役,在 17 世纪蒙古文文书中也有记载。在袭击盘踞敖木林的色令之前,天聪汗做了周密的作战计划。为了保证这次战争的胜利,他向盟友蒙古嫩科尔沁贵族们伸出了求助之手。天聪汗就这次战事给嫩科尔沁首领土谢图汗奥巴的旨令,有幸流传到了今天,其内容如下:

　　(1) Oom suwasdi sidam. (2) sečen qaɣan-u ǰarlaɣ. (3) tüsiy-e -tü qaɣan-du bičig ilegebe. ⎰(3) ǰasaɣ-tu dügüreng. ǰoriɣ-tu qung tayiǰi. (4) budasiri. (5) manǰusiri-du bičig ilegebe. bisi aq-a degü (6) tani ese mordabači. tani ǰirɣuɣan qosiɣu. čaqar-un (7) qaɣan-u qota-du (mordasu eǰen ügei em-e keüked) mordasai. ter-e qotan-du baɣaqan čögeken (8) maltai ulus bai genem. ⎰ ǰun-du bidan-i ⎰budaɣ -a ügei⎰ tariyan aldaɣsan (9) tulada. ayan bolǰu ülü bolqu bayinam ge ǰü qoyar (10) üy-e abalaǰu aɣta ⎰--⎰ ebdegsen -iyen ɣomudunam bi-da. (11) ⎰--⎰ oda bida (12) ⎰qaɣan. ekilen yeke baɣ-a noyad⎰ aɣta silɣaǰu qoyar mingɣan čerig (13) güngtü baɣatur-un kegüked-dü mord-aba. otoɣ-ni au (14) müren-dü qoyar mingɣan ger bai genem. (15) bisi aq-a degü tan-i ese mordabači. tüsiy-e-tü (15) qaɣan. dai dar-qan. ǰasaɣ-tu dügüreng. ǰoriɣtu (16) qung tayiǰi. budasiri. manǰusiri. tan-i ǰirɣuɣan (17) qosiɣu. čaqar-un qaɣan-u qota-du mordasai. (18) ter-e qotan-du baɣaqan čögeken maltai ulus bai genem.

　　"愿吉祥!

---

① 对第一次敖木林战役,汉文史籍也有所记载。《崇祯实录》载:"清兵二万余骑屯锦州塞,以都令为向导,攻克拱兔男青把都板城,尽有其地,青把都遁"(崇祯元年正月乙丑条)。《崇祯长编》说:"都令导大清兵攻克青把都男拱兔板城"(崇祯元年二月丁未条)。《实录》错把战争时间记为正月,《长编》错把拱兔作青把都(即青巴图尔)之子。二书均称,满洲军队得到了都令(指蒙古敖汉部索诺木都棱)的协助,但是满蒙文书档案中没有旁证。极有可能的是,明朝有关敖木林战役的消息来自蒙古敖汉部。为了从明朝得到奖赏,敖汉可能故意说战役中有他们的一份"功劳"。

天聪汗的谕旨。给土谢图汗的书。因为［去年］夏天我们的庄稼没有收成，［所以我们］认为不能出征，打了两次猎，使马儿掉了膘。我们为此后悔。如今，我们挑选马儿，以两千兵力出征拱兔巴图尔的儿子们。听说其游牧在敖木林，有两千户［人家］。即使你们其他兄弟不出征，希望土谢图汗、代达尔汗、札萨克图杜凌、卓里克图台吉、布达习礼、满珠习礼你们六和硕出征察哈尔汗的城。据说在那座城里有一些拥有少量牲畜的人。"①

可见，因为 1627 年庄稼歉收，满洲人没做第二年春天出征的准备，其战马也因用于打猎而掉了膘。到了 1628 年初，因为多罗特人两度截杀其使者，为了保证爱新国与喀喇沁顺利结盟，不得不出征多罗特。因为人寡马瘦，天聪汗有所担心，于是要求嫩科尔沁六和硕兵力出征察哈尔城，以分散察哈尔兵力，或截断多罗特的退路。

根据以上满蒙文档案文书史料，这次（第一次）敖木林战役实际上仅仅在二月十五、十六日（3 月 20 日、21 日）进行了两天。爱新国以二千兵力破多罗特大营，俘获一万一千余人。《旧满洲档》虽然说征伐了"察哈尔的阿拉克绰特、多罗特兀鲁思"，但根据蒙古文文书和《旧满洲档》记载的内容，被讨伐的仅仅是多罗特部的色令等首领。《旧满洲档》的这句话应该被理解为"阿拉克绰特的多罗特兀鲁思"，因为多罗特部是阿拉克绰特的属部。

这次战役的意义重大，天聪汗大败游牧在大凌河上游一带的多罗特部，俘获其万余部众，实际上彻底消灭了该部。从此以后，喀喇沁与爱新国之间使节往来的交通基本得到安全保障，为爱新国与喀喇沁联盟的成立打下了基础。

第二次敖木林战役发生在 1628 年夏天。第一次敖木林战役后，爱新国与喀喇沁的结盟活动开始顺利运作。但不久后，察哈尔势力

① 中国第一历史档案馆藏、李保文整理《十七世纪前半期蒙古文文书档案（1600－1650）》，内蒙古少儿出版社，1997 年，第 68 页。该文本上有一些涂改痕迹，详见乌云毕力格：《从 17 世纪前半叶蒙古文和满文遗留性史料看内蒙古历史的若干问题（2）〈敖木林之战与喀喇沁—爱新国联盟〉》（蒙古文），《内蒙古大学学报》1999 年第 4 期。

又占据了敖木林一带。爱新国只得又一次出兵大凌河。请看《旧满洲档》的相关记载：

2817：（10）cooha genehe abatai beise, yoto beise, cooha genere 2818：（1）jugūn-de, cahar-ci ebsi ukame（2）jihe gutei gebungge tabunang gurun, monggo alakcod gurun-i fe tehe bade（3）jifi tefi, manju gurun-de ubaSame jidere niyalma-be tosofi wambi seme donjifi, jakūn niyalma-be tucibufi tuwanabuha（4）amasi yargiyan seme alanjiha manggi, tere medege-be han-de wesimbume alanjih manggi,（5）han orin emu-de jigalang beile, hooge beile-de（6）ninggun tanggū cooha-be afabufi, tere gutei tabunang-be gaisu seme unggire-de,（7）han, hecen tucime fudeme genefi, genere cooha-be simneme tuwafi unggihe.（8）orin ilan-de, ……2819：（9）goidahakū geli monggo-de cooha genehe jirgalang beile, hooge beise-i takūraha niyalma isinjifi, 2820：（1）gisun wesimbume, gutei tabunang-be waha, terei gurun-be waci-hiyame gaiha, olji niyalma,（2）temen, morin, ihan, honin uheri tumen isime baha seme alanjiha.

（天聪二年五月十一日，出征明朝锦州城的诸将军）"阿巴泰贝勒、岳托贝勒在进军途中得悉，从察哈尔往这边逃来的古泰塔布囊德兀鲁思来到蒙古阿拉克绰特兀鲁思驻地，截杀来投靠满洲国之人。派八人前去[侦探]，回说[情况]属实。上奏汗。二十一日，汗令济尔哈郎贝勒、豪格贝勒率六百军队出征古泰塔布囊，汗送出城门，并亲选出征的军队。二十三日，……不久，出征蒙古的济尔哈郎贝勒、豪格贝勒又遣人上奏：杀死了古泰塔布囊，尽收其兀鲁思。战利品包括人、驼、马、牛、羊，共近一万。"①

文中提到的古泰塔布囊，名不见经传。但此人是察哈尔的塔布囊，一向以爱新国为敌，又占据着阿拉克绰特游牧地。几乎可以肯定，他是察哈尔所属北朵颜兀良哈贵族出身的察哈尔阿拉克绰特部

_____

① 《旧满洲档》，台北故宫博物院藏影印本，1969年，第2817—2820页。

塔布囊。在第一次敖木林战役中,多罗特部被消灭,他率所部从西边逃到多罗特旧地,截杀投靠天聪汗的蒙古人。这是爱新国决不能容忍的。天聪二年五月二十一日至二十三日间(1628 年 6 月 22—24日),济尔哈郎、豪格率领满洲六百名精锐部队,一举消灭了古泰塔布囊部,俘获其人畜近一万。

济尔哈郎、豪格二人以六百名军队打此胜仗,完全归功于蒙古奈曼和扎鲁特二部的援助。这从天聪汗授予洪巴图鲁和哈巴海名号之事便可看出来。《旧满洲档》天聪二年八月七日的记事里还有以下一段记载:

2830：(1) ice nadan-de, han yamun-de tucifi, naiman hūng baturu beile-de (2) darhan-i gebu, jarudui kabahai taiji-de oijang-ni gebu buhe, gebu buhe turgun, (3) hūng baturu, kabahai taiji, cahar-i han-be ehe, sure han-be nikefi (4) banjiki seme jifi, cahar-i alakcot gurun -de cooha genefi, galtu taiji-be waha, (5) olji nadan tanggū baha, han -de deji baha olji-be (6) benjihe.

"初七日,汗上衙门,授予奈曼的洪巴图鲁诺颜以达尔汗号,扎鲁特的哈巴海台吉以卫征号。授予名号的原因是:洪巴图鲁和哈巴海台吉因察哈尔汗恶,故欲投靠天聪汗营生而来,并出征察哈尔的阿拉克绰特兀鲁思,杀死了噶尔图台吉。俘获了七百人,并把所获战俘献给了汗。"①

洪巴图鲁,名滚奇斯,额森卫征之子,贝玛(鬼麻)之孙,奈曼部首领。贝玛和阿拉克绰特部首领瑷塔必是亲兄弟。哈巴海的家世如下:达延汗第五子阿尔楚博罗特,其长子为乌巴什卫征,其长子为巴延达尔亦儿登,其次子为济农卫征。哈巴海即济农卫征之长子,父子均为扎鲁特部扎哈奇特鄂托克之长②。

---

① 《旧满洲档》,台北故宫博物院藏影印本,1969 年,第 2830 页。
② 答里麻:《金轮千辐》,乔吉校注,内蒙古人民出版社,1987 年,第 217—218 页。该书将哈巴海作哈巴乃,误。

汉文史籍对第二次敖木林战争的记述,纯属误载。关于战争发生的时间,有人说在崇祯元年正月,有人说在四月。关于战争双方,有人认为是察哈尔和喀喇沁,有人认为是兀良哈三卫和察哈尔①。

这次战役,为爱新国与喀喇沁的交通彻底排除了障碍,使双方的建盟步入了正常有序运行的阶段。

二、爱新国与喀喇沁的联盟及其性质

第一次敖木林战役刚一结束,爱新国就向喀喇沁派出了使节。

天聪二年二月二十五日(1628 年 3 月 30 日),天聪汗从第一次敖木林战役班师回宫,宰牛祭天,庆祝胜利。就在当天,天聪汗派遣使者赴喀喇沁,与之商谈建立军事同盟一事。《旧满洲档》二月二十五日对此有如下记载:

"天聪汗之书。遗书于山阳诸诺颜和塔布囊。你们遗书称,为察哈尔汗之恶,也为议和事遗书。现在,如果真心想议和,二塔布囊为首,山阳诸诺颜遣来使节。这些使节到来以后,所有事情将在那时相谈。"②

这份"天聪汗之书"的原文是蒙古文,现藏中国第一历史档案馆,影印件被收入《蒙古文文书档案》:

(1) Sečen qaɣan-u ǰarlaɣ bičig. (2) ölge-yin noyad tabun (3)

---

① 《崇祯实录》载:"朵颜卫苏不的即长昂长孙也,三十六家同伯颜阿海等部与插汉虎墩兔憨战于敖木林,插汉失利,杀伤万余人"(崇祯元年已巳条)。《崇祯长编》记载:"朵颜三十六家部落与插汉战于早落兀素,胜之,杀伤万计"(崇祯元年四月戊午)。《明史》称:"崇祯初,(三卫)与插汉战于早落兀素,胜之,杀伤万计,以捷告"("三卫传")。祥见达力扎布:《明代漠南蒙古历史研究》,内蒙古文化出版社,1997 年,第 299—300页。

② 《旧满洲档》,台北故宫博物院藏影印本,1969 年,第 2805 页:(9) han-i bithe, ulhei beise (10) tabunang-se-de, unggihe, suweni unggihe bithe-de, caharai han-i ehe 2806:(1) banjire-be, jai doroi turgun-de arahabi, te bicibe doro-be akdulame gisureki (2) seci juwe tabunang ujulefi beise buri elcin unggi, tere elcin jihe (3) manggi, ai ai gisun-be tede gisureki。据《旧满洲档》影印件,后人在《旧满洲档》上,对这段文字也进行过一些修饰,如将天聪汗之"书"(bithe)改为"诏书"(joo bithe)等等。

ong-ud-du ilegebe. (4) tan-i ilegegsen bičig-dü. (5) čaqar-un qaɤan -u maɤu (6) yabudal-i bičiged. (6) töru-yin tus-tu bičiji (7) bayi-nam. odači bolusa (8) törü-yi batu kelelčey-e (9) geküle. qoyar tabun ong (10) ekilen. ölge-yin (11) noyad büri-yin elči (12) ilege. ter-e elči (13) iregsen qoyin-a yambar ba (14) üge-yi tende kelelčey-e[①].

这些内容与上引满文译文完全一致。在书中,天聪汗要求以"二塔布囊"(qoyar tabunong,juwe tabunang)[②]为首的喀喇沁诸诺颜和塔布囊派遣各自的使臣来爱新国,就喀喇沁与爱新国结盟一事进行有效的谈判。

但随着察哈尔所属古泰塔布囊重新占领大凌河上游,爱新国与喀喇沁的交通再次被切断,于是在1628年6月22日至24日之间,爱新国发动第二次敖木林战役,一举消灭了古泰塔布囊。6月28日,即第二次敖木林战役结束后的第四天,天聪汗迫不及待地向喀喇沁派遣使臣,带去了爱新国方面为喀喇沁起草的"誓词",即要求喀喇沁履行关于结盟的诺言[③]。

喀喇沁的使团,于是年七月十九日(1628年8月18日)抵达盛

① 中国第一历史档案馆藏、李保文整理《十七世纪前半期蒙古文文书档案(1600-1650)》第25号文书,内蒙古少儿出版社,1997年,第81页。

② 天聪汗所说"二塔布囊"到底应指谁? 笔者曾经认为,他们可能是苏布地和莽苏尔(乌云毕力格:《从17世纪前半叶蒙古文和满文遗留性史料看内蒙古历史的若干问题(2)〈敖木林之战与喀喇沁—爱新国联盟〉》(蒙古文),《内蒙古大学学报》1999年第4期)。经过进一步研究,笔者现在认为,"二塔布囊"指的就是当时喀喇沁的最大首领汗与洪台吉,即拉斯喀布与布颜阿海。蒙古文书中有很重要的证据:一,1628年的喀喇沁誓词中,有"执政的拉斯喀布、布颜、莽苏尔、苏布地、赓格尔为首的诸大小塔布囊"一句。这些人中,拉斯喀布是喀喇沁汗,布颜是洪台吉,都不是塔布囊。看来,喀喇沁万户的首领们有时被简称为"诸塔布囊"。二,天聪汗给东土默特的书称,"遗书于土默特诸执政塔布囊。山阳诸塔布囊与我们议和,………"(中国第一历史档案馆藏、李保文整理《十七世纪前半期蒙古文文书档案(1600-1650)》,内蒙古少儿出版社,1997年,第43页)。天聪汗所说的与满洲议和的"山阳诸塔布囊",即指1628年与满洲议和的喀喇沁台吉与塔布囊。可见,"塔布囊"有时是山阳诸诺颜与塔布囊的泛称。

③ 中国第一历史档案馆藏、李保文整理《十七世纪前半期蒙古文文书档案(1600-1650)》,内蒙古少儿出版社,1997年,第34页。

京。《旧满洲档》记载：

"十九日，因为喀喇沁汗的使臣郎素［等］四位喇嘛、五百三十人到来，阿济格台吉、硕托台吉、萨哈廉台吉前往迎接，宰牛羊，设宴，迎入城内。二十五日，以来礼，宰牛羊，设大宴招待。八月初三日，与喀喇沁之众，为结盟之事，向天地盟誓之言：满洲，喀喇沁，我们二国，为了和睦相处，为天刑白马、为地刑乌牛，诚心发誓。如不践誓言，满洲对喀喇沁怀二心，天地鉴谴满洲，愿寿命与世代变短。如遵守向天地告誓的誓言，天地垂佑，寿命与世代延长，愿我们子孙千世享受太平福祉。"①

据此可知，喀喇沁使团由包括郎素等四位喇嘛在内的 540 余人组成。爱新国方面非常重视他们的到来，天聪汗诸弟阿济格、硕托、萨哈廉等大人物接待了使团。八月三日（1628 年 8 月 31 日），爱新国与喀喇沁向天地刑白马乌牛，焚烧誓词，正式结盟。

罗密《蒙古博尔济吉特氏族谱》记载了这次结盟仪式中的一些细节，其所记结盟誓词内容几乎与原文文书完全一样，可见罗密掌握了这方面的可靠资料。罗卜藏丹津《黄金史纲》也记载了这件事情，但与《蒙古博尔济吉特氏族谱》相比，错讹较多，而且语焉不详②。《蒙古博尔济吉特氏族谱》内容如下：

Oγ-tur qaračin ulus, čaqar-un qamtu neičekü ügei bülüge. bay-iqundai qaγan-u ači lasǰab-in üy-e-dür kürčü iregsen qoyin-a, aq-a-nar degüü-ner buyan aqai, čoγut, burγatu-nar bügüdeger ǰöbleǰü, ol ǰatai neretü kümün-i ǰaruǰu, bida manǰu ulus-un qamtu törü šašin nigen bolǰu, kičiyenggüi elgeseg-iyer yabuy-a kemen tayidzüng quwangdi-dur ayilatqaγsan-i čaqar sonusuγad, qaračin manǰu ulus-un qamtu neyileǰü ǰolγubasu, ašiγ ügei bolumui kemen, darui qaračin-dur čerigleged qarilčan bayilduba. qaračin-i γaǰirača basa nomi sečen neretü kümün-i

---

① 《旧满洲档》，台北故宫博物院藏影印本，1969 年，第 2827—2829 页。
② 罗卜藏丹津：《黄金史纲》，乔吉校注，内蒙古人民出版社，1983 年，第 659—660 页。

mügdün-dür ǰaruba. taidzüng qaɣan tütei neretü elči-yi nomi sečen-ü
qamtu, qaračin-u ɣaǰirdur ǰaruɣad, ta daɣay-a kemebesü nigen sayin
kümün-i tütei-yin qamtu ilge kemen ǰarliɣ baɣulɣasan-dur, qaračin-u
ɣaǰirača übali sečen-i ǰaruǰu ilegebe. tayidzüng quwangdi ǰarliɣ-iyar
qošiɣu-yi ǰakirqu sayid otqun, ki fa beyile sečen baɣši, asi darqan,
nomtu ǰarɣuči-nar-i ɣarɣaɣad, übali sečen-ü qamtu, tngri ɣaǰir-tur
takiǰu tangariɣlaɣulba. tangɣariɣlaqu učir, tngri-dur čaɣan morin, ɣaǰir
-tur šira üker alaǰu, nigen ayaɣ-a-du ariki, nigen ayaɣ-a-du čisu, ni-
gen ayaɣ-a-du qaɣurai yasun-i aɣuɣuluɣad, tngri ɣaǰir-tur batu üge
keleǰü tangɣariɣlaqu anu, qarčin kerbe ene üge-yi ǰürčiged, manǰu ulus
-tur eyeldeg ügei, kitad ulus-un qamtu uɣ doɣtuɣaɣsan yosuɣar dai-dü
-dür šang abqu, qudalduqu-ača ɣadan-a, semeger narin medege
kürgekü, esebesü čaqar qaɣan-u ǰaliqai arɣ-a-dur oruqu bolbasu, tngri
ɣaǰir buruɣušiyaɣad, qaračin-u törü-yi erkilegsen las ǰab, buyan,
čoɣut, burɣatu, mangsur subudi, kengken-eče daraɣalan yeke baɣ-a
tabunang-nar-dur čüm maɣu kürteged, nasun oqur bolǰu, ene čisun
adali ɣisun ɣarču üküged, širui-dur daruɣdaǰu, ene yasun adali qaɣurai
yasu boltuɣai. tngri ɣaǰirtur tangɣariɣlaɣsan üge-yi daɣaǰu yabubasu,
tngri ɣaǰir örüšiyeǰü, nasun qutuɣ-i urtu bolɣaɣad, köbegün ačinar
mingɣan üy-e-dür kürtel-e, engke amur-iyar yabutuɣai kemeǰüküi.

　　"当初，喀喇沁国与察哈尔不和睦。到了拜浑岱汗的孙子拉斯喀
布时代，与兄弟布颜阿海、绰克图、布尔噶图共同商量，派遣名叫斡勒
扎台的人，向太宗汗上奏：我们愿与满洲国统一政教，友好相处。察
哈尔听后，认为满洲与喀喇沁相合不利，于是出兵喀喇沁，相互攻战。
喀喇沁又遣淖弥色辰到盛京。太宗汗派遣名叫土岱的人和淖弥色辰
一道去喀喇沁，下谕旨道：若你们想归附[于我们]，就派出一位好人
和土岱一道遣来！于是，喀喇沁派遣了兀巴礼色辰。太宗皇帝命令
都统斡特根（费扬果的蒙古语译名，指努尔哈赤第十六子费扬果——

引者)、色辰邦式(身份不明——引者)、阿什达尔汉(天聪汗的舅父——引者)和诺木图扎尔固赤(身份不明——引者),和兀巴礼色辰一道向天地刑白马黄牛,一碗盛酒,一碗盛肉,一碗盛血,一碗盛白骨,向天地告誓信言:喀喇沁若违背誓言,不与满洲和善,除了向汉人索要原定的在大都的赏物和[同他们]贸易外,与汉人秘密结盟,或中察哈尔汗的奸计,则天地鉴谴喀喇沁,执政的拉斯喀布、布颜、绰克图、布尔噶图、莽苏尔、苏布地、赓格尔以下的大小诸塔布囊,殃及罪孽,生命变短,像此血出血而死,被埋于土下,像此骨变为白骨。如遵行向天地告誓的誓言,天地垂佑,寿命延长,愿我们子孙至千世享受太平。"①

关于兀巴礼色辰②的身份,《旧满洲档》中有明确记载:"于(天聪九年五月)二十四日。兀巴礼散津,你原来是喀喇沁国布颜贝勒属下人。你布颜贝勒知道蒙古国政衰败,决定归附于我,派遣你为使者,向我信实发誓。又,出兵栋奎时,你不违反我所遣之语,率众喀喇沁人到所约之地会合。其后,你布颜贝勒之子弼喇什台吉又率国来归附。故授你牛录章京,再准袭二次。"③根据这个委任状的内容判断,兀巴礼散津就是代表喀喇沁与满洲盟誓的首席代表。兀巴礼散津的事迹,在《明朝档案》中也有明确记载。据崇祯十二年(1639)昌宣分监魏邦典题本,从张家口市口来的塘报称:"有慎夷(哈喇慎之简称,指喀喇沁——引者)下好人郎素喇嘛、五八力三斤等具到墙下禀云,

---

① 罗密:《蒙古博尔济吉特氏族谱》,纳古单夫、阿尔达扎布校注,内蒙古人民出版社,1989年,第354—355页。
② 《黄金史纲》作胡必来色辰,是误写。
③ 《旧满洲档》,台北故宫博物院藏影印本,1969年,第4833页:(3) Orin duin-de ubali sanjin si dade, karacin gurun-i buyan beilei harangga (4) niyalma bihe. Sini buyan beile monggo gurun-i doro wasindara-be safi (5) mimbe dahame banjiki seme. Simbe takūrame elcin yabufi (6) mini baru akdulame gashūha. Jai tunggui-de cooha genehe-de (7) mini hendufi unggihe gisun-be jurcehekū. Karacin-be gemu boljoho bade gajime (8) jifi acabuha. Amala geli sini buyan beilei jui birasi taiji beye, gurun-be (9) gajime umesi tahame jihe seme nirui janggin obuha. Jai juwe jergi sirambi。

我们官儿要于(四月)十一日起身回巢,与我们开门进去,货易些盘缠茶面"①。崇祯十四年(1641),据宣府巡抚江塘报载:"间续据慎夷下好人郎素喇嘛、五八力三斤等禀云,我们的官儿米喇什台吉等,因贸易完,要于本月二十二日带领散夷起身回巢"②。其中提到的米喇什台吉,就是喀喇沁的弼喇什台吉,这进一步证实了五八力三斤就是兀巴礼散津,此人不仅是喀喇沁与满洲之间的使者,而且在喀喇沁与明朝之间也作使臣。《八旗通志》将他记作吴巴里善金,且有他的小传。此人姓噶必齐克氏,后来归属蒙古镶蓝旗,因功官至三等甲喇章京世职③。《蒙古博尔济吉特氏族谱》中的"兀巴礼色辰"当系"兀巴礼散津"之笔误④,是手抄过程中出现的舛误。此外,土岱(Tudai)是屯泰(Tuntai)的笔误,而屯泰就是天聪汗经常派往喀喇沁万户各部的屯泰莫尔根恰。

1628 年 8 月 31 日的结盟仪式上,喀喇沁汗与洪台吉的代表兀巴礼散津和天聪汗的代表费扬果、阿什达尔汉等人,各代表其兀鲁思,向天地宣誓与结盟。

喀喇沁与满洲的"誓词"底稿有幸一直流传到现在,今藏中国第一历史档案馆。认真阅读、分析这两份文书,对研究爱新国与喀喇沁联盟的形成过程及该联盟的性质有很大裨益。

谈及这两份文书之前,有必要指出,满洲人和蒙古人的对天地告誓仪式,不是一般的礼节,而是一项重大的政治活动,类似于近代国家之间举行的签订条约仪式。"誓词",就是条约书,但这个特殊的条

①　中央研究院历史语言研究所编《明清史料》乙编第三本,1936 年,第 232 页。
②　中央研究院历史语言研究所编《明清史料》丁编第七本,1954 年,第 671 页。李勤璞将五八力三斤作五八力和三斤两个人,并解释为 ubaši""居士"和 Šašin"教化",欠妥(李勤璞:《明末辽东边务喇嘛》,《中央研究院历史语言研究所集刊》第 71 本第 3 分,2000 年)。
③　鄂尔泰等修《八旗通志》,李洵、赵德贵主点,东北师范大学出版社,1985 年,第 4975 页。
④　17 世纪前半期的蒙古文中,辅音 ǰ 和 č 的书写形式还没有区别。因此,sanǰin(SAAA-JIN)和 sečen(SAAJAN)的书写形式很类似。

约书不是由条约双方各执一本作依据，而必须要在天地"面前"烧毁。因为，结盟双方的"证人""监督"和"仲裁"，都是天和地。因此，只有"誓词"的草稿(也可称底本)才会有可能流传下来。

喀喇沁方面的誓词内容如下：

(1) Manǰu. qaračin. bida qoyar ulus. nigen-ey-e-ber yabuqu-in tulada. (2) tngri{-}-dü čaγan mori. γaǰar-tu qar-a üker alaǰu. nigen ayaγan-du ariki. nigen ayaγan-du sigüsü. nigen (3) ayaγan-du čisun. nigen ayaγan-du qobaqai yasun kiǰü. itegel-tü üge-ben kelelče ǰü. (4) tngri γaǰar-tu aman aldanam. kelelčegsen ügen-degen ülü kürčü. qaračin. (5) manǰu-du e-y-e ügei. kitad-luγ-a iǰaγur-un sang dayidu qudaldu-ača öber-e. doγuγur ügetei bolǰu yabuqula. čaqar-un qaγan-u arγ-a ǰali-du oruǰu urbaqula. (6) tengri γaǰar. qaračin-i buruusiyaǰu. ǰasaγ barisan. laskiyab. buyan. {kengkel. mangsur-ača ekilen} mangsur. subudi. kengkel-eče ekilen (7) kedün yeke baγ-a tabun ong-ud-tu maγu nigül kürčü. amin nasun oqur bolǰu. ene čisun metü čisun γarču üküged. siruqai-dur darudaǰu. (8) ene yasun metü yasun inu qobiratuai. (9) tngri γaǰar-tu amaldaγsan ügen degen kürčü yabuqula. (10) tngri γa ǰar {-} örüsiye ǰü amin nasun urtu {-} boluγad. ači ür-e bidan-i {ǰaγun} mingγan klab {tümen ǰil}-tur kürtel-e (12) engke amuγulang-iyar yabuqu boltuγai.

"满洲，喀喇沁，我们二国，为了和睦相处，为天刑白马，为地刑乌牛，一碗盛酒，一碗盛肉，一碗盛血，一碗盛白骨，各说信言，告誓天地。喀喇沁若不践盟言，不与满洲和善，除了原有的赏①和大都贸易外，与汉人秘密结盟，中察哈尔汗之计而背叛，则天地鉴遣喀喇沁，执政的拉斯喀布②、布颜、{赓格尔、莽苏尔为首}莽苏尔、苏布地、赓格

① Weiers译为"仓储货物"(Michael Weiers,"Zum Mandschu-kharatsin Bund des Jahres 1628,"Zentralasiatische Studien, no. 26(1996).)，误。原文Sang，是汉语"赏"的借词。
② Weiers译为"执政者[和?]拉斯喀布、布颜……"(Michael Weiers,"Zum Mandschu-kharatsin Bund des Jahres 1628,"Zentralasiatische Studien, no. 26(1996).)，不妥。

尔为首的大小诸塔布囊①,殃及罪孽,生命变短,像此血出血而死,被埋于土下,像此骨变为白骨。如遵行向天地告誓的誓言,天地垂佑,寿命延长,愿我们子孙{百世万年}千古享受太平。"封面上的旧满文记录:"天聪二年五月二十七日让喀喇沁使臣为盟誓而遣之书。"②

根据爱新国方面留在文书封面上的老满文记录可知,天聪二年五月二十七日(1628 年 6 月 28 日),天聪汗让来访爱新国的喀喇沁使臣将此誓词带回去的。据其内容可知,这是喀喇沁的誓词,即结盟后喀喇沁人必须履行的义务。原来,结盟双方的"誓词",各由对方起草,再经双方协商,征得发誓一方的同意后,方可生效。

天聪汗起草的誓词,于 1628 年 6 月 28 日带给喀喇沁统治者,而后者的结盟使团迟至 1628 年 8 月 18 日才抵盛京,双方在 8 月 31 日最终举行结盟仪式。那么,在这两个月时间里,究竟发生了什么事情?如果留心细读喀喇沁誓词原稿的文书,便不难发现,誓词有几处明显的改动。其中至少有一处改动可以说明,在缔结盟约时,双方经过了一段时间的周旋。

较大的改动有四处。倒数第一个改动是,将原文第十行的"百世万年"改为"千古",属于修辞学范畴。倒数第二个改动是,将原文第六行中"执政的拉斯喀布、布颜、赓格尔、莽苏尔为首"改写为"执政

---

① 诸塔布囊的原文为 tabun ong-ud,字面意思为"五个王们"。所以,Weiers 译为"大小五王",并在注释中说,ong-ud 相当于满文的 wangsa。当时喀喇沁是否已有相当于 1622 年努尔哈赤制定的制度,或者是起草文书的人把满洲国家制度的名称简单地译成了蒙古文,有待进一步研究(详见 Michael Weiers," Zum Mandschu-kharatsin Bund des Jahres 1628,"Zentralasiatische Studien, no. 26(1996).)。笔者认为这是错误的。Tabun ong 是塔布囊的分开写法,Tabun ong -ud 是塔布囊们的意思。

② 中国第一历史档案馆藏、李保文整理《十七世纪前半期蒙古文文书档案(1600 - 1650)》,内蒙古少儿出版社,1997 年,第 33—34 页。与前引罗密《蒙古博尔济吉特氏族谱》比较可知,罗密作为拉思喀布汗的堂弟绰克图的后裔,掌握着当时喀喇沁汗世的某些珍贵资料。否则,他所记"誓词"内容不可能与文书原件如此接近。顺便提及的是,他为了强调其曾祖父绰克图和布尔噶图二人的重要地位,就把他们也记入了喀喇沁执政者名单里,原本文书上是没有此二人名字的。

的拉斯喀布、布颜、莽苏尔、苏布地、赓格尔为首的大小诸塔布囊"。喀喇沁人对这个段落的改写，就是把喀喇沁部汗、台吉、塔布囊之名，按其地位重新排列。拉斯喀布汗、布颜洪台吉及莽苏尔、苏布地、赓格尔三塔布囊，是当时喀喇沁部五大执政诺颜、塔布囊。爱新国方面起草的誓词原稿显示，在天聪汗看来，当时喀喇沁的执政者首先是拉斯喀布与布颜，即汗与洪台吉。次之，就是赓格尔和莽苏尔。满洲人还不太了解苏布地这个大人物，但这不等于因为苏布地在喀喇沁没有地位，而是因为他被察哈尔打败后逃入明朝境内，尚未被满洲人知晓。这也足以说明，苏布地于天聪二年二月率喀喇沁内附一说，纯属无稽之谈。

喀喇沁人对"誓词"最重要的改动，是一处文字补充。在原文第五行（喀喇沁不得）"与汉人秘密结盟"前，补充了"除了原有的赏和大都贸易外"一句。这对喀喇沁来说是一个相当重要的事情。"赏"，是指明朝廷每年给喀喇沁贵族和塔布囊一定数量的银子和布帛等物品，是明朝廷用金钱财物换取边境安宁的政策的产物。所谓"大都贸易"，原指兀良哈三卫到北京进行的贸易活动。后来，在明朝边境关口上所作的互市贸易，也被称作"大都贸易"。喀喇沁黄金家族首领，在宣府张家口与明朝贸易，并领取赏赐。朵颜兀良哈人一直被允许进北京"入贡"，在北京和沿途地区进行贸易，并且在蓟镇领赏，在辽东参与马市和木市贸易。成为喀喇沁属部之后，还到宣镇参与马市贸易。这些贸易活动，对喀喇沁万户意义重大。在明朝和爱新国处于敌对时，与爱新国结盟，是基于以明朝为敌的情形下。当爱新国要求喀喇沁人不得与明朝"秘密结盟"时，也提出了一个重要的附加条件，那就是允许喀喇沁人同明朝进行原有的经济贸易活动。换言之，喀喇沁与明朝的关系只限于经济贸易活动，政治军事的交往则属于被禁止范围。结果天聪汗对此做出了让步。

最后一个较大的改动，是原件第四行上的删除。可惜，被删除的原文已无法看清，具体内容不得而知。

可以断言,在 1628 年 6 月至 8 月之间,双方就结盟问题在一些细节上进行过详细的磋商和交涉。

下面是喀喇沁方面起草的爱新国的"誓词":

(1) qaračin. manǰu. bida qoyar ulus. nigen-ey-e-ber yabuqu-in tulada. (2) tngri - dü čaɣan mori. ɣaǰar-tu qara üker alaǰu. nige ayaɣan-du ariki nige ayaɣan-du sigüsü nige ayaɣan-du čisu. (3) nige ayaɣan-du qobaqai yasun kiǰu. küǰi sitaɣaǰu itegel-tü üge-ben kelelčeǰü. tngri ɣaǰar-tu aman aldanam. kelelčegsen (4) ügen-degen ülü kürčü. qaračin. ey-e ügei urbaqula manǰu qaračin-tu ey-eügei maɣu sanaǰu qortu setkil sanaǰu yabuqula. (5)｛sečen qaɣan｝. qung tayiǰi. güyeng. amin. mangɣultai. abatai. degelei. aǰige. yota. dorɣon ede bügüde man ǰu-yi (6) tngri ɣaǰar buruɣusiyaǰu. amin nasun oqur bolǰu. ene čisun metü čisun ɣarču üküged. siruqai-du darudaǰu. ene yasun metü yasun inu qobiratuai. edür ülü önǰigülüged süni ülü qonuɣuluči kedün doɣsid ügei bolɣatuai. (7) ene kelelčegsen ügen-degen kürčü gem ügei qortu setkil ügei yabubasu. buyan kesig dügürčü nemeged amin nasun (8) ur-tu boluɣad ači ür-e inü delgereged. sonusdaqu metü sayin aldar ner-e oɣtarɣui-tu dügüreged. (9) tümen üy - e - tü kürtele ali küseküi ǰirɣalang qura metü oruqu boltuɣai. mangkalama bayantu.

"喀喇沁,满洲,我们二国,为了和睦相处,为天刑白马,为地刑乌牛,一碗盛酒,一碗盛肉,一碗盛血,一碗盛白骨,烧香,各说信言,告誓天地。满洲若不践盟言,若不与喀喇沁和睦而背叛,对喀喇沁有贰心,怀毒计,则天地鉴谴｛天聪汗｝皇太极、古英、阿敏、莽古尔泰、阿巴泰、德格类、阿济格、岳托、多尔衮这些全部满洲人,生命变短,像此血出血而死,被埋于土下,像此骨变为白骨。如遵行向天地告誓的誓言,无犯行无毒心,则福满寿延,子孙繁衍,美誉满天,心想幸福如雨降临,直到万世。吉祥。"①

喀喇沁人对满洲人的誓词,只修改一处,即将"天聪汗"抹掉,留下了他的本名"皇太极"。这是因为,对天地告誓,必须指明起誓人本名。誓词中提到的古英、莽古尔泰、阿巴泰、德格类、阿济格、多尔衮等人,均为努尔哈赤诸子、天聪汗诸兄弟,阿敏为努尔哈赤弟舒尔哈赤之长子,岳托是古英的儿子。这些人是当时爱新国的最高统治者。

1628年8月31日,皇太极等爱新国最高统治者和拉斯喀布等喀喇沁最高执政者,以同等的身份,用同样的仪式,向天地告誓,结为盟友。这是一个反明朝、反察哈尔的同盟。研读喀喇沁和爱新国誓词就能发现,喀喇沁人在同盟中必须履行的义务,概括起来有三:一是要与满洲和好,二是不得与明朝秘密结盟,三是不得与察哈尔媾和。在明朝、蒙古、满洲三足鼎立的当时,这个誓词实际上已经明确了喀喇沁应有的政治立场,即喀喇沁必须属于满洲阵营。而爱新国许下的诺言是,满洲必须与喀喇沁保持友好关系。针对满洲与明朝的关系,针对满洲与察哈尔的关系,爱新国的誓词未加任何限制。这或许因为,爱新国同明朝和察哈尔早已是水火不容,没有必要对此关系再提出其他限定条件了。

清朝的官修史书和代表官方立场的私修史志都强调,天聪二年二月一日,喀喇沁部在大塔布囊苏布地率领下"内附"。这完全不符合事实。爱新国与喀喇沁的接触,一开始就以结盟为目的,双方是自愿自发的。结盟进程始终在满洲天聪汗与喀喇沁汗、洪台吉的倡导和主持下进行。结盟仪式上,天聪汗等满洲统治者和拉斯喀布汗等喀喇沁统治者的地位是同等的。直到1635年,喀喇沁人还一直自成一部,直接接受喀喇沁汗、洪台吉和诸塔布囊的统治。喀喇沁本部正式并入爱新国,是1635年以后的事。

---

① 中国第一历史档案馆藏、李保文整理《十七世纪前半期蒙古文文书档案(1600-1650)》,内蒙古少儿出版社,1997年,第45—46页。

第三节　1628—1635 年的喀喇沁部

自 1628 年喀喇沁与满洲建盟到 1635 年喀喇沁并入爱新国的这七年间,喀喇沁部内部情况、喀喇沁与满洲爱新国的关系如何,对这些问题有必要进行进一步探讨。

一、喀喇沁部诸台吉与塔布囊的关系

1627 年,察哈尔西迁,给喀喇沁汗与洪台吉势力带来毁灭性的打击。在此之后,由于喀喇沁黄金家族势力的急剧衰变,黄金家族台吉势力与兀良哈塔布囊的势力对比发生了很大变化。于是,兀良哈贵族不愿再依附于他们。在 1628 年至 1635 年期间,喀喇沁塔布囊们虽然仍属于喀喇沁万户,但是台吉和塔布囊之间的矛盾斗争越演越烈,不时相互攻掠。

在 17 世纪蒙古史档案中,有两份蒙古文文书,恰好反映了这个时期喀喇沁台吉与塔布囊之间的关系。

第一份文书是喀喇沁小塔布囊绰思熙致满洲天聪汗的书。其内容如下:

A：(1)oom suwasdi siddam. (2)sečen qaɣan-du. čoski tabunong bičig-iyer (3) qaɣan-du üge ayilatqaba. čaqarin qaɣan-i ɣar-tu (4) oruɣsan-du bi. qaɣan qung tayiǰi qoyar. (5) sečen qaɣan-i tüsiy-e ge ǰi ǰoriǰu ečibe geǰü sonusču. (6) bi dayisun qaɣan ɣar-ača aldaɣulǰu kitad dotuɣur (7) iregsen mini degegsi-ni (8) sečen qaɣan-i geǰi. doɣosi-ni qung tayiǰi qatun abaqai-yi (9) birasi tayiǰi ede bügüde-yi sanaǰu iregsen ene bile. (10) iregsen qoyina eǰen mini qung tayiǰi namai qayiralaǰi. (11) dayisun dotur-a qatun eke-den unuɣsan mori-yen baɣuǰu (12) öggügsen čini ünen bile geǰi bey-e tei ulustai čini (13) qayiralasu geǰi ǰarliɣ bolǰu bila. mani kesig ügei-dü (14) sayin noyan burqan-i qutuγ olba. qoyina ür-e-ni (15) birasi tayiǰi sayin noyan-i ǰarliγ-yi martaǰi (16) mani qadaγalasan ulus köbegüddin morin-i abču unuǰu (17) üker qonin-i kögeǰü idekü-dü ulus ese tesǰi (18) kitad-tü oruqu-du ulus-i-ni bi quriyaǰu (19) sang ner-e ögčü teǰiyaγsan mini ene bile. namai subudi (20) dügüreng -tü bosǰu ečiǰi geǰi alaqu talaqu geǰi bayinam. (21) subudi dügüreng či bolba bi či bolba γaγča (22) sečen qaγan-ni buyu geǰi sanaγsan bila. (23) baqan beleg-iyen bariǰu. (24) qaγan-du ayilatqaqu mini ene bile.

B: meihe aniya sunja biyade karacin-i coski tabunang-i gajiha.

"愿吉祥!

绰思熙塔布囊致书天聪汗奏事:当我落入察哈尔汗之手后,听得[我]汗和洪台吉二人决意去投靠天聪汗,我从敌方可汗手里逃脱,经汉地而来。上[为的是]天聪汗,下为的是洪台吉、可屯阿巴海、弼喇什台吉所有这些人。到来之后,我的主子洪台吉饶恕了[我的]生命,说道:'在敌阵中,把你所起的马让给了你的可屯母后,有这真事。[所以我将]保护你和你的兀鲁思'。因我没福气,[这位]好诺颜[不久就]成佛了。之后,他的儿子弼喇什台吉忘记了好诺颜的话,夺骑我所属兀鲁思男儿之马,夺走[他们的]牛羊,所以兀鲁思不堪忍受,进入汉地。这时我收留了兀鲁思,给了赏和名号,抚养了他们。因我投奔了苏布地杜棱,[弼喇什台吉]欲杀我,夺我[兀鲁思]。苏布地杜棱也罢,我也罢,都一心想着天聪汗。献上薄礼,奏汗以知。"

文书背面的老满文注:"蛇年五月绰思熙所拿来。"①

其中蛇年指1628年。绰思熙在1627年林丹汗攻打喀喇沁时被俘,次年逃出察哈尔部,经内地回到喀喇沁。文中的汗指拉斯喀布,洪台吉指布颜阿海,可屯阿巴海指布颜阿海夫人。绰思熙塔布囊的

---

① 中国第一历史档案馆藏、李保文整理《十七世纪前半期蒙古文文书档案(1600-1650)》,内蒙古少儿出版社,1997年,第51—52页。

书,反映了喀喇沁洪台吉弼喇什率兵掠夺小塔布囊的兀鲁思和牲畜,并因他投靠兀良哈氏大头目苏布地杜棱,对他进行迫害的事实。绰思熙的兀鲁思因不堪忍受弼喇什洪台吉的迫害,一时躲避到明朝境内。

第二份文书是喀喇沁汗和洪台吉致天聪汗的书:

A:(1) sečen qaγan-u gegen-e.(2) qaγan. qung tayiǰi bičig-iy-er ayilatqaba.(3) ene subudi dügüreng yerü borǰigin toγ-a-tu bidan-du.(4) küči ǰaγaǰi gem kigsen olan. ölǰei tayiǰi-yi alaba.(5) ulus-i-ni dobtolǰi abuba. očir tayiǰi-yin ger mal-i-ni(6) dobtolǰi abuγsan-du. noyan-i üge kelebe geǰi noyan-du(7) qutaγ-a γarγaǰi gösigün aγasilaba. qoyina qaγan-du(8) sumu qariγulǰi ulus-i-ni buliyaǰu abuba. bingtu čökekür-yin(9) keüked-i ger-i-ni tüyimerdeged ulus-i-ni dobtolǰi abuba.(10) qung tayiǰi-yin nige tabunang ulus-tai negülge ǰi abuba. ene(11) bügüde-yi bida alus-yin törü ayil-yin ey-e-yi(12) sečen qaγan-du tösigsen tegen qaγan medenem-y-e geǰi ayilatqa-nam.(13) man-i belkürdegülǰi ali bolusa üyile-tü küči ǰaγanam.(14) qaγan gegen tegen ayilad.

B:unggihe bithe karacin-i han birasi hong taiji

"汗和洪台吉致书天聪汗睿明。

这个苏布地杜棱多次仗势凌辱我们孛儿只斤人。[他]杀死了渥里济台吉,掠夺并霸占了[他的]兀鲁思。当[他]攻掠和霸占鄂齐尔台吉的毡房及牲畜的时候,因为诺颜说了话,[苏布地]拔刀对诺颜,蛮横示强。后来,以箭射汗,夺去了汗的兀鲁思。焚毁了宾图楚库尔诸子的毡房,攻掠并霸占了他们的兀鲁思。把洪台吉[所属]的一个塔布囊连同他的兀鲁思迁往己处。我们奏闻这些,是因为我们投靠了天聪汗,[认为]汗能决定远方的政事和近邻的和睦。[苏布地]使我们流离失散,凡事仗势而行。汗明鉴。"

文书背面的老满文注:"遣送书。喀喇沁汗,弼喇什洪台吉。"①

渥里济台吉和鄂齐尔台吉,身份尚不明。宾图楚库尔,明代汉籍称丙兔朝库儿,名我不根,是喀喇沁汗白洪大的幼弟,弼喇什洪台吉的祖父。他的诸子,就是弼喇什洪台吉的诸叔父。根据这份文书可知,苏布地杜棱仗势而行,对喀喇沁汗本人和洪台吉家族进行肆无忌惮的进攻,向他们拔刀示威,掠夺他们的兀鲁思和牲畜。他甚至杀害小台吉。其势力之大和横行霸道之巨由此可见一斑。

这说明,在林丹汗西迁后,喀喇沁黄金家族的势力受到了严重打击,苏布地等大塔布囊已不再把汗放在眼里。当时塔布囊们也被分成了两个阵营。以万旦卫征、马济塔布囊、赓格尔恰为首的大小塔布囊一直跟随着喀喇沁汗拉思奇卜、洪台吉弼喇什,而苏布地则另立阵营,与喀喇沁汗抗礼。当自己属下的绰思熙塔布囊背叛弼喇什洪台吉,投靠苏布地杜棱时,洪台吉对绰思熙塔布囊也给予了惩罚。对此,后文将详述。

二、喀喇沁与满洲的联姻关系

满蒙联姻,是维系爱新国时期满蒙联盟和清朝时期满蒙联合统治的重要支柱②。联姻对喀喇沁和爱新国的关系,同样具有重大影响。

喀喇沁部与满洲的联姻,自1628年秋双方结盟后不久就已经开始。据《旧满洲档》载,天聪三年二月十二日,"喀喇沁将女儿送给大贝勒做妻子"。③ 大贝勒,就是努尔哈赤所建四大贝勒之首代善,号

① 中国第一历史档案馆藏、李保文整理《十七世纪前半期蒙古文文书档案(1600-1650)》,内蒙古少儿出版社,1997年,第106—107页。
② 对满蒙联姻,杜家骥《清朝满蒙联姻研究》有深入、系统、全面的研究。该书第四章专门探讨了喀喇沁蒙古与清朝皇家的联姻(参见杜家骥:《清朝满蒙联姻研究》,人民出版社,2003年,第82—109页)。书中引用的《玉牒》资料,对满蒙联姻的研究提供了准确无误、翔实可靠的史料。
③ 《旧满洲档》,台北故宫博物院藏影印本,1969年,第2986页。(1)juwan juwe-de amba beile-de karacin(2)sargan jui-be sargan benjihe。

古英巴图鲁,努尔哈赤次子。

另据《清太宗实录》,阿敏也曾和喀喇沁贵族联姻。阿敏在爱新国朝廷斗争中失败以后,《清太宗实录》记载了阿敏的所谓十六条"罪状",其中第十五条罪状为:"阿敏贝勒镇守永平时,遣人往喀喇沁部落求婚,喀喇沁以无女为辞。复遣人往云,前此进上与诸贝勒为何以有女,今于我独无何也?于是遣使强胁喀喇沁,娶其二女。"①阿敏是舒尔哈赤长子,第二大贝勒。

可见,联姻是始自天聪汗及其兄弟娶喀喇沁部女儿开始的。康熙朝修《清太宗实录》,记载上引阿敏第十五条"罪状"时写道,"先时纳喀喇沁之女,因彼以礼来献,故上与大贝勒、莽古尔泰贝勒各纳其一,岂遣使逼迫而娶之耶?"②乾隆本删掉了这段话。在订盟之初,喀喇沁与爱新国地位平等,不存在喀喇沁人以女来献的问题。不过,喀喇沁贵族主动选择与满洲朝廷中有势力的家族联姻,倒是事实。喀喇沁最初与天聪汗及其同父兄弟代善、莽古尔泰联姻,并"以无女为辞"拒绝阿敏的求婚,都说明了这个问题。

1631年以后,双方联姻呈现出的主要特点是满洲贵族将女儿嫁到喀喇沁部。据《清太宗实录》记载,天聪五年春正月"庚寅(1631年2月16日),以大贝勒莽尔古泰女嫁喀喇沁部喇斯喀布,以阿巴泰贝勒女嫁布尔噶都代达尔汉,赐两格格金银、珠饰、衣服、彩缎、文绮、貂裘并庄田、奴仆、箱柜等物,遣之。"③莽尔古泰,是莽古尔泰之倒误,当时是满洲正蓝旗主。阿巴泰为莽古尔泰胞弟。喇斯喀布,即喀喇沁汗拉斯喀布。布尔噶都代达尔汉,名布尔噶都,崇德元年被授予代达尔汉号,是拉斯喀布汗的族弟④。

继之,天聪五年三月十日(1631年4月11日),喀喇沁的弼喇什

① 《清太宗实录》,天聪四年六月乙卯。
② 《清太宗实录》,天聪四年六月乙卯。
③ 《清太宗实录》,天聪五年正月庚寅。
④ 《旧满洲档》,台北故宫博物院藏影印本,1969年,第4871页。罗卜藏丹津:《黄金史纲》,乔吉校注,内蒙古人民出版社,1983年,第659页。

台吉与岳托之女行订婚礼,天聪汗与诸贝勒宰二头牛、一匹马及六只羊,设大宴庆贺①。据《玉牒》载,该女为岳托次女,后来确实嫁给了弼喇什。弼喇什,为拉斯喀布汗族弟,就是喀喇沁洪台吉布颜阿海之子,继其父任喀喇沁洪台吉职。岳托,是天聪汗兄代善的长子,满洲镶红旗主。

除此之外,还有一起重要的婚姻在清代文献中被遗漏。这是天聪汗的姐姐阿巴亥与塔布囊色棱的婚姻。在 17 世纪蒙古文文书中,有两份文书,是阿巴亥写给天聪汗的。

第一份文书:

（1）oom suwasdi sidam.（2）sečen qaγan degü-dür-iyen.（3）abaqai egeči činu bičig bariba.（4）urida γaγača ger yabuqu-du（5）mendü-ben asaγǰu eril qoyilaγaban（6）abulčaǰu yabulu-a. qoyar（7）ger-tei boluγsaγar.（8）qaγan degü minu. namayi ilγaǰu elči（9）ülü ǰaruqu tulada. egün-eče（10）ulam sanatuγai geǰi elči（12）tuslaǰu ǰaruba.

"愿吉祥!

向我弟弟天聪汗,你姐姐阿巴亥上书。先前一家的时候,[咱们]互相问安,互换有无。自从分成两家以后,我的汗弟弟,另眼看待我,不再派来使者。所以,希望今后更加想念[我],特此派使者"②。

第二份文书:

A:（1）oom suwasdi sidam.（2）oγtarγui-dur urγusan naran. dörben tib-i geigülküi-dür（3）adali. orčilang-un eǰen.（4）sčeen qaγan-i gegen-dü. abaqai sereng tabunong qoyar bičig（5）örgün bar-

① 《旧满洲档》,台北故宫博物院藏影印本,1969 年,第 3396 页:（4）juwan-de han beise-be, karacin-I birasi taiji,yoto taiji sargan jui-be（5）gaime gisun toktoho doro-i juwe ihan, emu morin, ningun honin wafi sarilaha。《玉牒》记载转引自杜家骥:《清朝满蒙联姻研究》,人民出版社,2003 年,第 86 页。

② 中国第一历史档案馆藏、李保文整理《十七世纪前半期蒙古文文书档案（1600-1650）》,内蒙古少儿出版社,1997 年,第 94 页。

iba. uridu yabudal-du mini bey-e čerig-tü（6）mordaγsan-i qoyina. sayin beleg ese oldaǰu. beleg ügei.（7）elči tasuraqu bayinam geǰi. elči -yi kürgetügei geǰi ilegeǰi（8）bile. odači bolba. baqan čököken dayidu sang bidan-i（9）abuγsan ügei. baqan oluγsan-iyan. baqan čögöken u-lus-iyan（10）teǰiyeǰü. sayin beleg ese oldaba.（11）qaγan gegen de-gen ayilatǰi mede.（12）mendü asγaqu-yin beleg-tü qoγosun geǰi（13）qorin ǰirγuγan qoba. nige qara mangluγ nige köke（14）torγ-a bai.（15）qaγan nada elči ese ilegebei（16）qaγan-i mendü asγatuγai geǰü elči ilegebe.

B：abahai serengtabunong

"愿吉祥！

向如同天上升起的太阳照耀四洲的宇宙之主天聪汗殿下，阿巴亥和色棱塔布囊上书。上次行动时，我参加了征战，但没有得到好礼物，[所以]没有礼物[给你]。因为担心使臣断绝，[所以]派使者陪送了[你的]使者。就是现在，我们也没有获得少量的大都赏。用所得到的微量东西，赡养为数不多的兀鲁思之众。[因此]没有好的礼物。天聪汗明鉴。问安礼品微薄，有二十六个琥珀、一匹黑色缎子和一匹蓝色绸子。虽然汗不给我派来使者，[但]为了问汗安，[我]派去了使者。"

文书背面的旧满文备注："阿巴亥、色棱塔布囊"①。

李保文认为，第一份文书为科尔沁部土谢图汗夫人致满洲皇太极书②。这一说法是不正确的。第一、第二份文书，都是阿巴亥的书信，表达的意思也一样。根据文书内容很容易断定，阿巴亥是天聪汗的姐姐。书信内容似在抱怨天聪汗对出嫁以后的阿巴亥漠不关心，

① 中国第一历史档案馆藏、李保文整理《十七世纪前半期蒙古文文书档案（1600-1650）》，内蒙古少儿出版社，1997年，第96—97页。
② 中国第一历史档案馆藏、李保文整理《十七世纪前半期蒙古文文书档案（1600-1650）》，内蒙古少儿出版社，1997年，第93页。

不再派使者去问候,更谈不上经济给予。她和丈夫色棱塔布囊在信中委婉地表达了处境艰难,生活困苦。实际上,他们是希望能得到爱新国的援助。

那么,这个色棱塔布囊是谁呢?

根据喀喇沁贵族世系表,他应该是喀喇沁札萨克镇国公旗始祖色棱。查《王公表传》,兀良哈氏和通(花当)生格呼博啰特,格呼博啰特生图噜巴图尔,图噜巴图尔子即色棱,为札萨克镇国公旗色棱一旗始祖。《王公表传》卷二十四有他的传:"色棱,喀喇沁部人,姓乌良罕,杜棱贝勒固噜思奇布族祖。父图琳固英,有子七人,色棱其仲也。"

从喀喇沁和满洲贵族的联姻可以看得出,爱新国从与喀喇沁结盟到合并喀喇沁这段时间里,主要和喀喇沁黄金家族联姻。他们是喀喇沁汗、洪台吉及其族兄弟。与之通婚的是爱新国天聪汗及其诸兄弟、有势力的旗主们。望族间的联姻充分反映了爱新国对双方同盟的高度重视。从中不难发现,当时喀喇沁部的主人是喀喇沁黄金家族,虽然没有了昔日的强大势力,但是诸塔布囊还是从属于他们的。像色棱塔布囊这样的人虽然也和满洲汗建立了联姻关系,但似乎并没有得到特别的重视。

1635年,喀喇沁被爱新国合并,喀喇沁黄金家族被编入八旗。此后,爱新国才开始与新代表喀喇沁的塔布囊望族联姻。

三、喀喇沁与爱新国的同盟关系

自1628年至1635年之间,喀喇沁和爱新国发生了多次冲突。究其根源,是爱新国和喀喇沁虽然建立了同盟,但喀喇沁还没有并入爱新国,他们都有各自的利益,喀喇沁具有一定的独立性。史料还显示,在这一期间,爱新国也在逐渐向喀喇沁进行内政渗透。

先看看喀喇沁与爱新国之间发生的一系列冲突,这些冲突反映了同盟时期喀喇沁仍具有一定的独立性。

爱新国和喀喇沁刚建盟不久,即天聪二年九月二十九日,天聪汗下令喀喇沁和东土默特在对明朝关系中要保护爱新国利益。其全文如下:

2892:(6) Karacin tumed-de wasimbuha bithe. qaγan-u ǰarlaγ qarain. tümed (7) ta mani daγaǰu dayilaqula. bidan-du qariγučaqu kitad-i alaǰu (8) abču yabu. sai mani oruγuluγsan kitad-i alaǰu degel qubasun-i. 2899:(1) tonuǰu abču yabuqula. man-du dayin sidü bayinam teyimü kümün-i (2) olqula alaqu bui.

"谕喀喇沁、土默特。汗的谕旨。喀喇沁、土默特,你们如果随我们征战,要杀抵抗我们的汉人,取他们的财物。如果你们杀我们新近招降的汉人,掠夺他们的衣物,则像我们的敌人一样。如果抓到这样的人,将杀死。"①

天聪三年二月十四日②,天聪汗又下令喀喇沁、土默特贵族,禁止他们抢杀内地民众。这份满文文书称:

2989:(2) han-i bithe. jorik-tu daidarqan. sirantu. samba-de (3) unggihe. ereci amasi sini gurun-be saikan cirlame (4) kadala. minde dahaha uju fusiha irgen-be ume necire. (5) dahaha niyalma-be waci tere waha niyalma-be urunakū (6) gaifi karu wambi. durire cuwangnara niyalma oci durihe (7) cuwangnaha uile gaimbi. tere emu nikan ai salimbi. (8) dahaha irgen-be waci gaici. gūwa dahara unde bai irgen 2990:(1) minde akdarakū ombikai. si mini uttu henduhe gisun-be (2) jurceme gurun-be saikan kadalara fafularakū ofi. (3) dahaha irgen-be wara gaijira oci. hairakan mini simbe (4) gosihangge untuhuri ojorakū.

"汗之书。给卓里克图达尔汗、席兰图和善巴。今后严加管束你们的国家。勿犯已经归降我们的剃了头的民人。若杀归降民人,必

---

① 《旧满洲档》,台北故宫博物院藏影印本,1969年,第2892—2899页。
② 《满文老档》把这件事记在天聪四年二月十四日条里,可参考满文老档研究会译注《满文老档》第四(太宗第一),东洋文库,1959年,第323—324页。

抓他并杀死。若有抢夺者，科以抢夺之罪。一个汉人［虽然］没有什么价值，［但是］若杀掠归降民人，其他尚未归降的他处民人怎能信任我们。如果你们违背我多次说过的话，不严加管束你们国家，杀掠归降民人，［那么］可惜我仁爱你们的心竟成白费。"①

天聪三年秋冬，爱新国大举伐明。战争期间，发生了从征蒙古骚扰罗文峪的事件，天聪汗又下令禁止。其书云：

2907：（7）sečen qaγan‑u ǰarlaγ. aliba noyad sayid ge ǰü. oruγuluγsan（8）ulus‑un yaγun amitai‑yi buliyaǰu tataǰu yabuqula tegün‑ni ala ge ǰü. 2908：（1）ǰarla ǰam. oruγsan kitad‑i alaqula. alaγsan kümün‑i nekeǰü abču（2）alaqu. abqula abuγsan oru qolbaγ‑a abču eǰen‑dü ögkü. engke bolγaǰu（3）yabuqu ulus‑i ebdeǰü yabuqula tere kümün čitkür bisi buyu.（4）tegüni ülü alaǰu yaγakiqu.

"天聪汗的旨令。前已宣告，凡是诺颜大臣有掠招降地方财物者，杀。若杀归降的汉人，将其缉拿并杀死。若掠夺［归降汉人的财物］，罚所掠夺物的双倍并偿还本主。若谁扰乱安居乐业的地方，他不就是魔鬼吗！怎能不杀他。"②

天聪四年正月初八日，爱新国军队得报，喀喇沁塔布囊苏布地到明朝边墙附近，劫掠归降满洲的汉民。当时留守永平的满洲大臣济尔哈郎和萨哈廉向喀喇沁部遣书指责。此事在《清太宗实录》中载："镇守永平贝勒济尔哈郎、萨哈廉奏言，据建昌人来报，建昌近处有喀喇沁苏布地马步兵共四千余，掠我归顺人民，我哨卒擒获喀喇沁万旦步卒二人，解至。臣等缚一人留之，令一人持书往彼诘问，并使我军六十人送之去。"③《清太宗实录》没有记载的"诘问"苏布地的那份文

① 《旧满洲档》，台北故宫博物院藏影印本，1969年，第2989—2990页。
② 《旧满洲档》，台北故宫博物院藏影印本，1969年，第2907—2908页。这个旨令的汉文内容，见《清太宗实录》天聪三年十一月乙酉条下。但是，已经经过实录编纂者的补充和润泽。
③ 《清太宗实录》，天聪四年春正月己丑。

144

书的内容,在《旧满洲档》中得以流传。其内容如下:

3070:(1)qoyar noyan-i bičig sübüdi-dü ilegebe(2)mani oruɣulaɣsan ulus-i yaɣun-u tulada alaǰu abču(3)yabunam. ta ǰügeger yabutala ta engkiǰü qaluǰu yabunam(4)bayinam. ta urida maɣu kiǰü yabuɣsan ɣaǰar-a.(5)bida ǰügeger talbiǰu ülü ögkü. olǰalaɣsan em-e(6)köbegün-i bügüde mün qota dan qariɣulǰu ög.(7)ta gertegen qari ene ügen-dü bidan-i ülü(8)oruqul-a. tan-i talbiqu ügei bida. ötter(9)qari.

"二贝勒之书。致苏布地。为什么杀掉我们所征服的民人? 你们就这样无事生非,做错事。你们过去做过坏事的地方,我们不会白让给你们。把[你们]所俘获的妇女儿童,要全部放回原来的城市。你们回家去。如果不听从我们的话,我们不会放过你们。立即回去。"①

继之,天聪四年二月初一日,济尔哈郎和萨哈廉二贝勒听到喀喇沁人在抢掠迁安,遣书严厉谴责。书云:

3097:(4)qoyar noyan-i bičig. qaračin-u tayiǰi nar tabunong-ud-tu ögbe(5)qaɣan-u ǰarlaɣ-iyar iregsen bolusa. qaɣan ǰungq-a-du saɣunam tende(6)qaɣan-du ečiǰü ǰolɣa-a. qaɣan yamar ǰarlaɣ bolusa ter-e(7)ügeber yabu. qaɣan-u ǰarlaɣ ügei iregsen bolusa(8)ötter qari. qaril ügei ende yabuqul-a. man-du oruɣsan 3099:(1)ulus. tan-asa ayiǰu tariyan-i üyile saat bolqu bui. bideči(2)bolba tan-i ende saɣulɣaqu bisi. čerig ɣariǰu kögeǰü kerem(3)ɣarɣaqu. ali man-du ǰolɣaqu duratai kümün bolusa.(4)čökečileǰü ireǰü ǰolɣaǰu qari. ene üge-yi man-i damanaǰu(5)büü sana. ötter yabu.

"二贝勒之书。致喀喇沁诸台吉、塔布囊。如果是奉汗的谕旨来的,汗现在仲哈,[你们]到那里拜见汗。汗下什么样的谕旨,就照那样去做。如果不是奉汗的谕旨来的,就立即回去。如果不回去住在

① 《旧满洲档》,台北故宫博物院藏影印本,1969 年,第 3070 页。

这里的话,归降我们的民人会害怕你们,而耽误农事。就是我们也不会允许你们住在这里。要出兵[把你们]赶到长城外。如果[你们]是意欲来见我们的人,就减少人数来见我们,然后回去。不要把我们的这个话当耳边风。立刻返回!"①

喀喇沁人不断抢掠归附爱新国的明朝百姓,爱新国屡禁不止。这充分说明了1635年以前的喀喇沁与爱新国之间关系的性质。喀喇沁是天聪汗的盟友,而不是他的臣属。爱新国对他们不像对其他已经完全进入其政治军事体制下的蒙古部那样,能随心所欲地发号施令。

下面再来考察另外一种情况。爱新国虽然不能完全控制喀喇沁人,但对其内部事务,包括对分配战俘、税收、制定军律等方方面面,都试图进行干预,实际上是在对其内政逐渐渗透。试看几则史料。

天聪五年四月二十日(1631年05月20日),天聪汗给喀喇沁部大塔布囊苏布地遣使遗书。其书为蒙古文:

3427:(4)+qaɣan-i ǰarliɣ. sübüdi dügüreng-dü ilegebe. gümüdei -yin bariɣsan ɣurban ger kümün-i tus-tu dügüreng ɣaǰar-(5)taɣan yabuqu-du gümüdei-düǰarɣu ögči tere ɣurban ger-i gümüdei ɣar-taɣan abuɣsan bisi.(6)darmadai irekü-degen abču iregsen bayinam. dar-madai-du qariɣulǰu ög.

"汗的谕旨。遗于苏布地都棱。把固穆岱所抓到的三户人家,都棱在回自己的地方时,判给了固穆岱。[但是]那三户人家不是固穆岱俘获的,而是达尔玛岱来的时候带来的。[所以]要还给达尔玛岱。"②

① 《旧满洲档》,台北故宫博物院藏影印本,1969年,第3098—3099页。
② 《旧满洲档》,台北故宫博物院藏影印本,1969年,第3427页。这个文书在《满文老档》里的满文译文有错误:"han-i hese, subudi during-de unggihe, gumudei-i jafaha ilan boigon-i niyalma, teisu teisu dureng bade yabure-de, gumudei-de takūrSabuhakū, tere ilan boigon-be gumudei-i galade gajihangge waka, darmadai jidere-de gajihangge inu, darmadai -de bederebume amasi bu"(满文老档研究会译注《满文老档》第五(太宗第二),东洋文库,1961年,第511页),汉译意为:"汗的谕旨。遗于苏布地都棱。固穆岱所抓到的三户人家,各在都棱的地方生活(直译:行走)时,不让固穆岱使唤。那三户人家不是固穆岱所带来的,而是达尔玛岱来的时候带来的。[所以]要还给达尔玛岱"。

蒙古贵族本来拥有对下属人的生死予夺之权,何况是对下属人所俘获人家的处置。那三户人家该给固穆岱还是该给达尔玛岱,苏布地作为执政塔布囊,是完全有权决定的。但是,天聪汗插手了此事,一方面他大概是为了"主持公道",树立自己在喀喇沁蒙古人中的伟大汗王的形象,另一方面,他主要是为了强行干预喀喇沁内部事务。

这件事情的起因,已无法得知。但当时喀喇沁的大小台吉、塔布囊,往往因为内部矛盾越过自己的诺颜和大塔布囊,状告天聪汗,这就为天聪汗插手喀喇沁内政提供了口实。这样的例子,在17世纪前期的蒙古文书里就能见到。比如,东土默特的巴达玛塔布囊因和席兰图争夺阿勒巴图发生争执,就状告天聪汗,请求汗王仲裁:

(1)+qaɣan eǰen-iyen gegen-e. qaraču maɣu noqai(2)-čini badm-a tabunang bičig-iyer(3)ayilatqamu. ür-e ügei(3)ükügsen mini qoyar degü-yin(4)albatu köbegüd mal-i.(5)sirantu küčüber abuɣsan-i dus-tu(6)+qaɣan-i gegen-e mendü büke ike tayiǰi(7)qoyar-iyar ayilatqaɣsan-du.(8)ta ger-tegen qariɣad irekü bisiü(9)üge-yi teni abǰi ǰergečegülǰü(10)sigüǰü öggüy-e geǰi ǰarliɣ(11)boluɣsan bila. oda sirantu(12)bolqu bisi. ǰergečegülüy-e(13)gegsen.(14)+qaɣan-i ǰarliɣ-i tayiǰi mendü büke(15)qoyar ülü medekü biyü.

"向我主子汗明鉴,您的哈剌出小狗巴达玛塔布囊①以书上奏。因为席兰图仗势抢走了我死后无嗣的两个弟弟的阿勒巴图、家丁和牲畜,所以曾经通过门都、布赫两个大台吉向汗明鉴上奏过。汗有令:'你不是回家来吗?[回来后]听取你的话,将[和席兰图]对质裁

① 哈剌出,本意为"黑骨头",泛指非孛儿只斤氏的人,与"诺颜"或"台吉"一词相对立。"小狗",直译为"赖狗",这里是贬称。这个与土默特的席兰图争夺人畜的巴达玛,肯定是土默特塔布囊。《旧满洲档》有"喀喇沁的巴达玛带一峰骆驼来叩见汗"的记载,他大概就是这个巴达玛(土默特人也被称作"喀喇沁的某某")。此人1635年被编入鄂木布楚库尔的"固山",当时其属下有33男丁。

判'。现在席兰图不同意。汗的对质裁判的谕旨,门都、布赫二台吉难道不知道吗?"①

此外,天聪汗还插手干涉喀喇沁诸诺颜和塔布囊向他们的属下阿勒巴图索取贡赋之数。比如:

3918:(9)karacin－i geren beise. tabunong－de elcin genehe. (10)ede unggihe bithei gisun. han hendume. ulhei tabunang se suwe. daci gaiha (11)an－i alban gaici sain kai. kooli akū amargi beisei gaiha alban－be te suwe (12)gaici waka kai. julgei henduhe gisun. beile niyalma irgen－be hokiburakū. doroi 3919:(1)alban gaisu. sala moo hiyan －i hūsun－de. ambula eyeci moo olhombi sehebi yadara joboro (2)niyalmai damu ihan－be gaifi jeci. tere niyalma usin－be ai－i tarimbi. usin akūci. (3)suweni gurun yoyome butare isici jugūn jugūn－i samsime wajiha manggi suwe gurun akū (4)adarame banjimbi. jetere gurun－be gosime usin－be kiceme taribufi uwesime niyalma oho (5)manggi jehe seme hūwangiyarakū kai suweni yali hendumbidere. (ulhe gurun－i gebu. tabunong han beisei hojihon. tere gurun ini mongoi ba－be waliyafi. sure han－be baime jifi tere tabunong se ceni emki jihe buya irgen－de alban gajira ambula ofi henduhe gisun)

"向喀喇沁诸贝勒、塔布囊派遣了使者。给他们的书称:'汗说:山阳诸塔布囊,你们索取你们原来平常的贡赋为好。如今你们非法索取北方诸贝子已经取了的贡赋,是错误的。古代有话说:君子不损害百姓,以礼取贡赋。桫椤树靠的是香味,流水过多树木干枯。若取穷苦人的仅有的牛吃了,那么这个人拿什么种地? 没有了庄稼,你的兀鲁思将变穷,以至打牲,在各种道路上流散,你们没有了兀鲁思,将怎样生活。爱护在吃的兀鲁思(意即提供贡物的兀鲁思),使他们用功耕作,等他们翻身成人以后再吃也不妨嘛。在说你们的奸计呀'。

---

① 中国第一历史档案馆藏、李保文整理《十七世纪前半期蒙古文文书档案(1600－1650)》,内蒙古少儿出版社,1997年,第130页。

(山阳是兀鲁思名,塔布囊是汗、贝勒的女婿。该兀鲁思舍弃蒙古地方,来找天聪汗。那些塔布囊们向跟他们一道来的小民索取过多贡赋,故有此言。)"①

再来考察爱新国为喀喇沁制定的军律。1632 年,天聪汗率领满洲蒙古联军,西征林丹汗。四月初六日(1632 年 5 月 24 日),大军驻扎喀喇和硕,天聪汗向喀喇沁诸诺颜遣书曰:

3744:(5) qaγan-u ǰarlaγ. ayan čerig mordaqu-du ger-teče γarun ǰasaγ čaγaǰai-yi umartal ügei čing bariǰu yabu. (6) qorin kümün-dü nige yeke daruγ-a. nige baγ-a daruγ-a talbi. čorgiraǰu yeke daγun büü γar. yeke daγun γarqula qosiγun-i eǰen. (7) uruγ-in eǰen. γal-in eǰen. qorin kümün-i daruγ-a eden-dü yala-tai. daγun γaruγsan kümün-i čaγaǰabar ǰančiqu. yabuqu-du (8) tuγ-ača qaγačaǰu niǰeged qosiyaad yabuqu kümün-i bariǰu tere qosiγun-i eǰen-düni kürgeǰü γurban lang mönggü ab. usun (9) tüligen-dü ilegeküdü tabun kümün-eče degegsi qorsiγulǰu ilege. γal aldaqula alaqu yala. quyaγ-ača doγuγsi sider-eče (10) degegsi aliba yaγuman-du bügüde bičig biči. morin-du tamaγ-a daru. del segül-dü bičig uy-a. qaǰaγar noγta-yi qulaγai (11) kiküle. amai-yi ǰaγaqu. toqum-i qulaγai kiküle niruγun-i qaγalaqu. čider-i qulaγai kiküle borbi-yi oγtulaqu. taolai kirγuul-du 3745:(1) dobtulaqula sayin kümün bolusa arban lang mönggü abqu. maγu kümün-i ǰaniqu.

"汗的谕旨。出征时,离开家园,勿忘政令法规,严格遵行。二十人要置大长官一名,小长官一名。不要喧哗出大声。若出大声,和硕长、族长、组长、二十人长官有罪。出(大)声的人,要依法鞭责。若有行[军]时离开大纛一二人私行者,要执送本和硕长,并罚[私行人]三两银子。若派人取水采薪,要派五个人以上偕行。有失火者,论杀。自铠甲以下马绊以上,都要写上字。马匹须烙印,并在马鬃和马

① 《旧满洲档》,台北故宫博物院藏影印本,1969 年,第 3918—3919 页。

尾巴上系字牌。若有盗窃马嚼子、马龙头的人,将其下巴脱凿。如有偷盗马鞍鞯的人,将割裂其后背。如有偷盗马绊的人,将割断其脚后跟。如有驰逐雉兔的人,富裕人罚十两银子,穷人则鞭责。"①

总之,在 1635 年合并以前,喀喇沁部在满洲爱新国有较为特殊的地位。天聪汗还不能随心所欲地支配他们,还不能任意向他们发号施令。但天聪汗已经利用自己作为反察哈尔反明朝的满蒙联盟的最高领袖的地位,逐渐向喀喇沁内政渗透。

---

① 《旧满洲档》,台北故宫博物院藏影印本,1969 年,第 3744—3745 页。该军律在《清太宗实录》天聪六年三月丁巳(二十日)条下记载说,这是颁谕"各处归降诸贝勒"的军令,并对军令条文有增有删,改动很大。尤其是把蒙古人传统的军事组织和硕及其下辖组织——和硕、族、组和二十人小组与满洲人的固山、梅勒、甲喇和牛录对译,这是错误的。

第七章　喀喇沁万户与爱新国(二)

——东土默特、阿速特与爱新国

东土默特人、阿速特人和永谢布人都是喀喇沁万户的重要成员。本章主要研究东土默特诸诺颜的系谱,林丹汗对东土默特的攻掠及其结果,东土默特归附满洲的过程,阿速特、永谢布与林丹汗之间的战争以及他们与满洲的关系等诸问题。

第一节　17 世纪前期东土默特部诸诺颜与他们的根据地

在第三章里已经讲过东土默特部形成的过程和统治家族的构成。此节主要考述 17 世纪前半期东土默特部诸诺颜的情况。

在明代文献中,东土默特部又被称为"兀爱营"。它的最高统治阶层是由噶尔图(或作安兔、赶兔)胞兄弟及其后裔构成的。噶尔图的诸弟有朝克图(Čoγtu)、土拉噶图(Tulγatu)、土力巴图(Čolmatu)和布尔噶图(Buryatu)四台吉。幼弟的名字不见于明代汉籍,大概年纪比噶尔图等人小很多,相关汉籍成书时尚未出生或成年。到了满洲爱新国时期,在蒙古文文书和满文文献中出现的都是噶尔图和朝克图的后人,其他人的子孙则很少被提及。

关于噶尔图诸子,蒙、汉文史料的记载有所出入。《武备志》记载,长子圪他汗台吉,二子完布台吉,三子巴赖台吉①。据《明神宗实

---

① 茅元仪编撰《武备志》卷二〇五,天启刻本。

录》，噶尔图的长子名圪炭亥，次子温布，少子毛乞炭①。据《明朝兵部题行档》记载，兄弟三人的名字分别为敖目、七庆和毛乞炭。其中提到，"敖目、七庆与已故弟毛乞炭"。根据噶尔图后裔、著名的近代蒙古作家尹湛纳希家谱，兄弟三人分别为 Ombu čökür（鄂木布楚琥尔）、Kitaqai（圪他海）和 Mergen dayičing（默尔根代青）。根据以上诸文献记载，噶尔图三个儿子的名字应该如下：

圪他汗，又作圪炭亥或圪他海，号七庆：Kitaqai（Sečen）；

敖目，又作温布、完布或鄂木布，号楚琥尔：Ombu Čökür（Ombu Čökekür）；

巴赖，或称毛乞炭，号莫尔根代青：Maɣu kitad（Mergen dayičing）。

《明实录》和《武备志》说圪炭亥为长子，但《尹湛纳希家谱》说鄂木布（敖目）为长子。而据《宣镇图说》记载，当初在鄂木布兄弟之中，实力最雄厚的当属七庆（圪炭亥），据说有一万五千余骑。鄂木布有众一千八百骑，毛乞炭有二千骑②。这些数字虽不一定很精确，但在一定程度上能说明兄弟三人的势力。据此，圪炭亥为噶尔图长子一说基本可信③。

据《武备志》载，噶尔图弟朝克图有子三人：长子名召儿必太台吉，次子瓦红大台吉，三子索那台吉④。根据《明档》，1631 年夏，龙门所守备李怀新禀称，林丹汗下摆布解生等十七人进口，要求"先要下北路沿边各堡先年夷酋敖目、毛乞炭、阿洪、锁那等一十七台吉旧例赏物"⑤。其中，敖目和毛乞炭是上述噶尔图诸子，而阿洪即朝克图次子瓦红，锁那就是其胞弟索那。《清太宗实录》1629 年的记事中也有以下内容："土默特部落卓尔毕泰台吉、达尔汉喇嘛、阿浑台吉、阿

① 《明神宗实录》，万历四十三年六月乙未。
② 金志节原本，黄可润增修：《口北三厅志》，成文出版社，1968 年，第 118—119 页。
③ 作者曾经信从《尹湛纳希家谱》，认为敖目是长子，不妥。
④ 茅元仪编撰《武备志》卷二〇五，天启刻本。
⑤ 兵部署部右侍郎宋等崇祯四年五月九日题。

巴当台吉、索诺木台吉来贡，兼贡礼物。"①《清太宗实录》提到的卓尔毕泰台吉，就是《武备志》中的召儿必太台吉；阿浑台吉，即瓦红大台吉；索诺木台吉即索那台吉。朝克图诸子的名字，在 17 世纪 20 年代的蒙古文文书中也曾出现过②。据此，此三人的原名应分别如下：

召儿必太台吉（卓尔毕泰台吉）：ǰolbitai qung tayiǰi

瓦红台吉③（阿洪、阿浑台吉）：Aqun tayiǰi

索那台吉（锁那、索诺木台吉）：Sunum tayiǰi。

根据明代文献记载，早在万历十八年（1590 年），噶尔图就经营明朝边境上所谓的"史车二部"。"史车二部"是一帮亡命之徒，"诸夷、华人逋逃者"，或盗窃蒙古牛马，或抢劫明朝村落，根本不是有人所说的什么"摆脱了蒙古贵族和汉族地主阶级封建统治的蒙汉劳动人民"，更不是"一支蒙汉人民的联合起义军"。这帮山贼盘踞在渤海所、黄花镇边外，即今北京市怀柔区境内的长城边外地区。噶尔图收服了他们。

据《明神宗实录》的记载，在噶尔图死后，他的遗孀满旦改嫁给一个叫作阿晕的人，与噶尔图长子圪炭亥相仇杀。但母子矛盾似乎没有演变成为整个土默特部落的内讧。此后，满旦与鄂木布母子势力逐渐强大起来，兄弟之间很快"复与相合""雄心复起""踵赶兔之故智"④。《明史纪事本末》称，在万历四十六年（1618 年），"满旦母子益恣，以万骑攻白马关及高家堡"，满旦"以一妇蹰躅曹、石间，竟不可制"⑤。据《明档》载，天启四年（1624 年），钦差总督宣大山西等处地方军务王国祯就明朝边防和北边形势指出："今自东事以来，我以示弱，虏气遂骄，重之挑选半空，目复无我。故永邵卜挟数万之众相持

①　《清太宗实录》，天聪三年六月辛巳。
②　中国第一历史档案馆藏、李保文整理《十七世纪前半期蒙古文文书档案（1600－1650）》，内蒙古少儿出版社，1997 年，第 138 页。
③　"瓦红大台吉"的"大"是"台吉"的定语。
④　《明神宗实录》，万历四十三年六月乙未。
⑤　谷应泰：《明史纪事本末》卷二十，中华书局点校本，1977 年。

数月,毛乞炭亦肆跳梁,白言折樯拉人,以更叵测。"①"东事"指女真—满洲人对明朝的战争。"白言"指喀喇沁的布颜洪台吉。"毛乞炭"就是鄂木布的胞弟毛乞炭。那么,档案中说的实际上就是喀喇沁万户的三大成员——永谢布、喀喇沁和东土默特。

到了1629年初,噶尔图和朝克图诸子部落,已经都归附了鄂木布。据崇祯元年九月初七日(1628年10月3日)题,九月二十七日(10月23日)李冲养奉旨在一份文书中写道:

"敖目、七庆与已故弟毛乞炭鼎足而立,各拥强兵,列帐山后林丛中,险不能进,攻不能入,而时窥内地,每岁蹂躏于永宁之东,号称劲敌。"②

又据九月二十九日(10月25日)的兵科抄出的李冲养题本:

"敖、庆兄弟三人止兵三千,不意毛酋殒后,纠结诸夷,合并六七千,大非昔日比矣。"③

可见,毛乞炭在1628年10月以前就已经死去。七庆死于1628年10月25日。崇祯元年冬天,明廷得报七庆已死,可又惑于"或云当阵,或云带伤回巢而毙"之传闻,故下令严查缘由。宣大巡按叶成章对此进行了详细调查,将调查结果写成题本呈于兵部。其中写道:

(九月)"二十九日报,七庆死了,满营齐哭。举问今日哭怎么缘故。敖酋下夷人颇颇会恰说,七庆官儿、宰生恰台吉俱被你南朝上阵打死了。七庆箭炮眼发死了,宰生恰台吉阵上回来即死。还有许多带伤夷人不教外人看见。颇颇说称,你们不要与人说,敖目官儿厉害,不教你们南朝知道。……臣看得,敖、庆兄弟房中之最黠者也。迩来无岁不犯,至今岁则犯而至再至三矣。天厌其恶,殛此元凶。九

---

① 《明档》,天启四年八月十二日兵科抄出钦差总督宣大山西等处地方军务兼理粮饷右部右侍郎兼督察院右检都御史王国祯题本。

② 《明档》,兵科抄出钦差巡抚宣府等处地方赞理军务兵部右侍郎兼督察院有监督御史李养忡,崇祯元年九月七日题。

③ 《明档》,兵科抄出钦差巡抚宣府等处地方赞理军务兵部右侍郎兼督察院有监督御史李养忡题,崇祯元年九月二十九日奉旨。

月初四日大举入犯永宁,我军炮打箭射,七庆带伤回巢,于九月二十九日(10月25日)死矣。"①

在叶成章的另外一份题本残本中还写道:"七庆死,而其众尽归敖目,桀骜之性,叛附靡常。"②

这样一来,到了1628年10月底,鄂木布的两个弟弟都已死去,他们的兀鲁思归鄂木布(敖目)管辖,鄂木布的势力迅速壮大。到清朝时,在东土默特,唯鄂木布及其后人一枝独秀,其原因就在于此。

朝克图诸子也听命于鄂木布。后面将提到,朝克图长子卓尔毕泰台吉曾经作为鄂木布的使臣到满洲爱新国,把鄂木布的书呈上天聪汗。卓尔毕泰台吉、阿浑台吉、索诺木台吉作为鄂木布的属下台吉频频出现在《清实录》里。

以下要对敖目兄弟的游牧地范围作一探讨。

首先看《口北三厅志》转引《宣镇图说》记载:

宣府东路"靖湖(胡)堡口外毛仡严台吉驻牧,约二千余骑,去边三百里。周四沟边外有满旦、七庆台吉驻牧,约三百余骑,黑汉岭堡外同。四海冶边外有河洪台吉、满旦比妓等驻牧,约二千余骑。大边东北百五十里,即七庆、满旦、安朝二兔子侄等夷驻牧处,皆俺答苗裔也。又宝山寺、天圪力沟等地,尽皆夷酋驻巢。下北路,滴水崖堡口外一百里瓦房沟,七庆台吉驻牧,约五千余骑。宁远堡外一百余里瓦房嵯,七庆台吉驻牧,约五千余骑。长伸地堡口外三十余里,次榆冲,七庆台吉下部落驻牧,约五千余骑。又庆阳口外去边四十余里,黄台吉娘子下部落驻牧,约千余骑。龙门所口外一百余里瓦房沟,温布台吉下部落驻牧,约千八百余骑。毛哈气儿去边二百七十余里,锁那台吉下部落驻牧,约一千五百余骑。长安岭外有东西斗子营、施家冲等地,悉住有史车部落。"③

---

① 中央研究院历史语言研究所编《明清史料》甲编第八本,第707页。
② 《明档》,兵部题,宣大巡按叶成章崇祯二年二月初九日题本。
③ 金志节原本,黄可润增修:《口北三厅志》,成文出版社,1968年,第118—119页。

毛讫严、河洪，分别为毛乞炭和阿洪的误写。温布台吉即鄂木布。此三人和提到的七庆、锁那，都是赶兔和朝克图的儿子们。除了朝克图长子卓尔毕泰台吉，土默特有实力的大台吉都登场了。满旦，或满旦比妓，就是噶尔图的遗孀。史车部落，是被噶尔图所征服的所谓"朵颜别部"。考察以上记载，很容易发现，鄂木布兄弟的牧地范围与他们父辈的牧地是基本一致的（请见第三章）。他们按照蒙古传统的析家产原则，在土默特牧地上形成了大大小小的兀鲁思。

以上《宣镇图说》的记载，在《明朝兵部题行档》的兵部文书中得到了证实。1631年明朝兵部尚书的一份题行稿，引述了宣府总兵董继舒、协御总兵孙显祖和昌平总兵尤世威的塘报内容，这部分内容对了解当时东土默特游牧地的范围很有益处：

"该职等遵奉明旨，约会订期于本月（三月）十六日寅时从靖胡堡出口。职等申严将士，务要同心戮力，直捣夷巢。分路搜山，尽歼残孽。去冬大捷，朝廷赏不踰时。尔等正当奋勇先登，以图报效。各官兵闻谕，无不人人鼓舞，思一当虏，共建奇功。繇是分道长驱直抵敖目旧巢。十六日晚驻兵白塔儿。十七日，搜剿宝山寺、天克力沟，并无一虏形迹。十八日，分兵穷搜汤河、卯镇沟、满套儿一带，直入三百五十余里。其住牧基址虽在窥，其踪迹似皆惊遁之形。盖缘夷巢离边太远，越四日始抵其地。止于夹山沟内，搜斩一十八级，得获夷马六匹，骡一头，牛一只，弓箭等器六十二件。职等复分发塘马于各山头瞭望，因见林木阴森，山原寥旷，知无夷人聚牧，无从搜剿，只得收兵合营。"[1]

还有一份与鄂木布游牧地相关的兵部文书，是崇祯四年九月十九日兵部行稿：

"总兵董继舒揭报，据东路永宁管参将事副总兵郑一亨禀报，四海冶堡守备张登科禀报，本年八月二十一日辰时，蒙本路差旗牌李福、把总周嘉宠带领属夷及各城堡丁夜一百名从四海口出境，哨至边

---

[1] 《明档》，太子太保兵部尚书梁崇祯四年三月二十八日题行稿，宣府巡抚沈塘报。

外地名宝山寺、天克力、裨儿罢、黑河、滴拔兔等处,离边约远二百余里,俱系敖目各夷住牧巢穴。并无夷人踪迹。回繇孤山、碱场、虎喇岭、白塔儿。于本月二十六日,从靖胡堡、东河口进境等情。又据各城堡丁夜曹江等回称,役等各于边外分布横哨,或三二十里一拨,或十四五一拨不等,俱系房贼经行路口。各随炮火登高哨瞭,并无夷人动静等情。又据下北路参将贾秉廉禀称,该卑职差亲丁李文升、通官谢天银等带领各城堡家丁、哨夜一百名,于本年八月二十一日从龙门所边塘子冲出口,哨至边外地名一克天克利东梁、把汉天克利西梁,离边二百余里,俱系敖部住牧巢穴。并无夷人踪迹。回繇石背儿、刀戴、庆阳口、乱泉寺一带,于本月二十六日从长坤地堡边四道树进境等情。……又据东路永宁管参将事副总兵郑一亨秉称,本月二十七日卯时,卑职 遵蒙从靖胡堡东河口出境大哨,带领守备管坐事王宗禹……等,统领军丁二百名,各堡属夷、长哨一百名,共三百名,从靖胡堡东河口出境,本日至白塔儿住宿。二十八日至地名黑河住宿。二十九日至地名毛哈儿气、乌牛泥、汤河、宝山寺,至大安口住宿。三十日繇园杆湾、庙儿梁,申时丛四海冶口进境。东西约远三百余里,俱系敖目住牧巢穴。沿途哨探并无夷帐,亦无夷人踪迹。其汤河以东系蓟境,应听彼边哨探等情。又据下北路参将贾秉廉禀称,卑职……等带领兵马于八月二十八日从龙门所塘子冲出口哨探。今于九月初一日申时分,据原差出口守备坐营千把总李怀新等进口禀称,有千总谢天银、把总赵然带领各堡一百名分拨前行直哨。职等统领兵丁、属夷三百二十名随后大哨。而直哨籍大哨之威壮胆,得以深入,繇夷地塘子后沟、常哈废儿,哨至尢力库,离边一百余里,日已将暮,职等就在东边扎营住宿。次日繇牟虎儿天克利,哨至一克天克利、碧波兔一带,离边约二百五十余里,俱系敖目旧牧巢穴。止有三五零夷脚踪,并无夷帐,亦无动往情形。回繇瘦士儿梁、卯镇沟、磨石门,于九月初一日申时分,从长伸地堡边四道树进口等情。又据……原差都司守备等官张贤、莫能强等进口报称,职等奉委带领马兵,于八月二十一日,从周四沟出边,经繇夷地白塔儿、黑河、天克力、毛哈圪儿、别力兔等处,离边三百余里,俱系敖目旧日住牧巢穴,并无夷人踪迹,理合据实回报等情。"①

根据以上明朝军事情报,"敖目(鄂木布)各夷住牧巢穴"应分布在乱泉寺、白塔儿、宝山寺、天克力(牟虎儿天克利,＊Moqur tngri,"极天"之意;一克天克利,＊Yeke tngri,"大天"之意;把汉天克利,＊Baγa tngri,"小天"之意;均属于天克力岭和天河流域地区)、毛哈乞儿(毛哈儿气、毛哈圪儿,均为毛哈乞儿的倒误或误写,毛哈齐儿即汤河上游)、孤山、碱场、虎喇岭、黑河等处,以及卯镇沟、满套儿一带。除满套儿外,其余地方与鄂木布的父亲和叔父噶尔图、朝克图的牧地基本一致,正如在第三章里考证的那样,分布在今北京市怀柔区北、延庆区东,河北省赤城县东部的黑河以东,以及丰宁满族自治县西南部一带。

显而易见,敖目的牧地在东边延伸到了满套儿一带。满套儿在潮河上游,属于明朝蓟镇巡逻范围,在今丰宁满族自治县境内。米万春编《蓟门考》载,"此满套儿乃犯石塘岭、古北口、曹家寨三路支总括也"。"满套儿系属夷伯彦打赖等住牧之地。"②伯彦打赖就是噶尔图的舅父,他的儿子们很早以前被他们的表兄弟噶尔图吞并。看来,鄂木布兄弟时期,东土默特台吉们已经迁入了满套儿一带,也就是说,他们已夺取了伯彦打赖后裔兀鲁思的牧地。

第二节　东土默特与林丹汗

1627 年林丹汗的西征,对东土默特人来说,也是一场大灾难。

林丹汗的察哈尔军队没有立即攻打东土默特,因为他们的牧地

---

① 《明档》,兵部崇祯四年九月十九日行稿,宣府巡抚沈启题本。
② 米万春:《蓟门考》,《四库禁毁书丛刊》史部第十五册,北京出版社,2000 年,第 503、504 页。

位于喀喇沁的南部,而不在察哈尔西进途中。但鄂木布等诸诺颜,作为喀喇沁万户的一员和"山阳诸诺颜与塔布囊"集团的一部分,有义务跟随喀喇沁汗共同抵抗察哈尔,他们的命运是息息相关的。所以,在 1628 年 1 月初至 2 月初之间发生"昭城之战"的时候,即喀喇沁汗、洪台吉的军队与察哈尔军队在呼和浩特对阵时,鄂木布是喀喇沁阵营里的一个重要人物。

根据科尔沁奥巴洪台吉致天聪汗书,参加这次战事的当事人报道:"大兀鲁思(喀喇沁万户——引者)没有参加,参加的是布颜阿海、汗阿海和鄂木布的主营。"①也就是说,喀喇沁汗拉斯喀布、喀喇沁洪台吉布颜阿海及鄂木布三人的部众参加了这次战争。这位鄂木布,正是东土默特部首领鄂木布(敖目)。《王公表传》中《札萨克固山贝子固穆列传》记载,"察哈尔林丹汗恃其强,侵不已,固穆父鄂木布楚琥尔约喀喇沁部长苏布地等,击察哈尔兵四万于土默特之赵城。"②如前所述,"约喀喇沁部长苏布地等"云云,不符合事实,但从此"列传"中可以窥见鄂木布是参加了这次战役的。那么,鄂木布的"主营"(γool qoriy-a),应该是东土默特本部,也就是说,他的塔布囊们并没有参加这次战役。

由于喀喇沁—东土默特联军在昭城失败,1628 年初,喀喇沁汗东奔到卫征等塔布囊处,东土默特则避到白马关边外。据叶成章题本称:

"敖、庆(鄂木布与弟七庆——引者)等酋连年虽称狡诈,屡犯鼠窃,不过挟赏。自插酋(林丹汗——引者)西来,逼彼潜藏白马关等处边外驻牧,纠结东奴,西合白言部夷(喀喇沁——引者),借势狂逞,于七月内聚兵二三千,犯靖胡,被我官军割夷级,夺夷器、马匹,怀恨不散。……"③

---

① 中国第一历史档案馆藏、李保文整理《十七世纪前半期蒙古文文书档案(1600-1650)》,内蒙古少儿出版社,1997 年,第 145 页。
② 祁韵士等:《钦定蒙古回部王公表传》卷二十五,文渊阁四库全书本。
③ 《明档》兵科抄出巡按直隶监察御史叶成章崇祯元年九月间题本(残)。

　　鄂木布当时尚未"纠结东奴",但是被迫向白马关边外迁移是事实。1628年秋爱新国"取栋奎"之役后,因为林丹汗西撤,鄂木布部众又回到了龙门所边外地方。

　　1628年秋,林丹汗在埃不哈战役中打败了阿速特、永邵卜和西土默特部联军,此后又乘胜西上,讨伐西窜的西土默特部长博硕克图汗,并进军河套的鄂尔多斯部,所向披靡。到了次年,又挥戈东进,讨伐东土默特部。

　　1629年的蒙古文文书和明朝兵部档案,都保留着有关察哈尔——土默特战争的珍贵的第一手资料。先看《明档》中崇祯二年五月三日兵部题行稿:

　　"宣府巡抚郭塘报内称,崇祯二年闰四月二十七日,准镇守宣府总兵官侯世禄手本内称,本月二十五日,据东路永宁参将孙庆禀称,二十四日辰时,据周四沟守备高崇让禀称,二十三日戌时,局长哨钱丙报称,探得敖目转调石槽峪沟口住牧耳森台吉部落夷人,俱突起帐前往地名白塔儿聚齐。随据守口夷人名石鸡子复密报,敖目将本边住牧各夷尽数撤聚,若讲赏不遂,定要谋犯周四沟观、头二堡。又据原差出口委官张满进口报称,敖目索要部落月米二千两,但因插兵来征,甚是慌乱,似有起帐情形等情。又据靖胡堡守备郭秉忠禀,据原差尖夜曹江口报,哨至边外地名红石湾,离边约远六十余里,迎遇敖目守口夷人乞炭说称,有插汉儿家精兵大约三百余骑,将龙门所边后瓦房沟住牧七庆部落夷人、牛羊、马匹赶去,并抢去七庆台吉儿子小台吉。其耳森、打力的两个娘子,随带夷人往东南白马关边后行走。又说,敖目选差精兵百骑,去哨插兵,未知还干何事。又拨步夷带斧砍树当路。见得本酋甚是慌忙,声说往白马关原巢,要回顾家事等情。又据上下北路参将查官正等禀报相同缘由。各转报到镇。除行沿边参守等官与同防兵着实提备、侦探外,等因移会到职。准此为照,敖目近因新收卜石兔部落宾兔台吉等,乃原降插酋,今复叛,投敖目。而本酋近得此夷,志骄气盈,遂尔放肆要挟,业经发兵边口,正在讲袭间。今幸天厌其恶,令插酋杀掠部落,抢去头畜,以致本酋自顾不遑,匆匆东去。"①

　　根据宣府巡抚郭的塘报,林丹汗(即所谓"插酋")攻打东土默特部的导火线是:鄂木布(敖目)不久前收留了来投奔的宾兔台吉。宾兔台吉本来是西土默特首领博硕克图汗(即卜石兔,又卜什兔)的属下,西土默特被察哈尔打败后,向林丹汗投降。大约到了1629年初,宾兔台吉又叛离察哈尔,投奔了鄂木布。宾兔台吉部落的归附,曾经一度加强了鄂木布的势力。鄂木布因此"志骄气盈,遂尔放肆"。

　　宾兔台吉叛附鄂木布,只是林丹汗攻打东土默特的借口而已。因为即使不是如此,林丹汗在压服西部蒙古部落以后,肯定也会回过头来收拾喀喇沁万户的残余,以保证与明朝往来路线的安全。据以上报道,林丹汗军队在崇祯二年闰四月二十日(1629年6月11日),左右攻入龙门所边外瓦房沟一带,劫掠七庆台吉的部落,抢去七庆台吉之子(鄂木布侄儿)和牲畜。鄂木布一边派哨兵侦探察哈尔,并砍树堵住山路,一边向明朝索要月米,率众渐向白马关边外撤退。

　　是年五六月份,察哈尔和土默特之间的战争仍在进行。鄂木布在1629年五月致天聪汗的信中写道:

　　"天聪汗明鉴。额尔德尼杜棱洪巴图鲁台吉以书上奏。天聪汗的谕旨,于蛇年闰四月初十日到达我们这里。恶毒的汗的鄂托克在去年取栋奎时曾经溃散撤回。[但是]现在又回到了原牧地。[他们]朝暮向我们发来精兵。我们跟他们在作战。如果[天聪汗您]慈爱众生,请起驾光临,把我们的仇敌压服在我脚下。……"②

　　其中,额尔德尼杜棱洪巴图鲁台吉,就是鄂木布(详后);蛇年闰四月初十日,即公历1629年6月1日;"恶毒的汗"指林丹汗;"去年取栋奎",说的是1628年秋天聪汗征伐察哈尔一事(详见第四章)。

①　《明档》,兵部尚书王崇祯二年五月初三日题,宣府巡抚郭塘报。
②　中国第一历史档案馆藏、李保文整理《十七世纪前半期蒙古文文书档案(1600-1650)》,内蒙古少儿出版社,1997年,第91页。

该文书中还提到,"到现在的五月份",可知这封信是在1629年五月内(6年21日~7月19日)写成的。可见,在五月份,察哈尔仍然派遣精锐部队攻打土默特,鄂木布等也进行了抵抗。

关于土默特与察哈尔之间的战事,《明档》里还有一份重要文书。这是崇祯二年六月二十日(1629年8月8日)兵部题宣府巡抚郭塘报行稿。题行稿中说:

"兵部尚书臣王等谨题,为塘报夷情事。职方清吏司案呈奉本部送准宣夫巡抚郭塘报前事等因,又该宣府总兵官侯世禄塘报同前事内称,崇祯二年六月十五日,据东路永宁参将孙庆塘报,案照本月十一日各将齐赴东河边口,与敖目差来召儿计等三个喇嘛、挨尧什等四个他不能带领夷人一百余名,里外两家睹面苦讲一番。各夷回称,感诸上老爷天恩服款,言定十三日插刀盟誓。陡于十二日午时,有拨儿马达子来调喇嘛、他不能说,有达子二千余骑,已过满套儿,不知是否东夷、插夷。各喇嘛、他不能等随即回巢。又据原差通丁克什兔、罗一栋等带领喇嘛徒弟班的进口飞报说称,敖酉闻报,带领夷丙前去迎地。又敖目说称,我们旧事讲成,已在十三日插刀。我心忙,不能顾此。差班的在里边住着,以为准信。两三日事定,插刀血誓。卑职随差通丁克什兔,同守备郭秉忠差长哨曹江等出口侦探。一面飞传各堡守防等官严加防备。再照插兵见形,敖酉凶吉未保。查得,敖酉住牧相近周四沟、黑汉岭、四海冶边界,倘插兵逼近,敖酉无路奔逃,倘投边里,请乞兵马预备等情塘报到职。据此看得,所报二酉相持情形已露。虽事在虏中,且逼近陵寝,而防备为最吃紧。本职业已先行选发本职下任丁千总侯奇带领夷丁二百名,次发新旧两营步兵一千名,又会发练兵游击熊维藩统领本营军丁五百名前去。东路永宁分布沿边一带紧要冲堡,设伏防御外,系干虏中情形,理合塘报等因,各到部。"①

---

① 中央研究院历史语言研究所编《明清史料》甲编第八本,第718页。

据此，崇祯二年六月十二日（1629 年 7 月 31 日），察哈尔军队两千余人经满套儿攻打东土默特部的腹地。可见，此时察哈尔控制了喀喇沁本土和相连的满套儿地区。当时，鄂木布正在和明朝边臣进行谈判，准备次日"插刀盟誓"，与明朝议和。由于察哈尔的进攻，鄂木布不得不匆忙出兵迎敌。

《明档》中还有七月份的一则报道，似乎与察哈尔、土默特之间的战争有关。据宣大督师王象乾崇祯二年七月十四日塘报：

据抚夷参游守备庞永禄等禀称，"初十日申时有大赵、二赵、民安大、黄举因，送插酋宴赏回进口说称，见得王子营盘捉马，甚是慌惧。有守备甄祥问守口夷人，密说：东边有奴酋（指女真—满洲人，这里确切指天聪汗——引者）、跌儿半口肯（指蒙古四子部落）、孛罗蒿儿沁（又作'卜罗蒿儿趁''卜罗好儿慎''卜罗合儿气'等，都是蒙古语 Boru qorčin 的不同译写。根据明朝档案的多处记载，卜罗蒿儿沁相当于清代文献中的'嫩科尔沁'。卜罗蒿儿沁中的'卜罗'，蒙古语为 Boru，意为'褐色的'。这个名称，似乎与'白鞑靼''黑鞑靼'等部落名称同属一类——引者）、汪路（蒙古语 Ongliγud，明代其他文献中又作往流，清代译作翁牛特——引者）、古儿半那不哈（蒙古语的 γurban abaγ-a，意为'三个叔父'。蒙古人称成吉思汗诸弟合撒儿、哈赤温和别里古台后裔部落为古儿半那不哈，因为合撒儿、哈赤温和别里古台三人是成吉思汗诸子的叔父。三叔父后裔包括阿鲁科尔沁、茂明安、乌喇特、四子部落、翁牛特、哈喇车哩克、阿巴哈、阿巴哈纳尔等部，实际上就是所谓的'阿鲁蒙古'。但是，已经迁到大兴安岭南部的合撒儿后裔部落嫩科尔沁不计在内——引者）、老歹青（不详——引者）、永邵卜各酋聚兵同来，声言要犯抢插汉等情。王子着实慌张，随起帐上马，望来踪，迎堵去。讫仍留营尾头目解生一名，帐房俱各安扎在边，其逐日应有互市买卖，俱照旧规遵行，并无阻滞。上西路参将王慎德、张家口守备刘惠禀报相同节禀到。职案查插酋祭天开市日期已经塘报外，今又赴口领宴交易，俱遵照旧规举行。偶因东奴等酋举兵相加,率众迎堵,水火之势已见,胜负之分在即。"①

据此,林丹汗带领军队,匆忙出发,据说将迎击满洲—东蒙古联军。这条记载,没能得到《旧满洲档》和《清太宗实录》等满洲方面史料的进一步证实。据《清太宗实录》记载,1629年十月,满洲—蒙古联军攻打了明朝边境,而在此之前没有对察哈尔采取任何军事行动。林丹汗在崇祯二年夏、秋时主要是征讨东土默特部。因此,有充分的理由认为,林丹汗这次征讨的不是满蒙联军,而是东土默特部。

林丹汗对东土默特的进攻持续了将近半年时间。鄂木布于蛇年九月十八日(1629年11月2日)致满洲天聪汗的书信中这样写道:

"……这次派使者的缘由是,因为跟随天聪汗,[向他]纳贡的心是真切的,所以如此不断地派遣使者。我虽想亲自向你纳贡,但是我的兄弟被察哈尔杀的杀,四处逃散的逃散。就是我自身也每月在和罪孽的察哈尔交锋。如果我去了,[察哈尔]将乘虚而入,兀鲁思[也]没有了管治。因此未能成行。若想向[你]那里迁徙,可是没有车马,所以还不能迁徙。……"②

应该注意到,敖目虽然在崇祯二年四五月已经同满洲爱新国取得了联系,但是并没有立即东迁。只因为林丹汗的不断进攻,使东土默特的存亡成为问题,这才导致鄂木布亲往满洲投降。

第三节　东土默特归附爱新国

清代史书对东土默特归附满洲爱新国的记载,是完全不符合历史事实的。

《王公表传·札萨克固山贝子固穆列传》记载:

"察哈尔林丹汗恃其强,侵不已,固穆父鄂木布楚琥尔约喀喇沁

---

① 中央研究院历史语言研究所编《明清史料》乙编第一本,第61页。
② 中国第一历史档案馆藏、李保文整理《十七世纪前半期蒙古文文书档案(1600-1650)》,内蒙古少儿出版社,1997年,第60页。

部长苏布地等,击察哈尔兵四万于土默特之赵城。"①

张穆著《蒙古游牧记》中"土默特右翼旗"条记载:

"札萨克郡王品级固山贝子游牧。元太祖十九世孙鄂木布楚琥尔,与归化城土默特为近祖(……)。父噶尔图,以避察哈尔侵,有归化城移居土默特(……)。林丹汗恃其强,侵不已。鄂木布楚琥尔愤甚,因约喀喇沁苏布地等,共击败之于赵城,恐不敌,天聪二年,偕苏布地上书乞援,寻来朝。九年,编所部佐领,授札萨克,掌右翼事。"②

两书记载完全错误。噶尔图早在 1618 年以前就已经死去,根本谈不上要避 1627 年以后的察哈尔侵略。噶尔图并非从归化城移居土默特,相反,其父僧格将宣府边外的兀鲁思留给噶尔图继承,自己回到了归化城(呼和浩特)。如前所说,鄂木布楚琥尔的土默特右翼旗人,是从宣府边外的噶尔图根据地迁徙而来。至于什么"鄂木布楚琥尔约喀喇沁部长苏布地等"击败察哈尔,什么"天聪二年偕苏布地上书乞援,寻来朝",都是无中生有,是毫无根据的话。这些前面已经多次谈到了。

那么,事实真相又是什么样的呢?

1628 年 8 月 31 日,喀喇沁与满洲结盟。大概就在与喀喇沁结盟的过程中,满洲人了解到了"山阳诸诺颜与塔布囊"的整体情况,知道了东土默特与喀喇沁的特殊关系,所以到了 1629 年初,满洲人开始和东土默特交往。可以断言,这与"昭之战"和喀喇沁的苏布地没有直接关系。

满洲天聪汗致东土默特上层的第一份书,今珍藏在中国第一历史档案馆。其内容如下:

(1) ○ + sečen qaɣan – i bičig. (2) tümed – in ǰasaɣ bariɣsan tabunong–uud–tu ilegebe. (3) ölge–yin tabunong–uud törü kelelčeǰü

---

① 祁韵士等:《钦定蒙古回部王公表传》卷二十五,文渊阁四库全书本。

② 张穆:《蒙古游牧记》,载李毓澍主编《中国边疆丛书》(八),文海行印社,1965 年影印本,第 104—105 页。

čaγaǰa nigetčü mandu（4）qariča yabulčanam. tani otoγ qola-yin tula.
mani elči tan-du（5）kürügsen ügei. tani elči mandu kürči iregsen ügei.
（6）čaγaǰa nigeddüy-e geküle elči ilege. tere elčile tani（7）bida elči
ilegejü qariča yabulčay-a. ölge｛tümed｝-in tabunong-uud（8）nige
bolǰu čaqar-tu dayisun boluγsan tula ene ügei（9）kelem bida. ta čaqar
-luγ-a el bolusa ene üge kelejü bičig ilegekü（10）ügei bile.（11）
sečen qaγan-u nögüge on öbül-ün ečüs sara-yin yisün sine"

"遗书于土默特诸执政塔布囊。山阳诸塔布囊与我们议和,统一
法度,和我们往来。因为你们的鄂托克①[离我们]远,我们的使者未
曾到你们那里。你们的使者[也]没有来到过[我们这里]。若欲统
一法度,就派来使者。我们将和你们的那些使者一道派去使者,建立
往来关系。因为山阳诸塔布囊联合起来成为察哈尔的敌人,所以我
们才说这个话。假如你们和察哈尔是友好的,我们不会说这个话,不
会写给这个书。天聪汗二年冬末月初九。"②

天聪汗二年冬末月初九,即公历 1629 年 1 月 2 日。天聪汗得知
东土默特部也受到林丹汗的攻击,他们和喀喇沁一样变成了察哈尔
的"敌人"之后,派使者到东土默特。上述书信是写给东土默特所属
塔布囊们的。有人认为,"这份书是女真天聪汗写给遭到察哈尔进攻
的西土默特诸诺颜的第一封信",误。因为,一,在西土默特没有所谓
的"执政塔布囊",西土默特只是顺义王直属部众。"诺颜—塔布囊"
统治体系,是喀喇沁万户所独有的。二,在 1635 年以前,满洲人所说
的土默特,就是指喀喇沁万户所属土默特,即后来的东土默特。所
以,这份文书无疑是写给东土默特塔布囊。根据这份文书可知,在此
以前,因为满洲和东土默特相隔很远,未曾有过往来。这次行动,可
以看作是天聪汗广泛争取反察哈尔蒙古各部势力的一个具体步骤。

---

① 或可译为"你们的牧地"。"牧地(nutuγ)"和"鄂托克(营,otoγ)"在蒙古文写法上,只
　差一个识点。而在 17 世纪前半期以前,蒙古文辅音 n 的识点,基本不写。

② 中国第一历史档案馆藏、李保文整理《十七世纪前半期蒙古文文书档案(1600-
　1650)》,内蒙古少儿出版社,1997 年,第 43 页。

与此同时,天聪汗还致信给东土默特诸台吉。这份文书的外部特征相当有趣。在书中,天聪汗自称"女真汗",后来又改写为"天聪汗",比一般行提写了四个字。同时,不仅把喀喇沁汗和西土默特博硕克图汗提写,而且比天聪汗还高出一字。但天聪汗的语气很严厉,用词非常尖刻。文书的外部特征和内容互为表里,既表明了天聪汗对蒙古诸部汗王的礼遇,又表达了对他们的严厉态度。文书内容如下:

A:(1) ○γ+ ǰürčid-ün qaγan︱ sečen qaγan . ǰolbitai qong taiǰi. oombu čökekür taiǰi. (2) aqun sunum taiǰi. abadang taiǰi. edün noyad-tu (3) bičig ügbe. čaqar-in qaγan manai yaγu abula. (4) mini mordaγsan ner-e-ni. qaračin-i (5) ○++ qaγan. tonoi günǰi. buyan qong taiǰi. nada elči ilegeǰi. ösiyetü kümün-i (6) mini ösy-e-yi abči öggüsei geǰi ene nigültü qara qaγan ǰegün (7) tümen-i noyad-i küm al-aba geǰi. ügei bolγay-a. gegsen-dü bi (8) ene üge-yi ǰüb bainam ge ǰi. tngri-dü sačuli sačuǰi amaldaǰi (9) mordala bi. ta ene čaγaǰan-du ese oruγsan buyu. čaqar (10) čamadu ︱el︱ el. mandu dayisun buyu. oda ta nada yaγuma büü sana. bi (11) tandu aγurlanam bi. ene gem-iyen arilγay-a geküle. qara qaγan-i otoγ-i (12) ötter tursiǰi üǰeǰi naγasi ötter elči ilege. bi mordasu (13) či ǰaγadan-tai kilgeǰi yabutala ülü ačirqu-čini yaγu bi. (14) ○++ bosuγ-tu qaγan. ǰinung qaγan. yöngsiyebü-yin noyad. qaračin-i qaγan. ekilen baraγun γurban tümen-i (15) noyad čimadu törül bisi buyu. mini törül buyu. ta (16) törül-in yukiǰ ülü medekü bainam. γaǰar-in qola-ača (17) sonusču kelekü üge mini ene. ǰirγuγan sara-du elči (18) tursi. doluγan sarain arban tabun -du elči kürči ire.

B: karacin-i jobiltu qong taiji bithe

"︱女真汗︱天聪汗遗书于卓尔毕泰洪台吉、鄂木布楚琥尔台吉、阿洪、索诺木台吉、阿巴当台吉等诸诺颜。察哈尔汗没拿过我的任何东西①。我出征[察哈尔]的名义是,因为喀喇沁汗、朵内衮济、布颜洪台吉给我派来使者,请求说:请给我们报仇吧。这个罪孽的汗把左翼万户的诸诺颜全部杀死了。消灭[他]吧。我认为此话有道理,[所以]向天献祭宣誓,出征了。你们难道没有参加这次军事约定吗?难道察哈尔对你们是朋友,对我们是敌人吗?你们现在不要怨我。我在生你们的气。如果想痛改前非,立即去探坏汗的鄂托克,火速往我们这里派使者来。我将出征。你为什么和敌人相连而不顾?以博硕克图汗、济农汗、永谢布诸诺颜、喀喇沁汗为首的右翼万户的诺颜们,难道不是你的亲族吗?你们怎么会不知道自己的亲族呢?在遥远的地方听说以后,就说这些话。六月份里去哨探,七月十五日派来使者。"

文书背面用旧满文写的字:

"喀喇沁卓毕勒图洪台吉之书。"②

李保文认为,此为喀喇沁部的卓毕勒图洪台吉致天聪汗书③。这无疑是错误的。该文书的发件人和收件人非常明确,毋庸置疑。再看文书成书的时间:文书中提到的喀喇沁汗、洪台吉和朵内衮济等遣使于天聪汗一事,指的是"昭之战"以后喀喇沁台吉与塔布囊派使者到盛京的事,时间是在天聪二年二月一日(1628年3月6日)。天聪汗答应喀喇沁的邀请,祭天出征,指的当然是天聪二年第一次察哈尔远征。这次远征半途而废,于天聪二年九月二十二日(1628年10月18日)归。这次远征夭折的原因,主要是由于蒙古嫩科尔沁部没有出兵相助所致。当时,在喀喇沁万户与满洲已经订盟的情况下,东土

---

① 此句直译为"察哈尔的汗拿过我什么?"意思是说,林丹汗本来没有抢掠我们,我们出兵完全是为了给你们报仇。

② 中国第一历史档案馆藏、李保文整理《十七世纪前半期蒙古文文书档案(1600-1650)》,内蒙古少儿出版社,1997年,第138—139页。

③ 中国第一历史档案馆藏、李保文整理《十七世纪前半期蒙古文文书档案(1600-1650)》,内蒙古少儿出版社,1997年,第137页。

默特没有参加远征。可见，天聪汗班师以后，在派人严厉谴责嫩科尔沁首领奥巴洪台吉的同时，也向东土默特派了使节。因此，文中提到的六七月份，肯定是指 1629 年夏天。天聪汗给土默特塔布囊们写信的时间是天聪二年十二月初九日，那么写给台吉们的时间也大致是这个时候。收信人"卓毕勒图洪台吉"可能就是卓尔毕泰洪台吉。当时满洲人认为，东土默特台吉的首领是卓尔毕泰洪台吉，把他的名字写在鄂木布(敖目)的前面，就说明了这一点。

根据文书中天聪汗的指责，可以看出，他当时已经得知，喀喇沁汗与洪台吉当年派使者到沈阳，为他出兵察哈尔游说时，鄂木布不仅知情，而且曾经约定出兵相助。但结果他并没有出兵，惹得天聪汗"生气"了。据将要引用的鄂木布的信，他认为，这些话是投奔满洲的喀喇沁万户的一些人为了诽谤他才说的。

这份书信在整整五个月后，于蛇年闰四月初十日(1629.6.1)才到土默特首领鄂木布(敖目)手里。鄂木布收到这封信时，正与察哈尔交战。鄂木布很快回了天聪汗的来信，其内容饶有味道。他在信中，一方面叙述了自己和察哈尔的交战情况，并向天聪汗提供从察哈尔那里探听到的情报；另一方面，他又提醒天聪汗，不要轻信从喀喇沁万户投奔天聪汗的那些人的流言蜚语。他极力表达自己对满洲人的好感和对察哈尔的怨恨，同时又暂不对天聪汗表态要投奔满洲。也就是说，他一方面在给自己留后路，在不得已的时候去投靠天聪汗，一方面又不愿意立马投奔满洲，因为当时他和察哈尔的战争刚刚开始。鄂木布的书信是这样写的：

A：(1)○+ Oom suwasdi siddam. (2)+ sečen qaγan-u gegen-e, erdeni dügüreng qong baγatur taiǰi bičig-iyer (3)ayilatqay-a. (4)+ sečen qaγan-u ǰarliγ-un bičig tamaγ-a, man-du moγai ǰil-ün sabin dörben (5)sarayin arban sinde kürči irebe. qoorutu qaγan-i otoγ (6)nidunna tüngkei-yi abqudu qoyisi dürbeǰi ečiǰi bile. (7)oda mün otoγ-daγan basa kürči irebe. örlüge üdesi (8)man-du buq-a čerig ireǰi yabunam. tegün–luγ–a bida (9)qadqulduǰi bayinam. yerü qamuγ–iyan örüsiyeǰi qayiralaqu (10)bolusa, ügede bolǰi ireged, ösiyetü kümün–i mani, ölmin– (11) dü oruγuǰli ögkü aǰiyamu. man–du tere qoorutu qaγan–i (12)ǰüg–eče nigen üge sonusdaba, sonusdaγči üge yaγubi geküle, (13) qoyar ǰayisang ekileǰi mani (14)+ qaγan–i qoyinača nekegseger geǰi mün čaqar–in bosqul kelenem. mani baraγun (15) tümed–ün bosqul keleküden, nekegseger bisi baraγun tümed–tü (16) urbaǰi oruba genem. ene qoyar ǰayisang ekileǰi urbaba gegči– (17)inü, luu ǰil–ün ebül–ün ekin saradu urbaγsan bayinam, tegün–eče (18) inaγsi oda–yin tabun sara kürtele yisün sara bolba, oda boltala (19) nigeči kele ügei genem, ene qoorutu qaγan–i otoγ inasi iregči (20) + bosoγ–tu sečen qaγan ekilen tümed, (21) + ǰinong ekilen ordus yöngsiyebü tümen, qalq–a tümen, üǰümüčin qaučid, (22)ögeled tümen ede bügüdeger nigetün čuγlaǰi, tere urbaγči qoyar (23) ǰaisang–in üge–yi abči mordaǰi ayisui geǰi sonusmuǰin–i (24)inggiǰi mengdeǰi inaγsi sirγuǰi iregčin–i ene bayinam. yerü (25)baraγun tümed–eče abuγsan kümün–i ügei–ten–i–ni orkiǰi, bai– (26) tai–gini abči yabuγči boluγad bey–e–gini alaγad, mal–i–ni qaučin (27) ulus–i abunam gen- em. čerig–tüni nemeri bolγusan ügei bayinam. (28) tere qoortu qaγan–i ǰegün tümen–eče abuγsan čerig–ün toγ–a–yi (29)+sečen qaγan gegen– degen ayiladuγsan boiy–a, ene üge–yi γadaγur bosqul, (30) dotuγur kitad–un üge čüm adali kelenem, yerü yambar bolusa (31) ǰakirγ–a bing bariča–yi erten–eče ǰarliγ–iyan bolǰi ilege. tegüni (32) kelegči ügen–i čiγana–ača ayiǰi ireǰi bayiγad, qadamsaǰi kelegčin–ni (33) baraγun tümen–i abuba bida, oda ǰürčid–tü ayalaqu boiy–a(34)geǰi kelenem genem, mani ölge tümen–i keǰiyele geǰi qamiγasi(35)ečim geǰi kelekü bayinam, ene qorutu qaγan–i mör–tü tümed(36)qaračin–i taiǰi- nar ese daγariγdaγsan nigeči ügei, bi γaǰar–in (37) berke–i sitüǰi baraɣun ɣar törül－iyen abči mendü ɣarči bile.（38）bosu törül mani güyiče yadaɣad, onča yadaba gegsen metü,（39）nadala nidü maɣuyilaǰi güǰirleǰi yabunam.（40）+ sečen qaɣan-u gegen-dü ǰolaɣalduqula mani güǰir kelekü boluɣuǰin, eyimü（41）üge sonusqula ǰergečegülǰi ünen-i-ni olultai bai.

B：tümed ombo qong taiji

"愿吉祥!

致天聪汗殿下。额尔德尼杜棱洪巴图鲁台吉以书上奏。天聪汗的谕旨,于蛇年闰四月初十日到达我们这里。恶毒的汗的鄂托克在去年取栋奎时曾经溃散撤回。[但是]现在又回到了原牧地。[他们]朝暮向我们发来精兵。我们跟他们在作战。如果[天聪汗您]慈爱众生,请起驾光临,把我们的仇敌压服在我脚下。我们从那个恶毒的汗的地方听到了一个消息。听到的消息是这样的:察哈尔的逃人说,两个宰桑为首,一直在追赶我们的汗。据我们西土默特的逃人说,不是一直在追,而是叛附了西土默特。所谓两个宰桑为首进行反叛,是龙年初月的事。从那时候到现在的五月份,已经过了九个月了,[但是]至今没有一点消息。这个恶毒的汗的鄂托克往这边过来的原因是,因为听说以博硕克图车臣汗为首的土默特,以济农为首的鄂尔多斯、永邵卜万户、喀尔喀万户、乌珠穆沁、浩奇特、厄鲁特万户,他们全部聚集在一处,听取那两个反叛宰桑的话,[向林丹汗]打来。所以慌张,向这边奔逃而来。据说,[林丹汗]把从右翼万户抢到的人,遗弃贫穷,择取富庶,[后又]杀死了富人,吞并了[他们的]牲畜和兀鲁思,[因此]对其军队无所裨益。那个恶毒的汗从左翼万户所取得的军队人数,天聪汗已经知道了吧。这些话,外面的逃人和内地的汉人说的都一样。无论如何,请你趁早传来[你的]命令和[我们要缴纳的]贡赋。他们本来害怕从那边逃来,[但]还扬言:我们已经拿下了右翼万户,现在将出征女真人。他们说我们山阳万户无论何时都无处可去。在这个恶毒的汗的战乱中,我们喀喇沁、土默特的诸台吉没有一个不受损失的。我凭仗地势险要,率领右翼亲族,安然逃脱。其他亲戚没能够赶上,备受苦难。[所以]与我反目,在诬陷我。担心[这些人]见到天聪汗殿下以后要诽谤我。如果[你]听到这样的话,应该对证证实。"

背面,用老满文写着:"土默特鄂木布台吉的。"①

这里的额尔德尼杜棱洪巴图鲁台吉,是否指西土默特(清代称归化城土默特)首领、顺义王博硕克图(即卜石兔,又卜什兔)汗的儿子鄂木布额尔德尼呢? 如果细心阅读就会明白,该文书的作者不会是西土默特首领。文书的作者报道说,从西土默特逃到他那里的人,带来了有关察哈尔二宰桑九个月前叛附西土默特的消息。叛附西土默特就是叛附博硕克图汗父子。如果作者是西土默特的鄂木布,就不会在九个月后才从逃人嘴里得知如此重大的消息。此其一。其二,文书中说,"以博硕克图车臣汗为首的土默特,以济农为首的鄂尔多斯、永邵卜万户、喀尔喀万户、乌珠穆沁、浩奇特、厄鲁特万户,他们全部聚集在一处",向林丹汗打来。所以,林丹汗"向这边奔逃而来"。这说明,所说的"这边",必定在西土默特等右翼诸部落以外的地方。在文书中,西土默特被说成是"以博硕克图车臣汗为首的土默特"。如果该文书出自西土默特的首领博硕克图汗的儿子鄂木布之手,他断不会这样称呼西土默特。其三,文书作者援引了察哈尔人的这样一句话:"(察哈尔扬言:)我们已经拿下了右翼万户,现在将出征女真人。他们(察哈尔人——引者)说我们山阳万户无论何时都无处可去。"文书的作者显然是山阳万户的人,这是再清楚不过的了。其四,从当时情况看,一直到 1632 年,林丹汗控制着从呼和浩特到宣府边外的广阔地区,满洲人从来没有过和西土默特、鄂尔多斯等右翼部落取得联系的机会。再说,在 1635 年以前的满文档案中所提到的"土

① 中国第一历史档案馆藏、李保文整理《十七世纪前半期蒙古文文书档案(1600—1650)》,内蒙古少儿出版社,1997 年,第 91—92 页。

默特",无一例外地统统指东土默特。最后,还有一个关键性的证据:在中国第一历史档案馆发现的鄂木布的另外一份文书,就其书写的笔体和所用笔墨来看,与上述鄂木布的信,完全出自同一人之手。这封书信的背后,用旧满文写着:"蛇年九月十八日卓尔毕泰洪台吉所送书"。这个卓尔毕泰洪台吉,就是东土默特首领鄂木布的堂兄弟(详见后文)。这完全证明了两封信均出自东土默特首领之手。

根据"从那时候到现在的五月份"这句话可断定,上引文书是蛇年五月(1629年6月21日~7月20日)写成的。该文书显示,当林丹汗击溃喀喇沁万户时,鄂木布率领他的右翼亲族幸免于难。所谓的"右翼亲族",指的就是东土默特黄金家族之一支,是喀喇沁万户中的右翼。根据《清太宗实录》,天聪三年六月二十八日(1629年8月16日),土默特台吉卓尔毕泰台吉、达尔汉喇嘛、阿浑台吉、阿巴当台吉和索诺木台吉"来朝贡"①。《王公表传》也记载:土默特部于"天聪三年六月遣台吉卓尔比泰入贡,寻率属来归"②,说的是同一事。据此可以肯定,鄂木布致天聪汗的书于1629年8月16日到达盛京。土默特使团的首领显然是卓尔毕泰。清人说他们来访的目的是"寻率属来归",这个目的与鄂木布书信的内容是相一致的。

遭到察哈尔的攻击以后,鄂木布完全是"凭仗地势险要"才逃脱了厄运。关于东土默特根据地的分布,前文已有交待。明人陈祖绶对这个地方的险要形势有一段精彩的描写:

"敖目(鄂木布)旧巢,逼近京后。四围皆山,壁立如削,林木茂密,其中旷衍。周匝约百里,水斥卤,可煮盐。土肥沃,可屯田。南北不通,东西有小径,崎岖陡峭,车马难驰,惟攀缘可行。东通古北、白马、石塘、墙子路一带;西径通四海冶、石匣、永宁诸处。其隘口皆一夫可阸。西北约三十里,即大川广泉,故漯水也。离开平不盈日可到。川之东,即白海子,可通大宁、喜峰、罗文,与束不的等酋为邻。

---

① 《清太宗实录》,天聪三年六月辛巳。
② 祁韵士等:《钦定蒙古回部王公表传》卷二十五,文渊阁四库全书本。

西二百里许,望骆驼山,即宣大山、西边也。繇此可通丰州、套夷及延绥。天启中,插汉拥数十万众西袭,摆言大、永卜邵等部,所向摧灭,独敖目众不满千,敢与相梗。插怒而击之,反为所败,损其精骑数百。此非兵不相敌,盖险不可攻也。"①

鄂木布正因为占据着如此有利的地理优势,所以面对强大的察哈尔军队,不至于迅速战败。但是,地理优势并不是战争胜负的决定性因素。到了1629年秋末,鄂木布已经逐渐失去了抵抗能力,最终不得不向天聪汗表示归附的意愿。

鄂木布表示归附天聪汗的文书,语多谦卑,意且诚恳。

(1)○+Oom suwasdi siddam. (2) + sečen qaγan-u gegegen-e, erdeni dügüreng qong baγatur taiγi bičig-(3)iyer ayiladqay-a. ǰirγuγan yeke ulus-tu sasin törü-dü(4)qan qaračoyerü bügüde-dü čaqar-in nigül-tü qaγan(5)yeke gem kiǰi yabuqu-yin tulada yamar bolusa sanaγaban(6)uridu elči bičig-iyer aiyladqaγsan minu tere bile.(7)tere mani elčin ende kürči ireged kelegsen ügen-ni(8) + sečen qaγan-i yamar bolusa ǰakirγ-a ǰarliγ-i tuntai mergen kiy-a-du(9)bai geǰi kele ǰi bile. bi tedüi tere mani elčid-yin üge-yi(10)sonusuγad tuntai-yin üge-i abču qariγu ali bolusa(11)sanaγsan sanaγaban tuntai mergen kiy-a-ber,(12) + sečen qaγan-u gegegen-dü ayiladqay-a gegsen sanaγ-a-mini yeke bile,(13)teyin atala edüge tere tuntai mergen kiy-a ende ese kürči irebe,(14) kürgeǰi irey-e gegsen buryatu tayiǰi ese kürgeǰi ilegebüü(15)ende. tuntai mergen kiy-a öber-ün tusar sanaγatai ese(16)ireǰem bolbau. ese irebe ged yaγakiǰi elči-yen(17)ülü ilegem ge ǰi, ayusi tayiǰi boru tayiǰi qoyar-(18)tu ilegegsen(19) + sečen qaγan-i elči-le, bi ǰasai inǰi kiy-a ekileǰi qoyar(20)küteči-tei ilegebe. ene elči ilegekü-yin učir inu(21) + sečen qaγan-u qoina-ača daγaǰu alba-yan bariy-a gegsen sanaγ-a(22)minu ünen-ü tulada elči-yen tasural

① 金志节原本,黄可润增修:《口北三厅志》,成文出版社,1968年,第220—221页。

ügei yabuɣuluči(23)ene. bi beyeber ečijü albai činu barim geküle(24) aq−a degü minu čaqar−tu abtaqun−i abtaǰi ǰüg büri(25)ečikün−i ečibe. minu bey−e bai baitala sara büri nigül−tü(26)čaqar−la ǰolɣalduǰi bainam bida. ker−be bi ečim (27)geküle qoyiɣur minu čölegedeǰi ulus−tu minu ǰakirɣ−a(28)ügei−yin tulada ečin ese čidaba. negüǰi ečim geküle (29)yeke ulus−tu minu unulɣ−a ačilɣ−a ügei−yin tulada (30) negüǰi ülü čida ǰi bayinam. činü dergete ende tendeče (31) ečigsen noyad tabunong−uud qaračuud čaɣaǰin−du činu(32)oruɣsad olan bayinam. tede bügüde nadača maɣu noyad. (33)ulus−ni minu ulus−ača maɣu ulus buyu, mün adali uridu(34)+ boɣda−yin üres. mün ǰögegsen albatu−ni a ǰiyam−y−a. tede (35)bügüde ali−ba ǰüg−eče čuɣlabači. (36) + činu sayin aldar nere−yi sonusči čuɣlaɣsan bayiǰa, aɣuta (37) gün−e sana− qui−bar olan−i baɣtaɣaǰi yerü−yi eǰilem gele. (38)oɣǰum doɣsin aɣali− bar ɣaɣča−yi bariǰi ülü (39) bolum gele. ene nigül−tü čaqar−un qaɣan doɣsin aburitai(40)olan−du qoor yeketei tulada, törül−či bolba ükün (41)ükütele ügeyiren ügeyiretele tegün−dü ülü ečigči meni (42) tere bile. či aɣuta gün−e sedgigsen−dü arban ǰüg−eče qura(43)metü oruǰu čuɣlaɣči tere bisi boyu. nigen duratu (44)qoladaki bügesü tusatu. bosu sedkil−tü dergeteki(45) bügesü qoor−tu gele. ǰegün baraɣun−daki törül törügsen (46) minu ali−ba ǰüg büri ečibeči, ɣaɣča minu sedkil(47) + sečen qaɣan−u qoina daɣaǰi albai činu bariqu sedkil minu(48)čige bayi ǰa. činu čaɣa ǰa−du oruɣsan noyad tabunong−(49) uud qaračuud dotuɣsi kitad−tu, ɣadaɣsi čaqar−tu (50) urbaqu sedkil bai−či bolba minu sedkil−dü yerü(51)urbaqu ügei ünen ɣaɣča sanaɣaban ayiladqa− ba.

B: Meihe aniya uyun biyai juwan jakūn−de jolbitai qong taiji benji− he bithe.

"愿吉祥!

致天聪汗殿下。额尔德尼杜棱洪巴图鲁台吉以书上奏。因为察哈尔的罪孽的汗对六大兀鲁思（＝六万户），对政教，对汗和平民，对所有的一切犯有大罪，［所以］我前次通过使者和书信奏闻了自己的想法。我们的那些使者到这里来说，天聪汗的谕旨在屯泰莫尔根恰那里。我听说我们那些使者的话以后，就很希望，听取屯泰［捎来的］话，通过屯泰向天聪汗回复并奏闻我的想法。但是，如今屯泰莫尔根恰没有到这里来。或许要送他来的布尔噶图台吉没送过来？或者屯泰莫尔根恰自行决定迟缓而没来？怎能因为他没有来，我停止派遣使者？所以和天聪汗派往阿玉石台吉、博罗台吉二台吉的使者一道，派去了扎赛音济恰和二马夫。这次派使者的缘由是，因为跟随天聪汗，纳贡的心是真切的，所以如此不断地派遣使者。我虽想亲自向你纳贡，但是我的兄弟被察哈尔杀的杀，四处逃散的逃散。就是我自身也每月在和罪孽的察哈尔交锋。如果我去了，［察哈尔］将乘虚而入，兀鲁思［也］没有了管治，因此未能成行。若想向［你］那里迁徙，可是没有车马，所以还不能迁徙。从各处去到你那里的诺颜、塔布囊和平民们，很多接受了你的法令。他们都是比我次的诺颜，他们的兀鲁思比我的弱小，［但］还同样是先前圣人的后裔，是［先前圣人］所收养的阿勒巴图（＝有纳贡义务的属民）。他们虽然从四面八方聚集在一起，不都是听到你的好名誉而聚集的嘛。有话说，高瞻远瞩，则能容纳众人主宰未来，暴躁性急，则连一个人也抓不住。因为这个罪孽的察哈尔汗性情暴躁，所以即便是他的亲族，直到死亡，直到穷困潦倒，都不到他那里去。因为你高瞻远瞩，［人们］像雨滴一般从四面八方聚集在你那里。志同道合的人，相隔遥远也是有帮助；心志相异的人，虽在身旁也是有害。虽然左右翼的亲戚［有可能］去四面八方，但是只有我跟在天聪汗后面，向你纳贡。此心至诚。虽然听从你的法令的诺颜、塔布囊们可能有向里面投奔汉人，向外面投奔察哈尔的念头，我心里却绝没有叛变的念头。以奏闻真诚不二的心。"

文书背面:"蛇年。九月十八日卓尔毕泰洪台吉所拿来的书。"①

这份文书的作者也是东土默特部的首领鄂木布(敖目)。文中出现的卓尔毕泰是东土默特部首领鄂木布的使者。前已提及,鄂木布的第一封信就是由卓尔毕泰带到盛京的。在鄂木布两个亲兄弟死后,在土默特诸台吉里地位仅次于鄂木布的当然是他叔父的长子。此人有洪台吉称号,在鄂木布的对外活动中做首席代表是理所当然的事情。所以,这封信的作者是东土默特的鄂木布,毫无疑问。另外,信里提到了与天聪汗有使节往来的三个台吉,他们的身份也说明,这个文件与西土默特没有关系。三台吉中的第一位,是布尔噶图台吉。布尔噶图是当时喀喇沁知名的大台吉之一,是喀喇沁汗拉斯喀布的堂兄弟②。后来在对明朝的战争中立了军功,天聪汗为他赐名代达尔汉③。另外两个台吉,分别为博罗台吉和阿玉石台吉。这两个人都是东土默特台吉。1635 年,东土默特被编为两个"和硕"的时候,在鄂木布楚琥尔的和硕里有位博罗,有丁 107 人;在赓格尔和善巴的和硕里有位阿玉石,有丁 110 人④。这两个人就是出现在这里的博罗台吉和阿玉石台吉。这样说,当然不是仅凭名字就对号入座。实际上,《清太宗实录》明确记载了鄂木布信里提到的布尔噶图等三台吉向天聪汗派使者的事情。时间在天聪三年六月十四日(1629 年8 月 2 日),"蒙古喀喇沁部布尔噶图代青、卓尔毕台吉、土默特部落阿玉石台吉、俄木布台吉、博罗台吉等遣使四十五人来朝,贡骆驼、马匹、彩缎等物甚盛,并奏欲归附朝廷之意。"⑤正像鄂木布在信中说的

---

① 中国第一历史档案馆藏、李保文整理《十七世纪前半期蒙古文文书档案(1600-1650)》,内蒙古少儿出版社,1997 年,第 60—61 页。

② 罗卜藏丹津:《黄金史纲》,乔吉校注,内蒙古人民出版社,1983 年,第 659 页。

③ 《旧满洲档》,台北故宫博物院藏影印本,1969 年,第 4871 页。

④ 《旧满洲档》,台北故宫博物院藏影印本,1969 年,第 4143—4144 页。

⑤ 《清太宗实录》,天聪三年六月丁卯。其中提到的土默特的俄木布台吉,后来同样被编入鄂木布楚琥尔的和硕,他有丁 20 人,是一个小台吉(《旧满洲档》,台北故宫博物院藏影印本,1969 年,第 4243 页)。

那样,当时天聪汗派屯泰莫尔根恰到喀喇沁的布尔噶图和土默特的阿玉石、博罗等台吉处,似应是对这些台吉的回访。这三个人的牧地与鄂木布的牧地,相距不远,可是离逃到河套地区的西土默特相隔几千里。据说屯泰莫尔根恰还要去鄂木布那里,但是不知何故,最后没能到达。鄂木布当时在对林丹汗的战争中失利,投靠天聪汗心切,等不及屯泰莫尔根恰的到来,就派出了自己的使者,和阿玉石等人的使节一道去往满洲。使者的名字叫扎赛音济恰。可是,根据文书背面的满洲方面的备注,这封信最后不是由扎赛音济恰,而是由卓尔毕泰台吉转呈天聪汗的。有可能,卓尔毕泰在六月份到达盛京后一直在那里,还没有回来。无论如何,卓尔毕泰把鄂木布的这封堪称归附表文的书信,于九月十八日(1629年11月2日)交给了天聪汗。

那么,鄂木布是什么时候离开土默特根据地而投奔爱新国的呢?这个问题在《明档》里可找到答案。

崇祯四年正月十五日兵部题行稿援引宣府总兵董继舒禀报,报告了"哨探捉获夷妇事"。崇祯三年十二月三十日,丁夜刘国甫等哨探到大瓦房沟地方,捉获了两名蒙古妇女。她们的口供里有以下信息:

"二妇供说,一名叫特轮住,系夷人黑石兔的老婆;一名叫克令住,系夷人苦思奈的老婆。俱系敖目部落下夷人。有敖目于崇祯二年十一月内投了奴儿哈赤营内,多不遂心,至今不知存亡。又说,有韩僧前于崇祯三年十月二十四、五日,将敖目官儿常骑黑骠色战马一匹骑回,仍引领着精兵达子呵计[讨]、兵完[兔]等三十余名,又引着毛乞炭下哑兔害妣妓生的女子,有十来岁,假充小台吉,在于蓟镇白马关边外地名石并一带住牧吃赏。还有散夷五六百名,牛马不多,因你们东北路前者出口杀死我们许多达子,不敢离边,俱各远避,见在地名一克哈赤儿、毛哈赤一带住牧,并无帐房,止有三五个一伙,在各山嵯沟岔潜藏。"①

––––––––––––––––––

① 《明档》,兵部题行,宣府总兵董继舒崇祯四年正月十五日禀报。

据此可以了解到,鄂木布(敖目)最后在崇祯二年十一月内
(1629年12月15日—1630年1月12日)投靠天聪汗,东奔到满洲
营内。直到崇祯三年十二月,鄂木布仍没有回到一克哈赤儿和毛哈
赤儿一带(即汤河上游)的老根据地,所以留在那里的人们"至今不
知(敖目)存亡"。据特轮住和克令住的口供,留在汤河上游的土默
特人不过五六百。

明朝宣大总督崇祯三年六月的塘报也证明了这一消息的可靠
性。他根据永宁参将孙庆等人的禀报说:

"据此为照,敖目虽曰小丑,从来狡猾,为永宁一带大害。去冬投
奴,敢肆谩书,寻复贪我市赏,就我绦旋。"①

"去冬投奴",指的就是崇祯二年(1629)冬天投靠满洲。

总之,1629年6月中旬,林丹汗攻入东土默特地区。鄂木布"自
顾不遑,匆匆东去",向白马关边外一带撤退。鄂木布一边抵抗察哈
尔的进攻,一边和满洲爱新国进行积极联络。天聪汗利用察哈尔西
迁以后的南蒙古政治形势和林丹汗军事进攻下喀喇沁万户诸贵族的
心态,积极争取喀喇沁、土默特诸诺颜和塔布囊。鄂木布因为不敌察
哈尔,1629年6月开始向东迁移,最后在1629年11月派遣卓尔毕泰
台吉抵盛京,正式表示归附天聪汗。1629年末1630年初,鄂木布率
部东迁。可以说,林丹汗发动的战争,是东土默特归附满洲的主要
原因。

第四节　阿速特和爱新国

喀喇沁万户另外两个成员阿速特和永谢布的最终命运,是在林
丹汗西征的第二年(明崇祯元年、爱新国天聪二年,即1628年)被决
定的。永谢布彻底败亡,阿速特的一部分并入"阿巴噶部",一部分投
靠了满洲人。

---

① 《明档》,兵部题行,宣大总督崇祯三年六月二十五日塘报。

　　关于林丹汗西征第二年的总情况，《明档》里有一些记载。崇祯元年六月，宣府巡抚李养冲报道："虏情万分紧急，粮草一时难供。""数月以来望眼欲穿而马价无消息也，解运中断而缺饷至五阅月也。""阳和、大同之间虏遂乘虚入犯，万马奔驰，各堡惊惶。有报拉去墩军者，有报围定墩台者，有报以数十骑引诱而大兵伏在山沟者。"①崇祯二年，明朝兵部尚书的题本里提到，"虏王（指林丹汗——引者）吞噬诸部，兹且纠结八大部二十四哨，蜂屯蚁聚于归化城丰州滩，以为巢穴。""但宣镇连年插酋（指林丹汗——引者）作祟，警报旁午，近又吞并诸夷，直侵河套，所向随风而靡。""但插酋聚结边外，势甚猖獗，自去秋与哈、卜交兵得胜之后，侵杀河套诸虏，犹如拉朽。"②后来，在崇祯十一年，宣大总督卢象升回忆说："崇祯元年，插酋猖獗，掩袭诸夷，大战于大同、得胜边外，如哈喇慎几二三万人，永邵卜几五六万人，卜什兔（即顺义王博硕克图——引者）之东西哨几七八万人，俱为插酋（指林丹汗——引者）所败，死亡相枕，籍其生者，鸟兽散去，插（指察哈尔——引者）随并诸部之赏。"③

　　"去秋与哈、卜交兵得胜"中的"交兵"，指的是崇祯元年九月埃不哈战役。根据《崇祯实录》，八月，顺义王博硕克图和永邵卜之众在埃不哈（今内蒙古自治区达尔罕茂明安联合旗境内的艾不盖河）备兵，九月"插汉虎墩兔（指林丹汗——引者）与卜石兔、永邵卜战，私卜五榜什妻败走，又屯延宁塞外，穷兵追"④。对于这件事，《明史纪事本末》记载："虎墩兔西击卜石兔、永邵卜，败之。都令、色令、宰生、合把气喇嘛追杀袄儿都司吉能兵马之半。又屯延、宁塞外，穷兵追卜

---

① 《明档》，兵科抄出钦差巡抚宣府等处地方赞理军务兵部右侍郎兼都察院右佥都御史李养冲题稿，崇祯元年六月十三日奉旨。
② 《明档》，兵部尚书王题本（残件），崇祯二年二月二十四日。
③ 中央研究院历史语言研究所编《明清史料》丁编第六本，第575页。
④ 《崇祯实录》，崇祯元年九月癸未。

石兔。"①过去,学术界普遍认为,参加埃不哈战役的,不仅包括西土默特、永谢布,而且还有鄂尔多斯部。②根据该档案,林丹汗在埃不哈战役中打败的只有"哈、卜"二部。"哈、卜"的"哈",指的是哈喇慎(即喀喇沁),实际上是喀喇沁的两个分支阿速特与永邵卜;"哈、卜"中的"卜",是指卜石兔,也就是西土默特部顺义王博硕克图汗及其部众。林丹汗打败了喀喇沁(永谢布和阿速特)和土默特联军后,乘胜西进,攻打鄂尔多斯部,即所谓"得胜之后,侵杀河套诸虏,犹如拉朽"。可见,鄂尔多斯并没有参加埃不哈战役。

根据以上记载,1628年初以来,察哈尔完全控制了宣府、大同边外地方,不断骚扰明朝北边。在阳和、大同之间,警报傍午,宣、大边上出现了"虏情万分紧急,粮草一时难供"的局面。林丹汗以呼和浩特、土默川为据点,打败了喀喇沁分支诸部与土默特的十几万众,进而讨伐西窜的博硕克图汗和河套的鄂尔多斯部,所向披靡,"犹如拉朽"。到了1628年底,基本征服了右翼蒙古。当时,鄂尔多斯以外右翼蒙古各万户的实力为:喀喇沁二三万人,永邵卜(实际上是永谢布和阿速特)五六万人,西土默特七八万人。《崇祯实录》所说,当时永邵卜有众三十余万③,是不可信的。

在埃不哈战役中,阿速特败北。那么,败北后的阿速特情况如何呢?

探讨阿速特在埃不哈战役以后的命运,主要依靠蒙古文文书和满文档案。现有明代汉文史书,包括于1621年成书的《武备志》,都反映了16世纪末17世纪初年蒙古的情况。其后蒙古的事情,尤其

---

① 无名氏著《明史纪事本末补遗》卷三,中华书局点校本,1977年。(附于谷应泰《明史纪事本末》)

② 王雄:《察哈尔西迁的有关问题》,《内蒙古大学学报》1989年第1期。达力扎布:《明代漠南蒙古历史研究》,内蒙古文化出版社,1997年,第302页。作者也曾持这种观点(乌云毕力格:《从17世纪前半叶蒙古文和满文遗留性史料看内蒙古历史的若干问题(5)〈东土默特部善巴塔布囊的书及其纵观研究〉》(蒙古文),《内蒙古大学学报》2002年第1期。

③ 《崇祯实录》,崇祯元年九月辛未。

是右翼蒙古,明朝记载甚少。

在 17 世纪蒙古文文书中,有三份文书,直接反映了埃不哈战役后阿速特的历史活动。

第一份文书是彻臣戴青(Sečen Dayičing)致满洲天聪汗的书。原文及汉译全文如下:

(1) ○Oom suwasdi siddam.. (2) qolači baγatur noyan-i üren-ni (3) sečen dayičing. bičig ilegebe. (4) sečen qaγan mendü biyu. ǰirγuγan (5) yeke ulus engke saγutala čola-yin (6) eǰen qaγan yeke nere törü-yi ebdebe. {abaγ-a} asud tümen {-} sečen qaγan-i geǰi iretele (7) abaγ-a tosǰu ireǰü. (8) dobtolǰu abuba. ulaγan ǰalaγatu (9) mongγol ulus-tu iri ösiy-e (10) ügei bile. ken buruγu kiküle tere (11) degre bayiqu bila. mongγol ulus olan-ni (12) ebderebeči ülegsen -ni nigetǰi buruγu-tu (13) kümün-i ǰalaqaqula yamar. sečen qaγan (14) ekilen nige tümen engke bayinam geǰi iretele. dayisun-i (15) mör -tü daγaridaγsan-tu beleg ǰokis (16) ügei bolba. bičig-ün beleg te-mege (16) bai. (17) sečen dayičing aq-a dügü doluγula (18) bila. čuγ iretele. abaγ-a (18) tabun noyan-i. abaγ-a dobtulǰu (19) abuba qoyar-ni irebe.

B:karacin-i holoci baturi beilei bithe

"愿吉祥!

火落赤把都儿诺颜之子彻臣戴青遣书。天聪汗安康否?当六大兀鲁思和平生活之际,声誉之主可汗毁坏了大名誉和国政。当阿速特万户奔天聪汗来时,阿巴噶前来截击收服了[他们]。红缨蒙古[一直]没有任何冤仇。谁做错事,过失应该在谁那里。虽然大多数蒙古兀鲁思[已]破灭,但是剩下的合起来惩罚有罪之人,将如何?认为以天聪汗为首一个万户尚平安,因此来投奔,但是路上[却]遇到了敌人。所以,[所献]礼物不合适了。遣书之礼[有一峰]骆驼。

彻臣戴青[本来]兄弟七人。在一起来的路上,阿巴噶将[其中]

五个诺颜攻杀,[所以]来了两个。"

　　文书背面的旧满文记录:"喀喇沁的火落赤把都儿贝勒之书。"①

　　文书的作者是火落赤把都儿诺颜的儿子彻臣戴青。这里出现的火落赤把都儿诺颜,或是爱新国所称火落赤把都儿贝勒(清初,蒙古语的诺颜常被译作贝勒),阿速特七台吉之父,大名鼎鼎的"哑速火落赤把都儿",即阿速特部首领火落赤。此人在《蒙古源流》中被称作Asud-un Nomdara qolači noyan(阿速特的诺木达喇火落赤诺颜),是蒙古图门札萨克图汗时期五大执政者之一,与鄂尔多斯的呼图克台彻臣洪台吉一起成为右翼万户的代表②。《大黄史》写作 Nomudara qoluči,《金轮千辐》写作 Nom dara qouči③。

　　作为文书外部特征之一,文书背后所记录的内容,具有很高的史料价值。那里明确指出了火落赤为"喀喇沁的火落赤把都儿贝勒",说明当时阿速特部人自称为喀喇沁人。满洲人清楚地知道,火落赤及其子孙统治下的阿速特部属于喀喇沁万户,换言之,直到爱新国时代,阿速特一直属于喀喇沁万户。这与东土默特部的情况完全一样。如前所说,东土默特部虽然是土默特部的一支。但是,十七世纪二三十年代的满文档案常常称他们的台吉和塔布囊为"喀喇沁的某某",如土默特塔布囊善巴被称作"喀喇沁的善巴",土默特台吉鄂木布楚琥尔被称为"喀喇沁的鄂木布楚琥尔"④,等等。显而易见,当时无论是土默特还是兀良哈,都被认为是"喀喇沁的"。阿速特也不例外。阿速特台吉们同样被称为"喀喇沁的某某"。看来,阿速特虽然立帐远方,但是和喀喇沁宗主汗的关系一直很密切,自称喀喇沁的阿速

①　中国第一历史档案馆藏、李保文整理《十七世纪前半期蒙古文文书档案(1600-1650)》,内蒙古少儿出版社,1997年,第70—71页。

②　萨囊彻辰:《蒙古源流》(库伦本),1955年,第68页v。

③　无名氏著《大黄史》(Yeke sir-a tuyu ji),乌力吉图校注,民族出版社,1985年,第129页。答里麻:《金轮千辐》,乔吉校注,内蒙古人民出版社,1987年,第191页。

④　《旧满洲档》,台北故宫博物院藏影印本,1969年,第3143、3392页。

特人。

根据这份文书,阿速特部遭到林丹汗(文中称"声誉之主可汗")的攻击,决定投靠爱新国天聪汗。但在途中被叫作"阿巴噶"的集团劫夺,火落赤之子七台吉中,五人被阿巴噶所杀,只有彻臣戴青等二台吉幸免。他们献给天聪汗的礼物只有一峰骆驼,可见他们人马轻重诸物已被阿巴噶劫掠一空。

第二份文书还是彻臣戴青的:

(1) ○ + Qaγan-i gegen-dü (2) tobaska sečen dayičing qoyar bičig örgün (2) bariba. aruda asud-in qolača baγatur noyan-a doluγan (3) tayiǰi bila. albatu ulus-ni ölgede doluγan qosiγu (4) bila. qorutu qaγan-i mör-tü učaralduǰi. naγaγsi (5) + sečen qaγan-i tüsiyeged yeke ulus-iyen geǰi ǰoriǰi qoyar tayiǰi (6) irebe. tabun tayiǰi tende abtaba. mani tere γaǰar-čaa (7) inggiǰi ǰobaǰi ǰirγaǰi irebe. albatu ulus bidan-i (8) duratai-ni uγtuǰi alba tatalγ-a ögbe dura ügei-ni (9) mandu yaγuma ögkü bisi. eyimü-yin tulada bičig-iyer (10) + qaγan-i gegen-dü ayiladqaba.

karacin-i secen daicing

"图巴斯克和彻臣戴青二人上书汗明鉴。在山阴,阿速特火落赤把都儿有七个台吉(儿子)。他们的属民在山阳有七个和硕。因为遭到恶毒的汗的战事,向这里投靠了天聪汗。因为是自己的大兀鲁思,二台吉奔它而来。五个台吉在那里被杀死。从我们那边的地方,如此艰难地到来。我们的属民中,愿意的人迎接我们,并缴纳了贡赋;不愿意的人则不给我们任何东西。因此,上书汗明鉴。"

文书末尾空白上的旧满文记录:"喀喇沁的彻臣戴青。"[1]

根据这份文书,来投靠爱新国的火落赤两个儿子,一个名叫彻臣

---

[1] 中国第一历史档案馆藏、李保文整理《十七世纪前半期蒙古文文书档案(1600-1650)》,内蒙古少儿出版社,1997年,第110页。

戴青,另一个叫图巴斯克。前引明代汉籍称,火落赤有四子,显然是漏记了另外三人。所记四人名字,也和这两人的名字难以比对。但无论如何,该文书的说法应该是可信的,因为它是出自火落赤儿子之手。

第二份文书的意义在于,它提供了这样两条重要信息:其一,阿速特被林丹汗打败后,没有直接投奔爱新国,而是向南逃往喀喇沁。这在《旧满洲档》里也有旁证。天聪五年(1631年)正月二十三日,喀喇沁的朵内衮济(Donoi gunji)、博济榜什(Boji baksi) 和阿速特的阿济鼐(Ajinai)遣使爱新国。据称,他们发现了明朝的 7 个远哨,朵内衮济令他们带领自己的 300 人回明朝,打算和明朝进行贸易。但是,明朝杀掉了他们商队人员,只有 6 人逃了回来①。可见,阿速特人曾留居喀喇沁,和喀喇沁一道与明朝和爱新国进行政治经济活动。这里讨论的阿速特部彻臣戴青的两份文书,也都是从喀喇沁部写的。因为阿速特是喀喇沁万户所属部,所以称喀喇沁为“自己的大兀鲁思”。逃往喀喇沁的原因是,火落赤的儿子七人在山阳(即大兴安岭以南)拥有自己的“七和硕”属民。这里所说的“和硕”,不是后来清朝的行政建制,而是蒙古固有的军事、社会组织。这条信息至关重要,它说明,阿速特部的黄金家族成员和喀喇沁、东土默特黄金家族成员一样,在喀喇沁万户中心地区拥有兀良哈塔布囊部落。在《旧满洲档》中,记载过“阿速特的塔拉布尔塔布囊”,正是有力的证据②。这就进一步说明,阿速特部为喀喇沁万户的一个重要成员,和喀喇沁贵族的关系非同寻常。须说明的是,阿速特台吉们虽拥有兀良哈塔

① 《旧满洲档》,台北故宫博物院藏影印本,1969 年,第 3381 页。
② 《旧满洲档》,台北故宫博物院藏影印本,1969 年,第 3403 页。罗《黄金史纲》云,也先汗俘获明英宗后,曾令他养在永谢布的额森萨米家,后来六千乌济业特(相当于汉文史书的兀良哈三卫)将他送还明朝;英宗在蒙古所生之子后裔曾在阿速特,名塔勒拜塔布囊 Talbai Tabunong。《蒙古源流》云,英宗曾经被养在阿速特阿里马丞相处,所生子之后裔曾在阿速特,名塔拉拜塔布囊 Talabai Tabunong。这实际上反映了阿速特与朵颜兀良哈之间的密切关系,所说塔拉拜塔布囊和《旧满洲档》记载的塔拉布尔塔布囊或许就是一个人。

布囊部落,但因他们游牧于北方,所以不计入"山阳诸台吉与塔布囊"集团。其二,当时,阿速特部已经溃散,所以它在兴安岭南的属部中已经很难再维持领主地位,其属部的大部分不再向他们缴纳赋税。阿速特本部溃散,属部不再受控制,这恐怕就是阿速特部贵族未能重整旗鼓,清朝建立后未能得到一旗编制的原因所在! 后面将要谈到,阿速特残部就留在喀喇沁,后来和他们一道被编入八旗满洲。

第三份文书出自阿速特其他首领之手:

A:(1) ○ erke küčün ken-dür tegüsügsen bügesü tegün-ü köl-(2) dür sögedümü. (3) ○ + sečen qaγan-u gegen-dü bičig örgün bariba. (4) asud-un badm-a qung tayiji-yin qatun. (5) sereng ǰayisang noyan. tümen-i qaγan törüi-yi (6) ebdejü. törügsen-iyen baraqu-du. aldar yeke (7) ner-e. qasa yeke törüi-yi činü tüsiy-e (8) gejü irele. sine kürcü irejü. (9) ○ + qaγan-u gegen-dü ǰolγan ese čidaba.

B:karacin-i jaisang taiji elcin-i gajiha bithe jakūn biyade

"谁尽有权势,就跪在谁的脚下。

上书天聪汗明鉴。当万众之汗毁坏国政、失掉骨肉时,阿速特的巴德玛洪台吉之夫人和色楞寨桑诺颜为了投靠[您的]鼎鼎大美名和泱泱玉宝大国而来。[因为]刚刚新到,未能谒见汗的尊容。"

文书背后的旧满文记录:"喀喇沁寨桑台吉使者所致书。于八月。"①

巴德玛洪台吉何许人也,史无明确记载。但从其"洪台吉"称号可以推测,他可能就是原阿速特部之主,火落赤七子之一。因为,阿速特部作为喀喇沁万户的属部,其最高统治者为洪台吉,归喀喇沁汗管辖。这里上书天聪汗的是他的夫人和属下寨桑,没有提到他本人,或许是出于他被阿巴噶所杀之故。考虑到火落赤以后,其子唐兀台

---

① 中国第一历史档案馆藏、李保文整理《十七世纪前半期蒙古文文书档案(1600-1650)》,内蒙古少儿出版社,1997年,第112—113页。

吉领阿速特部的事实,将巴德玛洪台吉判定为汉文史料中所说的唐兀台吉,也许不会错。据这些满蒙文文书档案,阿速特部最重要的首领也遣使上书天聪汗,表示归服。

正确判定以上三份文书的年代,对探讨阿速特部的破灭和归服爱新国的时间具有至关重要的意义。首先,阿速特部是被林丹汗打败后,即1627年后归服天聪汗的。三份文书上,均有旧满文记录,是当时爱新国官员所为。旧满文在爱新国只使用到1632年,1632年后改用了新满文。因此,三份文书送到爱新国的下限时间不会晚于1632年。其次,据《旧满洲档》,天聪汗对八旗满洲蒙古人进行赏赐,是在1631年4月21日,所以,这些阿速特人归附爱新国、被编入八旗,当在1631年四月之前。这样,三份文书的年代最晚在1631年初以前。但是,我们已经注意到,第三份文书背后记有"于八月"几个字。据此,三份文书的年代,最迟不会晚于1630年阴历八月。再次,林丹汗征服右翼蒙古各部的大体过程为:于天聪元年(1627年)十月打败喀喇沁部,十一月打败土默特部并占领呼和浩特,次年打败土默特、永谢布联军,最终征服右翼。在这里,天聪二年(1628年)九月是一个很重要的时间。因为阿速特和永谢布牧地相连,同属喀喇沁万户,是兄弟部族,所以,他们极有可能在天聪二年(1628年)九月和永谢布一起参加了抗击林丹汗的战争,失败后,向东奔喀喇沁本部,途中遭到了劫难。那么,三份文书的年代应不会早于天聪二年(1628年)九月。这样,限于史料记载,三份文书的写作时间只能确定为1628年阴历九月至1630年阴历八月之间。这一时间就是阿速特部败亡并归附爱新国的时间。

综合上述研究可得出如下结论:林丹汗西征后,在1628年秋天的埃不哈河战役中,永谢布、阿速特等部惨遭败绩,其部众溃散。阿速特部在越兴安岭奔喀喇沁的途中,被"阿巴噶"部落劫夺,火落赤七个儿子中,有五人阵亡。劫后余生的二台吉虽然到了他们的塔布囊属部,但是已经无力管辖其属部,所以归附了爱新国。

第八章 喀喇沁、土默特与
爱新国的对外关系

喀喇沁和土默特在和满洲爱新国的外交关系中,扮演着特殊的角色。他们虽与满洲结盟,但在爱新国所起的作用,与其他蒙古部落有所不同。简言之,喀喇沁、土默特人是满洲统治者远征察哈尔的重要同盟军,但在征战明朝时,他们常常充当"旁观者"角色。爱新国看好喀喇沁人与明朝的传统关系,利用他们和明朝的边境贸易关系,让他们充当中介角色,使他们在满明之间进行斡旋。

第一节 爱新国对察哈尔的
战争与喀喇沁、土默特的动向

如前所述,喀喇沁最初与爱新国打交道,目的就是为了使满洲人参加对察哈尔的战争。天聪汗积极与喀喇沁联络,其目的也是为了在征战察哈尔战争时得到喀喇沁的帮助。所以,双方结盟后,最终要达到的军事目的之一就是远征察哈尔。

第一次远征察哈尔 满洲与喀喇沁结盟后,立即组织了一次对察哈尔的征战。这也是满洲第一次远征察哈尔。

这次远征,完全是由喀喇沁人敦促成行的。喀喇沁汗、台吉就这次远征事宜致天聪汗的两份文书,有幸被保存至今。第一份文书写道:

(1) +sečen qaɣan-u gegen-dü. qaɣan. günǰi. erdeni qung tayiji.

(2) kengkel kiy-a noyan. ayiladqanam. ene ey-e eb nigetügsen učir

（3）taγan ötter morilaǰu ögede bolumu. bidan-i ey-e nigetügsen-i（4）
sonusču ene qara dotur-tu nigül-tü čaqar-un qaγan nigen ǰüg（5）urid-
laǰu maγui setkinemü. ene učir-i-yi gegen degen ayiladqula serigün-ü
（6）čaγ bolba. egün-eče araqan taram bolqula on-u küčir-tü yabudal
（7）kečegü bolumu. ene namur ötter ese mordaqula ene nigül-tü qara
（8）setkil-tü-in dotur-a eldeb sanaγ-a törümü. gegen degen ayilad.
（9）bida ötter mordaqui-yi kičiyen ayiladqanam. namur-un dumda-du
（10）sara-yin arban-ača urid ǰolγalčay-a geǰi ayiladqanam. bidan-i
ene üge-yi（11）ǰöbsiyeküle bolǰiy-a-yi nebte ǰarliγ bolǰu elci-yi ene
sara-yin quγucin-du（12）ilege.

“致天聪汗殿下。

汗、衮济、鄂尔德尼洪台吉、赓格尔恰诺颜奏闻。因为这次结盟，
请立即起驾出征。听说我们结盟以后，黑心的、罪恶的察哈尔汗将会
向［咱们双方的］一方先动手。望明鉴。［如今］天气已转凉。如［草
木］比现在更加凋谢稀少，因为时季艰苦，征战也将变得艰难。如今
秋不立即出征，这个罪恶的、黑心的人将萌发各种念头。请明鉴。我
们谨奏立即出征。我们奏请秋八月十日以前会师。如汗同意我们的
建议，请下明旨，于本月下旬遣来使者。”①

正如达力扎布指出的，此文书中提到的汗是喀喇沁汗，衮济是喀
喇沁某位女首领，鄂尔德尼洪台吉指东土默特首领鄂木布，赓格尔恰
诺颜为东土默特塔布囊。该文书显然是天聪二年喀喇沁与满洲双方
正在结盟期间写给天聪汗的②。喀喇沁建议在八月十日以前会师出
征察哈尔。

八月三日结盟后，喀喇沁汗与洪台吉再次致信天聪汗，提醒他，

---

①　中国第一历史档案馆藏、李保文整理《十七世纪前半期蒙古文文书档案（1600-
　　1650）》，内蒙古少儿出版社，1997年，第120页。
②　达力扎布著《明清蒙古史论稿》，民族出版社，2003年，第352页。

如不早日出征,察哈尔和明朝将在军事上联手,其力量将变得更强大。其文如下:

A:(1)+Oom suwasdi siddam.(2)+ belge bilig-in gerel-iyer mongqaγ-un oyi-yi tüyimeridǰü.(3)+ nigülesküi quras-iyer enelkün amitan-i ibegegci.(4)+ auγ-a kücü-tü wčir-iyer simnus-un ayimaγ čerig-üd-i daruγci.(5)+ delekei-yin erketü eǰen sečen qaγan-u gegen-e.(6)qaγan qung tayiji ekilen bügüdeger bičig-iyer ayiladqaquiyin učir.(7)+ sečen qaγan-i ǰarliγ-iyar čaqar-in qaγan-u otoγ-i tengseǰi ire geǰi ilegegsen kümün(8)bidan-i čaγan qota-yin sulang-in elči-tei irebe. čaqar-in otoγ(9)ǰau-yin qota-du bayinam. ta ǰürcidle nigetcü ölge tümen-i-ni abuγsan-i(10)medebe. odači či bolba čaqar-in kücü meküs bayinam. edü deger-e(11)+ sečen qaγan-du ayiladqa ǰu ötter morilasai. udaǰu ese mordaqula tan-i tulada bida kümün(12)-iyen alalcaǰu dayin bolba geǰi kelegsen-i medegülün. yeke törü ner-e-ben sanaǰu(13)ötter ögede bolǰu mordamu geǰi ayiladqaba. tere qorutu kümün-i(14)arγ-a-ni yeke kitadla nigetküle ken ken-i-ni küi yeketünemü.(15)gegen-degen-ayilad.

B:karacin-i hong taiji unggihe

"愿吉祥。

以智慧的光芒焚毁愚昧之林的,

以慈悲的雨水慈爱痛苦众生的,

以大力金刚镇服妖魔军队的,

世界之主天聪汗大鉴。

汗、洪台吉为首全体以书上奏之事因:奉天聪汗谕旨,派去侦察察哈尔鄂托克的我们的人,与察罕和托侍郎①的使臣一起到来。察哈尔鄂托克在昭城。[察哈尔]已得知您与女真一起取了他们的山阳万

---

① 察罕和托,即大同阳和城。侍郎,指总督。达力扎布著《明清蒙古史论稿》,民族出版社,2003 年,第 353 页。

户。就是现在,察哈尔的力量[仍然]微弱。现在奏请天聪汗,希望迅速出征。如果迟不出征,[我们]报告给[您][人们]所说的话:为了您,我们相互杀害,引发了战争。考虑您的大国政与名誉,奏请迅速起驾出征。那个恶毒的人诡计多端,若与汉人议和,[他们]双方的势力将会变得强大。明鉴。"

在文书背面,用旧满文记载了来信者的身份:"喀喇沁汗与洪台吉送来。"①

据此,该文书是写在察哈尔得知满洲取了山阳万户之后,也就是喀喇沁与爱新国结盟之后,可以断言,是在天聪二年八月三日喀喇沁—满洲结盟到九月三日天聪汗宣布出征察哈尔期间。喀喇沁汗与洪台吉向天聪汗建议,察哈尔力量单薄,在明朝与察哈尔联手之前,应迅速采取军事行动。事实证明,天聪汗采纳了喀喇沁的建议。

《清太宗实录》载,天聪二年"九月庚申(1628年9月29日),以征蒙古察哈尔国,遣人谕西北降附外藩蒙古科尔沁国诸贝勒,喀喇沁部落塔布囊等,敖汉、奈曼部落诸贝勒及喀尔喀部落诸贝勒,令各率所部兵于所约地会师"②。这时,满洲与喀喇沁结盟尚不满一个月。"遣人谕西北降附外藩蒙古"各部,是《清太宗实录》的说法,实际上当时一些蒙古部落是爱新国的盟友,而不是"降附"的部落,更不是所谓的"外藩"。天聪汗作为盟主,不过是一个组织者,同盟各部仍按需各自为政。比如,爱新国最大的盟友蒙古科尔沁部就拒绝了天聪汗的要求。天聪汗大怒,"复遣希福率健士八人,往邀土谢图额驸,速令来会"③。然而,土谢图额驸奥巴还是自行其是,终未来会。

内喀尔喀和敖汉、奈曼的情况与科尔沁不同。他们毕竟和察哈尔结怨太深,都在等待报复的时机,所以都按期来会。但是,这次远

---

① 中国第一历史档案馆藏、李保文整理《十七世纪前半期蒙古文文书档案(1600-1650)》,内蒙古少儿出版社,1997年,第85—86页。

② 《清太宗实录》,天聪二年九月庚申。

③ 《清太宗实录》,天聪二年九月甲戌。

征中出力最大的蒙古部落,还是喀喇沁。据《旧满洲档》记载,九月十三日(10月9日),遣往喀喇沁的使者回报,"喀喇沁汗自己、布颜阿海之子弼喇什洪台吉及三十六塔布囊率兵,已出发"①。九月十七日(10月13日),"喀喇沁汗拉斯喀布、布颜阿海之子弼喇什洪台吉、万旦卫征、马济塔布囊、赓格尔恰贝勒及众小台吉、塔布囊各率其兵,来叩见汗。"②十八日(10月14日),"喀喇沁的为首大臣苏布地杜棱率众塔布囊领兵而来,叩见汗。"③

　　九月二十日(10月16日),满蒙联军在西拉木伦河流域的席尔哈、席伯图、英、汤兔等地袭击察哈尔边民。次日,先头部队到达兴安岭,即今内蒙古自治区赤峰市克什克腾旗境内。可能因科尔沁部队未到,也可能因为天聪汗得知察哈尔并非他所听到的那样"根基已动""力量不足",在九月二十一日(10月17日),军队草草班师。《清太宗实录》云,这次远征中"获人畜无算"④。《藩部要略》中也称,"大破降之(指察哈尔——引者)。"⑤这些都不真实,其实这次远征半途而废,无功而返。为了给天聪汗挽回面子,清代官书采取种种手段,隐瞒事实真相。对此,笔者已作专门论述,兹不赘述⑥。

　　在《旧满洲档》记载中,关于第一次远征察哈尔中喀喇沁部军队分两班来会一事,特别值得注意。第一班是喀喇沁汗拉斯喀布、弼喇

---

① 《旧满洲档》,台北故宫博物院藏影印本,1969年,第2840页:(1) Karacin-i han-i beye, buyan nahai jui biraji hong taiji, (2) gusin ningun tabunang geren cooha-be gaifi juraha seme alaha。

② 《旧满洲档》,台北故宫博物院藏影印本,1969年,第2840页:(4) juwan nadan-de Karacin-i han laskib, buyan nahai jui biraci hong taiji (5) wandan uijeng, maji tabunang, gengkel hiya beile, buye taijisa tabunang se (6) meni meni cooha-be gajime jifi han-de hengkileme acaha。

③ 《旧满洲档》,台北故宫博物院藏影印本,1969年,第2841页:(3) juwan jakūn-de Karacin-i ujulaha amban subudi during geren tabunang se-be gaifi cooha (5) gajime jifi han-de hengkileme acaha。

④ 《清太宗实录》,天聪二年九月戊寅。

⑤ 祁韵士、张穆:《皇朝藩部要略》卷一,筠渌山房本。

⑥ 乌云毕力格:《史料的二分法及其意义——以所谓赵城之战为例》,《清史研究》2002年第1期。

什洪台吉、万旦(丹)卫征、马济塔布囊、赓格尔恰及众小台吉、塔布
囊。当时,汗和洪台吉势力已经衰微,但以上诸塔布囊还是继续承认
他们的权威,接受他们的君临。第二班是苏布地率领的众塔布囊。
苏布地避入明朝宁远前屯卫边内,完全保留了自己的势力。前引《明
朝兵部题行档》记载,1628 年时,喀喇沁大塔布囊苏布地在明朝边
内。苏布地给明朝边臣的信中提到,"我与东夷于旧岁(1628 年)九
月内剿杀长汉儿(察哈尔)报仇"①,说的正是这次远征。这些可相互
印证的满汉文档案记载说明,1628 年,喀喇沁主力在喀喇沁汗与洪
台吉的控制下,游牧在靠近爱新国的明朝边外蒙古地区。苏布地则
率领部分塔布囊住在明朝边内。值得注意的是,尽管苏布地在明朝
边内,在喀喇沁汗和天聪汗订盟之后,他立即率兵参加了这次对察哈
尔的远征。他参加这次远征,虽然是出于自身利益的考虑,但此事可
再次证明,在喀喇沁万户中,喀喇沁汗是至高无上的统治者,大小诸
塔布囊都听他的调度。就是在喀喇沁与满洲结盟后,喀喇沁汗也仍
然管束着诸台吉与塔布囊,喀喇沁始终是一个完整的蒙古部。

　　第一次察哈尔远征,在蒙古文文书中被称作"攻克栋奎"
(Tüngkei-yi abqu),在满文档案中被称作"进兵栋奎"(Tunggui-de
cooha genehe)。栋奎在哪里? 目前尚不清楚,但在兴安岭以南的某
个地方是可以肯定的。

　　第二次察哈尔远征　1631 年春天,天聪汗决定再次出兵察哈
尔,约蒙古盟军至三涯地方会师,但由于科尔沁部土谢图汗奥巴的劝
阻,天聪汗中止了出兵计划。满洲与蒙古各部定盟书,各执一份,约
定翌年春再征察哈尔②。蒙古各部与满洲爱新国的同盟关系,由此可
见一斑。

　　天聪六年夏四月初一日(1632 年 5 月 19 日),满蒙联军第二次
远征察哈尔。《旧满洲档》记载,初三日,喀喇沁部分塔布囊如苏布地

————————————

① 《明档》,兵部尚书王等题本,崇祯二年三月初二日。
② 《清太宗实录》,天聪五年三月戊戌。《清太宗实录》,夏四月丙午。

193

杜棱之子固噜思奇布、朵内衮济和鄂伊很巴拜等来会。次日,汗在都尔弼驻跸时,属下呈报喀喇沁出征塔布囊及其军队人数:万旦(卫征)200,马济50,小阿育什40,阿速特180,也伯舒30,多兰库列45,白洪岱30,鄂木布40,伊浑20,席兰图40,赓格尔70,善巴100,阿济鼐130①,共计975人。在这些人里,万旦、马济、小阿育什、也伯舒等人是喀喇沁本部塔布囊,席兰图、赓格尔、善巴为土默特塔布囊,阿济鼐为阿速特人。另外,阿速特和多兰库列(意为七个圈子)是鄂托克或集团名称,而不是个人名字。从这个名单里可以看出,其中的“喀喇沁塔布囊”不仅指喀喇沁本部,而且还包括土默特和阿速特的塔布囊,即喀喇沁万户诸塔布囊。

《旧满洲档》和《清太宗实录》里,都没有提到喀喇沁万户诸台吉参加过这次远征。关于东土默特首领鄂木布没有参与征战一事,《旧满洲档》留下了一段很有意味的记载:天聪六年二月二日(1632年3月22日),鄂木布叩见天聪汗②,天聪汗还回送了礼物。但是,三月二十七日(1632年5月15日),天聪汗突然降旨,谴责鄂木布说:

3925:(7) orin nadan-de karačin-i tumed ombu čuher-de unggihe bithei gisun. (8) + qaγan-i ǰarliγ. čilaγun-du čabčiγsan bičig metü gekü bolosa. nidunun keüken ulus-iyan. ečiǰü boluγaǰu iresü (9) gegsen-dü. ǰöbkiǰü quyaγ mori ögbe. eči gesen čaγ-tu ečil ügei. öbesüben bayiγad ayan (10) siqam boluγsan-du eičy-e gekü tere üge čini

----

① 《旧满洲档》,台北故宫博物院藏影印本,1969年,第3743页。(2) sobudi during-i jui guruskib duin honin yali. juwe kukuri arki gajime (3) han-de acanjiha. gajiha yali arki-be han-de angga isibuha. han juwe honin wafi sobudi during-ni (4) jui galju seter. jinong efu-be sarilaha. tere inenggi tonoi gunji. eihen babai juwe kukuri (5) arki gajime han-de acanjiha. gajiha arki-be han-de angga isibuha. ice duin-de (6) dorbi-de deduhe. tere inenggi karacin-i beise. beisei coohai ton-be alanjime jihe. wandan-i (7) juwe tanggū. maji susai. ajige ayusi dehi. asud emu tanggū jakūnju. yebešu gūsin. dologan kuriy-e dehi sunja. baihundai gūsin. ombu dehi. (8) ihon orin. sirantu dehi. genkel nadanju. šamba emu tanggū. ajinai emu tanggū gūsin.

② 《旧满洲档》,台北故宫博物院藏影印本,1969年,第3918页。

yaγubi. unuqu aγta ügei bolusa ene ayan-du 3926：（1）čini bey-e saγu. ayan baγusan qoyin-a ečijü ulus keüken-iyen boluγaǰu ire.

"二十七日,遗书于喀喇沁的土默特的鄂木布楚琥尔。书云:汗的谕旨犹如摩崖。[你]去年曾经说要回去探望你的孩子和兀鲁思,[我]以为是,就给了盔甲和马儿。叫你回去的时候你不回去,自己作罢,[如今]临近出征时,却提出要回去,这是什么话。如果没有了乘骑的马,这次远征时你就坐在家里。等远征结束后,[才]回去探望你的孩子和兀鲁思。"①

这是大军出征察哈尔前四天的事情。如上所说,来参加这次远征的土默特首领,只有席兰图、赓格尔和善巴三塔布囊,却不见鄂木布和其他台吉的身影。

《明朝兵部题行档》资料显示,喀喇沁洪台吉弼喇什似乎参加了远征。据宣府巡抚塘报:

"有看边夷人五榜什从奴营内逃出说称,昂混台吉等原系插酋亲枝。那时,插酋要杀他,反投奴酋营内,将昂混台吉升土蛇兔憨,用他领兵。又有炒花,被插酋诱哄杀死。有炒花男囊奴,因插酋杀死他父,囊奴又逃走奴酋营内去了。今昂混台吉、囊奴因奴西犯,闻言领兵与插报仇。又声言,灭插后要犯宣镇。又说,哈喇慎白言台吉男木腊石台吉在奴营内,俱系夷人之口。"②

其中提到的昂混台吉,可能是察哈尔八鄂托克之一兀鲁特部台吉昂坤,于1627年投靠了爱新国。炒花是内五喀尔喀之一乌济耶特部首领,达延汗之孙,1626年被林丹汗攻杀。囊奴是炒花的季子。值得注意的是,"哈喇慎白言台吉男木腊石台吉"这个人,大概是喀喇沁部布颜洪台吉(明代汉籍称白言台吉)之子弼喇什台吉,木腊石即弼喇什之不同音译形式。这条史料出自逃出满洲军营的"夷人之

---

① 《旧满洲档》,台北故宫博物院藏影印本,1969年,第3925—3926页。
② 《明档》,兵部尚书熊崇祯五年六月十五日题稿,宣镇巡抚沈塘报。

口",可信性较大。

但无论如何,参加这次远征的喀喇沁、土默特军队,主要是塔布囊军队。分析天聪汗对鄂木布说的"如果没有了乘骑的马,这次远征时你就坐在家里"这句话,鄂木布等台吉没有参加远征,很可能与他们的经济实力不足有关。这种局面的形成,大致与东土默特台吉们连续大败于察哈尔和明朝,以及离开故地大规模迁徙等,有着直接关系。

除了满蒙联军的进军路线以外,《旧满洲档》没有提供有关这次远征的更多细节,但《明朝兵部题行档》中保存着有关远征的翔实史料。据此,崇祯五年二月十四日,林丹汗的使者告知宣镇边臣,他将亲自到独石口讨赏。据有关情报,林丹汗调动精锐部队,将进犯明边。十五、十六日,察哈尔军队果然进犯大小白阳堡,杀明朝官军,抢人畜。在察哈尔军进犯大小白阳堡后,林丹汗于二十一日亲自到张家口边外新修库房,离明边只有十余里。明朝边臣仍按常例派人送去"迎风宴"(林丹汗到明朝近边时,明朝方面要提供宴会饮食)。二十六日,林丹汗突然离明边往北而去。原来,投诚林丹汗的科尔沁人带来了重要的军事情报:科尔沁和阿鲁蒙古将与满洲人联手,征战察哈尔。林丹汗"恐各家会合势众",于是在二十三、二十四日,将所得赏物分给部下,匆忙离开明边。实际上,察哈尔已经向明朝甘肃边外迁移。所以,满蒙联军在五月底赶到宣府边外时,不会遇见察哈尔主力。他们焚烧了察哈尔在张家口边外新修的库房,掠夺了所留货物吃食,并对守口穷夷大打出手,杀死少壮,俘获老弱①。

根据明朝兵部档案,满洲军队未曾与察哈尔主力交火,可科尔沁和阿鲁蒙古等蒙古军队曾经赶上察哈尔,进行了较大规模的战役。根据兵科抄出宣镇监视太监王坤九月十二日题本,九月初五日,据独

---

① 乌云毕力格:《明朝兵部档案中有关林丹汗与察哈尔的史料》,Researching archival Documents on Mongolian History Observations on the Present and Plans for theFuture,东京外国语大学,2004年。

石城守备陈上表禀称：

"据北栅口夜不收任国臣报称，有一骑马达子随带弓箭到边，役随即前到栅口收获，到城审得，夷人名叫伯言物，原系哈喇哈下夷人。于天启七年正月内被插汉抢去，到营内。至今已经五年有余。今于本年七月内，有卜罗好儿慎、阿不亥夷人，撞遇插酋厮杀，抢去插汉阿纥合少与哈纳两营人马。插酋迎敌赶去，将好儿慎家人马也杀了许多。我跟打什客台吉共十人老小三十有余，赶马二百匹往南朝逃走，行了五日，被插酋家头脑[恼]将打什客台吉赶上，射死。有那八人藏入树林，将我的老婆并马匹老小孩儿尽赶回去。我用箭射死一个达子，得脱身来。原骑马二匹，因无盘缠，杀了一匹，沿路寻食山梨、山葱，吃了一个月，才到边上，今来降。问他插汉王子今在那里，他说要往地名克列垠呆的搬移，还要过海去哩等情。"

又据九月初五日来独石口投降的土绑什克等三人的口供：

"原系插汉王子下人，因于本年七月初七日，与哱啰蒿儿慎、阿不亥两家在于地名扯汉哱脱郝见阵。我们是右哨人马，东方亮时候，他两家把我们左哨人马躐了。牛羊人口都抢去。左哨传报，我们右哨才知，往前迎敌，与我不亥大杀一阵，也杀了他许多。抵对他不过，把人马至未时分，四下都散了。至八月初三日，我们同老婆孩子二十一名，马一百二十匹，打插汉营内逃出，欲投南朝，走道地名五鹿垠儿天明时候，不料有插汉儿下瞭梁达子二百余人看见我们，大杀一阵，将马匹人口夺去。止跑出我们四个来，刁出马十匹，沿路乏死二匹，我们剥的吃了，今牵骑来八匹，走了一个月零二日，才到这里来。我们来时，王子还在克列路住扎。听得，奴儿哈赤、哈喇哈、阿不爱、哱啰蒿儿慎众家官儿，都上了马，要齐来仇杀插汉。我们部落下达子各逃性命，人口头畜都顾不得，只是四下投生，不知王子如今到何处去等情。"①

可见，1632年七月，蒙古的卜罗好儿慎（或作哱啰蒿儿慎，即嫩科尔沁）和阿不亥（阿鲁蒙古）军队与察哈尔部队遭遇，夺取了察哈

---

①　中央研究院历史语言研究所编《明清史料》乙编第一本，第4页。

尔的阿纥合少与哈纳两营人马,即两个和硕(军事组织)人马。阿纥合少,是蒙古语 Aq-a qošiɣu 无疑,意为"大和硕"或"为首的和硕";哈纳,意思不明。既然包括大和硕在内的军营都被敌人俘获了,察哈尔惨败的程度可想而知。伯言物还供称,林丹汗正在往克列垠呆地方迁移,而且还要过海。克列垠呆在哪里虽不得而知,但伯言物离开林丹汗以后,是经过一个月时间才到明朝独石口边境的。可见这个地方远在西北。作者认为这是甘肃边外的某一个地名。伯言物说,林丹汗从那里还要"过海去"。这个海,恐怕指的是青海湖。土绑什克等三人的口供证明,伯言物的供词是可信的。这三个人系林丹汗的部下。据他们说,察哈尔与科尔沁、阿鲁蒙古的战役发生在七月初七日,地点在扯汉孛脱郝(čaɣan botoɣu?)。他们于八月初三日从林丹汗营内逃出,走了一个月零两天,才到达独石口。当土绑什克等三人离开察哈尔大营时,林丹汗还在克列路。据此,克列路与克列垠呆应该是同一个地方。

第二节　喀喇沁、土默特人在爱新国与明朝关系中的角色

喀喇沁人在满洲爱新国和明朝交往关系中具有重要的地位和作用。起初,爱新国对明朝采取军事行动时,不征调喀喇沁和土默特军队加入满蒙联军,只是让他们的个别首领充当向导,或驻守已经被联军攻占的城镇,目的是利用他们和明朝的特殊关系。从 1631 年大凌河战役开始,喀喇沁、土默特才大规模参加征明战争。

对满洲人来说,在和明朝的交往关系中,喀喇沁、土默特人具有比其军事力量更为重要的特殊作用。喀喇沁万户与明朝接壤,双方素来关系密切。喀喇沁、土默特黄金家族和兀良哈塔布囊都同明朝保持贸易关系,并从明朝领取市赏。察哈尔西迁后,喀喇沁与满洲结盟,东土默特归附了爱新国。但是,他们并没有因此与明朝断绝关

系。如前所述,喀喇沁与满洲结盟时候,保留了与明朝进行传统贸易的权利。天聪汗是看中了喀喇沁与明朝的贸易关系。

一、满明战争中的作用

1629 年末 1630 年初,爱新国与明朝发生了大规模战争,这是喀喇沁与满洲结盟、土默特归附爱新国以后的第一次大规模的征明战争。这次战争中,爱新国与喀喇沁、土默特人所表现出的关系,特别引人注目。

天聪三年冬十月癸丑(1629 年 11 月 16 日),天聪汗率大军征明。爱新国军队兵分三路,攻入明朝境内。济尔哈郎、岳托率右翼四旗和右翼蒙古军队,从大安口攻入;阿巴泰、阿济格率左翼四旗和左翼蒙古军队,从龙井关攻入;天聪汗率代善、莽古尔泰等大军入边,进攻洪山口城。到天聪四年二月甲子(1630 年 3 月 27 日)班师,历时近四个半月,抵北京,转克遵化、永平、滦州、迁安诸地。天聪汗回盛京后,命大贝勒阿敏、贝勒硕托率兵五千前往镇守遵化、永平、滦州、迁安四城,以取代阿巴泰等人。到五月壬辰(1630 年 6 月 23 日),阿敏等败于明军,尽弃所守四城而归。这就是这次对明战争的始末。

奉天聪汗之命参加这次战争的蒙古部有:扎鲁特、奈曼、敖汉、巴林和科尔沁。有意思的是,在当时已经加入反明朝、反察哈尔联盟的所有蒙古人集团全被天聪汗动员参战的情况下,地处满蒙联军征明路上的喀喇沁与东土默特却不见于联军行列。只有喀喇沁的布尔噶图台吉和土默特的善巴塔布囊参加了几次个别的军事活动,而且显然不是代表喀喇沁、土默特二部。

先考察布尔噶都和善巴参战的情况。

一开始,布尔噶都是以向导的身份参战的。《清太宗实录》载:"以来朝蒙古喀喇沁部落布尔噶都台吉曾受赏于明,熟识路经,用为进兵向导。"[1]后来,令布尔噶都驻守罗文峪。据《清太宗实录》载,天

----

① 《清太宗实录》,天聪三年冬十月癸丑朔。

聪三年十二月，"遣杜度贝勒统伊本旗摆牙喇兵往驻遵化，携喀喇沁布尔噶都台吉令驻罗文峪。"①天聪四年春正月，据镇守遵化贝勒杜度报称，"喀喇沁布尔噶都为明兵所围，亟令我兵擐甲以往。布尔噶都已击败两营敌兵，生擒明副将丁启明，并游击一员、都司二员、生员一名。"②

爱新国军队使布尔噶都充当向导，进入明朝边境后，即令其驻守罗文峪，不再往明朝内地继续深入。布尔噶都得以立功，是因为明军的反扑。

再来考察善巴的守城情况。

令布尔噶都守罗文峪的同时，满洲军队令善巴驻守大安口。善巴却没能够完成这项任务，而是离开大安口，回到了自己的营地。《旧满洲档》天聪四年正月三十日（1630 年 3 月 13 日）条记载："驻守大安口、大安营的军队逃走了。住在村子里的百姓有一些。起初，让善巴的人驻守。"③三月二十九日（1630 年 5 月 11 日）载："我们得大安口后，即交给喀喇沁的善巴驻守。在善巴迁到边外以后，大安口汉人以为没有［驻守］军队，当明军马兵四千、步兵三千到来时，开城门迎入。听说马兵在城外排列，驻守遵化的吴讷格、总兵官察哈喇率领少数军队前往，大败明军，杀死多人，获马匹三百。"④关于这次战事，《清太宗实录》也有相关记载，但与《旧满洲档》稍有出入：镇守永平的阿巴泰报称，"我兵往略丰润县界，吴内格榜式兵并蒙古并马匹俱瘦，又恐城中有不虞之事因令之回。吴内格将至永平，会明马步兵共四千人来攻大安口，吴内格、察哈喇兵尽击杀之。又臣等未到时，吴内格、察哈喇兵于樵采处，用伏兵掩袭敌兵，获马二百三十。"⑤《旧满洲档》说杀死明军多人，《清太宗实录》说杀死了四千马兵，比较权衡

---

① 《清太宗实录》，天聪三年十二月己卯。
② 《清太宗实录》，天聪四年春正月辛丑。
③ 《旧满洲档》，台北故宫博物院藏影印本，1969 年，第 3039 页。
④ 《旧满洲档》，台北故宫博物院藏影印本，1969 年，第 3143—3144 页。
⑤ 《清太宗实录》，天聪四年夏四月庚午。

之下,觉得似乎前者更可信。

无论如何,善巴的撤离,是导致明军复占大安口的直接原因。因此,爱新国大将大贝勒代善谴责善巴,要求他回守大安口。善巴就此事致书天聪汗,陈述不能驻守大安口的苦衷,请求天聪汗的宽恕。信是这样写的:

(1)○ + sečen qaɣan-da samba tabunong. (2) samu kiy-a taiǰi. terege. (3) bičig örgün bariba. (4) + qaɣan-i öggügsen qota-du ɣurban (5) sara boltula mendü suɣuǰu (6) bila. kitad-un bayiri qoyar (7) üy-e qaɣaǰu iregsen-dü (8) bida qoyar üy-e bayiri-gi (9) čabčiba. tegünü qoyino (10) kitad-un čerig ireǰi qota-yi (11) bidan-i abči qota-du ɣal talbiǰi (12) ečibe. tere bayiri-gi (13) ünege baɣsi ire ǰi (14) čabčiba. qoyino-ača① (15) čaqar ireǰü degü-yi-mini (16) sangɣarǰai-gi alaǰi. (17) ulus mal-i dobtolǰi (18) abči ečibe. ömüne-eče (19) bidan-i kitad qoyino-ača bidan-i (20) čaqar qoyar-un dumda abtaǰi (21) ǰobaǰi baiqu-du ǰungq-a-yin (22) qota-yin oyir-a negüǰi irebe (23) bida. (24) + darqan baɣatur noyan. bidan-i qota-gi (25) büü orki geǰi bayinam. edüge (26) bida tere qota-du suɣuqula (27) čaqar ireküle sayin qoriɣ-a (28) bidan-i ügei. čaqar-tu (29) abtaǰu alaɣdaqar buruɣu (30) či bolba. (31) + qaɣan eǰin-degen ayiladqaqu mini ene. (32) čaqar-in qaɣan-i alači-du-ni (33) asaral yeke-tü (34) + sečen qaɣan-i daɣala bida. tere qota-du (35) suɣuǰu ülü bolqu-yin tula (36) ebdebe. ǰaq-a qota-du küčün (37) kürči suɣuqu

---

① 达力扎布读作 qoyino on,故译作"后一年"。所以,认为善巴"此信似写于天聪六年"(详见达力扎布著《明清蒙古史论稿》,民族出版社,2003 年,第 381 页)。作者认为应该读作 qoyino-aca,意为"从后面,从背后"。阿敏奉命镇守永平等四城,是在天聪四年三月庚寅(1630 年 4 月 22 日)至五月壬辰(6 月 23 日)之间。善巴这封信是为了说明不能应阿敏的要求继续守卫大安口之情。所以,该信应该是在阿敏尚在永平时所写。《明档》记载也证实,察哈尔攻打大安口是在天聪四年四月。因此,善巴腹背受敌,退至仲哈城,应该是在天聪四年四月。

olan čöken-i-meni （38） + qaγan eǰin-meni ayiladqu bai-y-a.

"善巴塔布囊、萨木恰台吉、特勒格①向天聪汗奉书。直到三月份，我们安然住在汗交给我们的[那座]城里。当明军两度包围时，我们两度击退[了他们]。其后，明军来夺取我们的城，纵火而去。吴讷格榜式来击败了他们。从[我们]背后察哈尔袭来，杀死了我弟弟桑噶尔斋，抢走了人畜。前有汉人，后有察哈尔，我们夹在两者之间受难。因此我们迁到了仲哈城（位置不明——引者）附近。达尔汉巴图鲁贝勒（即阿敏——引者）要我们不要弃城。[但是]如果我们如今住在那座城，如察哈尔来攻，我们没有很好的防卫[设施]。与其被察哈尔杀戮，哪怕是错了，还不如这样上奏于汗。因为察哈尔汗好杀戮，所以我们[才]顺从了大慈悲的天聪汗。因为不能住在那座城，所以毁掉了它。汗明知我们有没有足够驻守边城的人马。"②

可见，善巴不是无故擅自离开大安口，而是遭到明军和察哈尔军的同时进攻，不得已才逃回了自己的营地。这在满洲将领们的报告中没有得到真实的反映，可能是因为他们想把大安口失事的责任尽量推给善巴。善巴书信的真实性，得到了明朝兵部文书有力的证实。据宣大总督魏塘报："本月（崇祯三年四月——引者）六日侦探通事李应元进边报称，侦探间有插酋下必棒恰台吉、瓦四宰生等带领夷人五十余骑从东前来说称，要赴城讲话等情。据此随令引领到城。据必棒恰台吉、瓦四宰生等讲说，王子于三月内叫我们往东截剿奴尔哈赤，我们到彼探得，奴酋身子已回原巢，将辽东、宁远等城堡，俱留达子，每城堡一千有余住牧。其遵化、永平等处亦留许多达子，尚未出口。我们将奴酋下部夷割级三颗，赶夺马五六百匹。""探问得，来夷东边留下瞭高接报达子五千余骑，我们带来达子四千有余，赶着夺来

---

① 萨木恰台吉、特勒格二人身份不明，应该属于东土默特上层。
② 中国第一历史档案馆藏、李保文整理《十七世纪前半期蒙古文文书档案（1600－1650）》，内蒙古少儿出版社，1997年，第115—116页。

马匹从山后往王子营内去了等情。”“据蓟门报,插遣兵截奴于大安口,原欲分奴所有。”①

布尔噶图和善巴驻守罗文峪和大安口的事实说明,爱新国军队在大规模进攻明朝之际,是动员了蒙古各部,但没有让喀喇沁和土默特人参加战争,只是让他们承担了当向导或驻守被攻克的边境城镇的任务。

那么,爱新国不让喀喇沁、土默特人参加对明战争,到底出于什么目的呢?

《清太宗实录》的一段记载可回答这一问题:

天聪四年正月二十六日(1630年3月9日),“上欲息兵安民,与明修好。以婉词致书,令喀喇沁苏布地作为己书奏于明主,遣喀喇沁人持其往。书曰:朵颜三卫都督都指挥苏布地等奏。臣等累世以来,为皇上固守边圉,受恩实多。今满洲以兵强来侵,臣等不暇为备,以致被困,手足无措。切思满洲汗之意,或驻汉境,或返本土,势不使臣等出其掌握。臣等受皇上厚恩,不胜眷恋,是以驰奏。臣等闻满洲汗云:我屡书修好,明国君不允,我将秣马以试一战,安知天意之终佑我也。其言如此。皇上若悯小民之苦,解边臣之怨,交好满洲,以罢师旅,则朝廷赤子获享太平,而臣等边防属国亦得蒙恩矣。不然臣等愁困,小民怨苦,何时可已。朝廷之民不得耕耨,臣等不蒙恩泽,恐失皇上爱养斯民,优恤属国之道。伏乞皇上推仁,亟允和议罢兵,庶小民得事耕耨,臣等亦得安堵。惟愿皇上熟筹,速议修好焉。”②

不久,于天聪四年二月十四日(1630年3月27日),天聪汗结束征明战争,班师回朝③。这是苏布地上书明朝政府后仅半个多月的事。

---

① 《明档》,兵部尚书梁崇祯三年四月十四日题,宣大总督魏塘报。
② 《清太宗实录》,天聪四年春正月丙午。
③ 《清太宗实录》,天聪四年二月甲子。

从中不难发现,满洲人不征调喀喇沁、土默特参加征明战争,是为了利用他们对明朝的"边防属国"的名分。喀喇沁、土默特的塔布囊们,自其先世以来,向明朝称臣,作明朝的"属部",被称为"属夷"或"守口夷人"。苏布地等人累世作"朵颜卫都督都指挥",与明朝保持稳定的贸易关系,接受明朝政府的抚赏。虽说他们实际上是喀喇沁万户不可或缺的一部分,对明朝也是阳奉阴违,但直到喀喇沁和满洲结盟之后,他们仍然保留着明朝"属国"的名分。这一方面是为了避免遭到明朝的军事打击,另一方面是为了保证同明朝的传统经济贸易关系。喀喇沁万户与明朝政府的上述历史关系,对爱新国有其独特的利用价值。在满明对立时,天聪汗故意让喀喇沁人保持中立态度,不暴露他们和爱新国的亲密关系。当爱新国欲与明朝休战时,让苏布地以明朝"朵颜三卫都督都指挥"的名义,出面扮演调停者的角色。满明立即停战议和,当然不是因为苏布地的一纸请求书,而是有着更深刻的历史原因。但是,双方必须找到一个体面的理由,必须有一个"中立者"周旋调解。苏布地致明朝政府书正是起到了这样的作用。这是爱新国对喀喇沁的政治利用。

然而,1631年以后,喀喇沁和其他蒙古部一样,多次被征调参加了对明战争。比如1631年秋天,天聪汗征明朝大凌河城。蒙古诸部受命率军征战,喀喇沁、土默特也被征调。天聪汗致喀喇沁、土默特书云:

3440:(8)+ Qaγan-i ǰarliγ. ombu čökükür. aqun tayi ǰi. dügüreng-in gümüski. siran-tu kiy-a tayiǰi. 3441:(1)kengkel kiy-a noyan. tonoi günǰi-dü ilegebe. moritai yabaγan-i bügüde abci(2)mor-da.〔aγta〕[1] ilegütü kümün aγta-ban tesge. man-du tusiyaγsan dayisun-i bida(3)bügüdeger kičiyeküle tngri mani-yi qayiralaǰu. dayisun kümün-i(4)doroyitaγulaγulǰu bida amurqu bisiü. dayisun kümün-i

---

① 原文遗漏了aγta这个字,现根据给敖汉、巴林等其他蒙古部的同样的命令文内容补。

tariɣsan tariyan-du mani (5) unuɣsan aɣta-ban borduǰu budaɣ-a abuy
-a. cerig-ün bolǰoɣ-a ene sar-a-yin qorin doluɣan edür yangsimu-yin
dorbi-du kürčü ir-e.

"汗的谕旨。遗书于鄂木布楚琥尔、阿浑台吉、杜棱的固木斯奇①、席兰图恰、赓格尔恰诺颜、朵内衮济。带领马步全员出发。马儿多的人，要摊派。若我们大家尽力对付所遇到的敌人，天将仁爱我们，使敌人衰败，我们得以修养。让我们在敌人种的田里秣马，并收取他们的谷物。军队约期本月二十七日。到养息牧［河］的都尔弼来！"②

看来，东土默特的鄂木布、阿浑、席兰图和赓格尔等都参加了大凌河战役。

1632 年满洲远征察哈尔林丹汗，喀喇沁同往。占领呼和浩特以后，因为林丹汗早已西去，喀喇沁、土默特等在阿济格率领下掠明朝大同、宣府边外。1634 年，随大军征明，进征大同。

二、满明经济关系中的中介角色

达力扎布在其力作《明代漠南蒙古历史研究》中，深入分析了爱新国对右翼蒙古采取的特殊政策及其原因。他说，"天聪八年后金首次在明宣、大与明互市之前，主要是与朝鲜互市和转市明朝的产品。八年之后与明朝的互市逐渐占据主要地位。正因为如此，后金对鄂尔多斯、归化城土默特、喀喇沁地方采取了特别的政策。以毛罕事件为契机剥夺土默特部贵族对其属民的领有权……这样，在明中期曾因为与明朝建立贸易关系而名声显赫的顺义王俺答的后人失去部属和贵族地位，成为阿勒巴图，其中鄂木布楚琥尔一支因很早迁居喀喇沁一带而幸免，保住了贵族地位。喀喇沁部把都儿的子孙在察哈尔、

① 杜棱指苏布地杜棱。固木斯奇，应该是固鲁思奇布之误。
② 《旧满洲档》，台北故宫博物院藏影印本，1969 年，第 3340—3341 页。

205

后金的权力交替中变得一无所有,也成为阿勒巴图,真可谓其兴在与明朝贸易,其亡也在与明朝的贸易上。为保证贸易顺利进行,征伐明朝时,清廷也不征调土默特部落(指归化城土默特——引者)参战,给互市贸易制造有力的气氛。鄂尔多斯居地偏远,在贸易上无足轻重,清朝为不惊动明朝保护其市口,仍加保留。到崇德年间,该部仍与后来降清的苏尼特、乌珠穆沁、浩奇特一起被允许继续与明朝贸易和被免除了对明征伐的义务。"①归化城土默特被编为总管旗,其原因是否真的与他们同明朝的经济贸易关系有关,还需要进一步研究。达力扎布指出,爱新国不征调鄂尔多斯、归化城土默特等集团参加对明战争,并允许他们继续与明朝贸易,为的是利用这些蒙古人和明朝之间的贸易关系。这无疑是正确的。

在爱新国时期和清朝入关之前,明朝的纺织品、手工业制品和农产品,都为满洲人所亟需。正如达力扎布指出的那样,满洲人竭力争取与明朝发展直接和间接的贸易。

但是,处于交战状态中的明清两朝,要发展直接贸易是十分困难的。因此,爱新国(清朝)开始通过右翼蒙古的关系间接与明朝发展贸易。其中,喀喇沁人最早扮演了重要角色,因为喀喇沁在右翼诸万户的最东边,与满洲人的交通也开始得最早。对满洲来说,喀喇沁在宣府张家口的马市和东土默特与"山阳诸塔布囊"集团在蓟镇边境线上的贸易具有重要意义。据研究,张家口马市最繁荣时,蒙古的售马数量曾有三万五千余匹。16世纪末期,宣府马市的售马量大概为两万匹,马价银大约是十八万五千两,而这个数字基本保持至明末②。

关于喀喇沁诸集团在满明贸易中充当中介角色的情况,在17世纪的蒙汉文书档案中都有所反映。

下面,逐一研究有关这方面内容的三份蒙古文文书。

第一份文书,是塔布囊布迪松和固英写给天聪汗的:

---

① 达力扎布:《明代漠南蒙古历史研究》,内蒙古文化出版社,1997年,第335—336页。
② 达力扎布:《明代漠南蒙古历史研究》,内蒙古文化出版社,1997年,第248页。

(1) oom ma ni bad mi qong. (2) oɣtarɣui−dur urɣuɣsan naran dörben tib−i geyigülküi−dü adali. (3) orčilang−un eǰen (4) sečen qaɣan−dur. bodisung güyeng qoyar bičig örgün bariba. amitan bügüde (5) altan delekei−dür toldoiddum. altan delekei amitan bügüde−yin tulɣ−a (6) metü. qan krudi metü qaɣan bila. ǰegün ǰigür metü ǰürčid qorčin tümen činü. baraɣun ǰigür metü (7) qaɣan qung tayiji baraɣun ɣurban tümen činü bile. qorutu−yin mör−tü (8) qaɣan qung tayiji ende irebe. ende bolqula ɣučin ǰirɣuɣan tabunong−ud−un (9) ey−e eb bidan−i nige bisi. eimü−yin tulada. (10) sečen qaɣan−du ayiladqaba. sayin ečige−yin čini (11) gegen qaɣan−i tusdu. bida qota ügei bidan−i qotatai bolo−la. bayising ügei (12) bidan−i bayising−tai bolola. odači bolusa (13) sečen qaɣan cinu tustu. sayin buyan qung tayiji ta qoyar−un nige ey−e eb−iyen nige (14) bolǰi ükükü ǰobaqu amitan−u amin−i aburaǰu saɣunam. ene sayin ači−yi čini (15) tngri ečige čini örgünem−y−a. bida yambar ačiban qariɣulum. (16) qaɣan ǰarliɣ bolǰi bayinam. qudaldun−i tustu qudal−du yeke sayin bisi geǰi bayinam. (17) qaɣan−i ǰarliɣ ünen. kitad sayin duraban kürküle qudaldun−i gingger öggünem (18) bayinam. duraban ülü kürküle gingger−i ülü öggünem bayinam. bolba yaɣubi. (19) qaɣan yeke kümün endekü biyuu medeǰem−y−a. maɣu−yi abču öggügsen qudal−du−yi (20) tasuluɣsan ali qosiɣu bolba. ile ǰarliɣ bolultai bayinam. qaɣan qung tayiji (21) qoyar ireǰi qaɣan qung tayiji bolba. baqan bolud ekileǰi tümilaǰi čidaqu (22) bisi eyimü−in tulada sanaɣaban ayiladqaɣči ene bile. ende bolqula qaɣan qong (23) tayiǰi−yin tustu bodisung guying−i mongɣol kitad−in tustu üge kelem geküle (24) qaɣan qung tayiji−yin tustu tan−du yaɣun−i ǰobalang geǰi sobudi−yin tüsimed (25) tüngsinar. mani langǰung−yi ǰanči−ǰi mani langǰung degütei−gen. (26) qaɣan−du bariqu beleg ab geǰi öggügsen baqan čögöken mönggü bidan−i langǰung čöm (27) kitad−tu oruba.

eyimü-yin tustu（28） qaγan gegen degen-den ayiladdumu geǰi bičig örgün bariba.（29） sayin beleg ese oldaba. γurban qoba tabun torγ- a bai.

karacin-i bodisug［bodisung］. guyeng

"阿弥陀佛！

向像空中升起的太阳照亮四洲一般的宇宙之主天聪汗,布迪松、固英二人上书。一切生灵都仰赖金色的世界,金色的世界就像一切生灵的灶火。汗是大鹏一样的汗。女真、科尔沁万户,像是你的左翼;汗、洪台吉、右翼三万户,像是你的右翼。因为恶人的缘故,汗和洪台吉来到了这里。在这里,我们三十六［家］塔布囊不和睦。因此,奏于天聪汗。因为你的好父亲格根汗的帮助,我们没有城堡的人有了城堡,没有板升①的人有了板升。就是现在,［也］因为天聪汗你的帮助,好布颜洪台吉和你们二人和睦,在拯救垂死受难的生灵。你这好的恩德,你的天父将保佑你。我们怎能报答［这个］恩。

汗现在下谕旨说,'就贸易而言,贸易不是很好'。汗的谕旨正确。汉人高兴的时候,给贸易的 gingger（所指何物,语义尚不明确——引者）,不高兴的时候,就不给贸易 gingger。是否这样,汗是大人物,不会弄错,明知道。买献劣质［物品］的,使贸易中断的,是哪一个和硕,［汗］应该公开颁旨。汗、洪台吉两个名称,只成了汗、洪台吉［名称而已］。在短期内没有能力派出［贸易使者］。所以,这样奏闻自己的想法。在这里,为汗和洪台吉,［我］固英、布迪松想在蒙古人和汉人之间议和之际,苏布地的臣下、通事们说:'为了汗和洪台吉,你们有什么操劳的'②,并殴打了我们的郎中。我们的郎中和他的弟弟,带着我们给他要为汗购置礼品的一些银子去了汉地。因此请汗

① 原文 bayising,指住土房子的汉民,来自于汉语的"百姓"。据 17 世纪的满蒙档案,当时有些南蒙古人集团拥有一定数量的板升,实际上是他们的私属农民。见于记载的有"察哈尔板升""土默特板升"(内)"喀尔喀板升"等。后来,板升指土房子,因为被称作板升的汉民都住在土房子。但是,这一变化的发生,是比较晚的事情。
② 意为:汗和洪台吉的事,与你们有何相干。

明鉴,奉上此书。

没获得好礼品,有三个琥珀、五匹缎子"。

文末老满文备注:"喀喇沁的布迪松、固英。"①

前文已提及,喀喇沁汗和洪台吉被林丹汗打败后,在 1628 年初逃到了其属部。当时,大塔布囊万旦卫征、马济、赓格尔和其他塔布囊们和汗与洪台吉生活在一起。布迪松和固英应该是他们当中的两个人物,因为他俩显然是站在了汗和洪台吉的立场据理力争。文书写成的时间,应该是 1628 年秋天,喀喇沁和满洲正在着手结盟之际。因为文书提到喀喇沁成为爱新国的"右翼"的同时,还说"就是现在,[也]因为天聪汗你的帮助,好布颜洪台吉和你们二人和睦",显然是在布颜洪台吉仍在世的时候。而布颜洪台吉是在 1628 年 6 月至 8 月之间去世的。

根据该文书,此时爱新国已经开始利用喀喇沁人和明朝的贸易关系。当时,蒙古某和硕曾经因购买明朝的劣质物品送给天聪汗,而中断了蒙古与明朝之间的贸易。布迪松、固英二人派人到明朝贸易,据说还有为天聪汗购置礼品的专款。文书还透露,围绕明蒙贸易问题,苏布地等当时在明朝宁远边内的大塔布囊和以喀喇沁汗、洪台吉为首的台吉塔布囊们存在很大的矛盾。

这些信息证明,爱新国从很早开始就已经注意到利用喀喇沁人和明朝之间的贸易活动。

第二份文书,是喀喇沁的万旦卫征致天聪汗的书。其文如下:

A:(1)owa suwasdi siddam. (2)sečen qaγan-du bičig bariba. kitad-in törü-yin tulada. (3)li lam-a-yin üge (4)qaγan-du ayiladqa ǰi bila. tere ǰabsar-tu (4)dügüreng amidu bulaγ-a kürge ǰi namayi mede gele bi (5)kelelčenem ge ǰi kitad-tu bičig biči ǰi. kitad-in üge.

---

① 中国第一历史档案馆藏、李保文整理《十七世纪前半期蒙古文文书档案(1600-1650)》,内蒙古少儿出版社,1997 年,第 141—142 页。

（6）ene törü-yi dügüreng namayi mede. oyiǰang namayi mede（7）geǰi
bayinam. dotaɣur（8）sečen qaɣan-i elči mandu irele. tere elči-yi
qariɣulba.（9）sečen qaɣan-i tamaɣ-a bičig ken-dü ögküle. tere
kümün（10）kelelčetügei. geǰi kitad-in üge tere.（11）sečen qaɣan-i
ǰarliɣ <u>dürben</u> keletei qadamal bičig toqoǰi ača（12）geǰi bile. dayidu
urid oruǰi. ende erǰi（13）oluɣsan. nam-a sanggidi subasida ǰongkina.
（14）bisi-yi-ni qoyina eriǰi üǰey-e.

B：meihe aniya sunja biyade <u>karacin</u> wndan-i unggihe bithe

"愿吉祥！

向天聪汗奉书。因与汉人议和事，曾经把李喇嘛的话奏闻了汗。
其间，杜棱［给汉人］送去活貂，说'［天聪汗］让我做主。我将要讲'。
写这样的书给了汉人。汉人的话：'这议和事，杜棱说让他做主，卫征
［也］说让他做主。天聪汗的使臣也秘密地来到我们这里，［我们］已
经让他回去了。天聪汗把印信给了谁，谁就来讲吧'。这是汉人的
话。天聪汗的谕旨，叫［我们］送去四语合璧书。先［带它们］去了大
都。这里找到的有'nam-a sanggidi subashida jongkina'。[1] 其余的日
后再找找看。"

文书背后用老满文写的备注："蛇年五月喀喇沁的万丹送来
的书。"[2]

根据该文书内容，明朝与满洲人不直接讲和，拒绝了天聪汗派遣
使者问题。所以，喀喇沁人因有利可图，便在满明之间充当中介角
色。喀喇沁台吉、塔布囊们就谁唱主角的问题也进行了角逐。万旦
卫征和苏布地杜棱，本来是胞兄弟，可即便如此，在利益面前也严重
地对立了起来。明朝政府的态度是，无论是卫征还是杜棱，只要有天

---

[1]　这应该是一部梵文经名，就是天聪汗所需要的四语合璧的经书，但需要进一步考订。

[2]　中国第一历史档案馆藏、李保文整理《十七世纪前半期蒙古文文书档案（1600-
　　　1650）》，内蒙古少儿出版社，1997年，第56—57页。

聪汗的印信这一信物，就可以来讲和。这是天聪三年的事情。可见，爱新国一经与喀喇沁联盟，就让他们出来在满明之间斡旋。下面要讨论的另外一份文书，就是这次满明议和内容，实际上就是双方建立贸易关系问题。

第三份文书，是万旦卫征致天聪汗和大贝勒阿敏的书。内容如下：

A：（1）owa sawasdi siddam.（2）sečen qaɣan（3）yeke noyan qoyar-tu（3）oyiǰang tabun ong bičig bariba. kitad-in törü-yin（4）tula-da degegsi bičig bariɣsan（5）sečen qaɣan（6）yeke noyan qoyar-in elči mordaɣsan qoyina irebe. mani bičig bariɣsan.（7）iǰaɣur ene törü-yi kelelčegsen. li lam-a genem. tere lam-a ireǰi（8）kelelčeküle yambar geǰi bile. li lam-a ireǰi. namayi kelelče gekü metü bolusa（9）sečen qaɣan-i tamaɣ-a bičig čöken elči abču ire. bi kelelčesü geǰü bayinam.（10）sečen qaɣan-du li lam-a ečiǰü ǰolɣasan-du. erike-ben martaǰu iregsen bile.（11）sečen qaɣan erike-yi minu ögčü ilegeged. ǰirɣuɣan bulaɣ-a. tabun ǰin kümün em ögčileǰü bile.（12）sečen qaɣan-du erike-yi ögčü ilegeged. em bulaɣ-a qoyar nada bayiǰu bila.（13）sečen qaɣan-u gegen-dü ile bai-y-a genem. kitad-in mandu öggügsen bičig. qaračin-i qaɣan. qung tayi tayiǰi. tonoi günǰi. ayusi bodisung. kengkel（14）kiy-a noyan. edün noyad tabun ong-ud mani kelelče geǰi bayinam.（15）mani kelelče geküle. mandu（16）ǰarliɣ-iyan bolqu bayinam. ali kümün-i kelelče geküle. tere（17）kümün-dü.（18）ǰarliɣ-iyan bolqu bayinam.

B：karacin-i wandan tabunong unggihe bithe
"愿吉祥！
向天聪汗、大贝勒二人，卫征塔布囊奉书。因与汉人议和事，已向上面奉上了书。天聪汗和大贝勒二人的使者，在[他们]走了以后到来。我们奉上的书[写道]：听说原来讲和的人是李喇嘛，[所以]

提议让李喇嘛来讲怎么样。李喇嘛来后说,'如果让我讲,就带来天聪汗的印文和少数使者。我讲吧。[先前]李喇嘛去拜见天聪汗的时候,把念珠忘了带回来。[后来]天聪汗把我的念珠送过来,还给了六[张]貂[皮]和五斤人参。[我李喇嘛]把念珠[又]给天聪汗送了过去,把人参和貂[皮]留在了我这里。天聪汗明心一定记得很清楚吧'。汉人给我们的书:'喀喇沁的汗、洪台吉、朵内衮济、阿玉石、布迪松、赓格尔恰诺颜等这些诺颜和塔布囊说,让我们讲[和]'。如果让我们讲,[就]应该给我们颁下谕旨。如果让谁讲,就应该给谁颁下谕旨。"

文书背后的老满文备注:"喀喇沁的万丹塔布囊送来的书。"①

这份文书不具写作时间,收件人是"天聪汗和大贝勒"二人,所以可断定写于天聪四年六月七日(1630 年 7 月 16 日)之前。因为,大贝勒阿敏在天聪四年三月受命往守永平等四城,六月初兵败逃回沈阳。天聪汗于初七日命诸贝勒议阿敏十六条罪状,众议当诛,"上不忍加诛,免死幽禁,夺所属人口、奴仆、财物、牲畜"②。根据内容,万旦卫征这次奉书的目的,仍然是为了争取在满明之间充当讲和"特使"之权,而且明朝方面的代表同样是李喇嘛。所以,这份文书作成的时间与万旦卫征的第一封信件相隔时间不会太长,应该是在 1629年下半年到 1630 年上半年之间。根据该文书内容,喀喇沁的汗、洪台吉、朵内衮济、阿玉石、布迪松(即和固英一起致书天聪汗的那个人)、赓格尔恰,以及万旦卫征塔布囊等,向天聪汗极力争取"讲和特使"角色。这正是喀喇沁内部的与苏布地对立的阵营状况。

这些文书说明,满洲人很早就注意到了喀喇沁塔布囊与明朝之间的特殊关系。他们一与喀喇沁订盟,就开始利用这一关系,通过喀

---

① 中国第一历史档案馆藏、李保文整理《十七世纪前半期蒙古文文书档案(1600－1650)》,内蒙古少儿出版社,1997 年,第 101—102 页。

② 《清太宗实录》,天聪四年六月乙卯。

喇沁与明朝进行贸易。在满明兵戎相见的岁月里,喀喇沁在满明关系交往中所起的作用显得特别重要。

明朝虽然早知喀喇沁与它的三十六家塔布囊已经"投奴",但是一直没有中断与他们的贸易活动,并一再下令强调,严防"东夷"混入喀喇沁贸易使团。然而,明朝的防范措施根本无法奏效。满洲人一直在利用喀喇沁与明朝的贸易,不断派人渗入喀喇沁贸易使团,以分享贸易利益。

在《明档》里,保存着一些有关喀喇沁诺颜与山阳塔布囊们同明朝贸易的档案记载。时间是在明朝濒临灭亡的最后十五年里。

崇祯二年(1629),督师尚书袁崇焕题称:

"准兵部咨该本部题前事等因,奉圣旨,据报西夷市买货物,明是接应东夷,籍寇资益,岂容听许。你部一面行督抚官加紧提备,仍著袁崇焕、喻安性详加计度具奏。钦此钦遵。抄出到部备咨到臣。该臣会同蓟辽总督喻,查得,哈喇慎三十六家,原在蓟辽抚赏,仇于虎(指林丹汗——引者)而未与奴通。自去年,虎酋攻伯彦黄台吉,据其故穴,彦死之,而我不能为各夷之依。夷遂依奴以自固。且夷地荒旱,粒食无资,人俱相食,且将为变。……惟蓟门陵京肩背,而兵力不加,万一夷为向导,通奴入犯,祸有不可知者。臣是以招之来,许其关外高台堡通市度命,但只许布米易换柴薪,如违禁之物,俱肃法严禁,业责其无与奴通。各夷共谓,室如悬磬,不市卖一二布帛于东,何由籍其利以糊口。宁愿以妻子为质,端不敢诱奴入犯蓟辽。哀求备至,各置妻子于高台堡。边外历历也,臣亲出谕之。见其穷迫所为。若绝其活命之方,则立毙之也。……等因,奉圣旨:西夷通奴,讯防紧要。奏内各夷市卖布帛于东,明是接应,何以制奴。着该督抚严行禁止。"①

---

① 《明档》,兵部崇祯二年三月初二日行稿,督师尚书袁崇焕题本。中央研究院历史语言研究所编:《明清史料》甲编第八本,第707页。

据此,喀喇沁被林丹汗打散以后,袁崇焕曾经允许喀喇沁诸塔布囊在宁远前屯卫的高台堡开市贸易,允许以柴薪换布米。在明朝方面警告诸塔布囊不得与满洲人通商时,塔布囊们并不隐瞒与满洲人的贸易,公开以"籍其利以糊口"为辞。喀喇沁塔布囊们以他们的妻子儿女作为人质,答应决不引领满洲入犯明朝。看来,满洲人不调遣喀喇沁参加对明战争,确实为了保证他们的安全,目的是利用喀喇沁人的贸易活动。

喀喇沁塔布囊与明朝之间的贸易活动一直持续到1644年。《明档》里可以断断续续见到这方面的记载。下面仅举一例:

"钦差巡抚宣府右金都御史朱塘报,为夷情事。本年三月初一日未时,据分守道吴崇彻塘报前事,本年二月二十九日申时,准右卫路参将吕智塘报,本年二月二十八日申时据张家口堡守备陈至猷禀称,本月二十八日卑职早赴市口,蒙本路督同卑职并通官杜虎等,察放各夷,进圈货易间,续有慎夷下好人郎素喇嘛及守口夷目斤力、哑班兔等赴市台禀云:有我们官儿威敬台吉等说,我们自正月十一日到边货易,至今买了些货物,也还不足,还要买些。在市日久,我们官儿要三五日内回巢。差我们进来报知你们里边知道,显是我们来去得明等情。据此,遂赏各夷酒饭。吃毕,下台出口去。讫等因到职。据此除行道将侦备外,理合塘报。崇祯十七年三月初二日。"①

崇祯十七年三月初二日,是1644年4月8日。这是目前能够见到的有关喀喇沁与明朝进行贸易的最晚的一条史料。

在《明实录》《旧满洲档》和《清太宗实录》里也有一些关于喀喇沁与明朝贸易的零星记载,前人研究论著中均已引用过。本文不再赘述。

---

① 《明档》,钦差巡抚宣府右金都御史朱崇祯十七年三月二日塘报。

第九章　喀喇沁万户各集团的结局

本章将探讨喀喇沁万户各成员的结局和到清朝时的去向。纵观喀喇沁万户的情况,其成员有的附他部而居,有的被编入蒙古八旗和满洲八旗,有的则变成了外藩札萨克旗,处境各异。具体情况究竟怎样呢?

第一节　东土默特的结局

东土默特人在 17 世纪 20 代年末期曾经强大一时,后在林丹汗和明朝的两面夹攻面前,蒙受了巨大的损失。东土默特投靠满洲以后,最初企图返回龙门以北的老根据地,但在明朝的军事压力下终于放弃了这一念头。入清以后,满洲人在东土默特设立了两个札萨克旗,指定了新的牧场。

一、东土默特与明朝的战争

(一)永宁之变

在第七章第一、二节曾讲过,17 世纪 20 年代初期,东土默特还很强大,在遭到林丹汗进攻后,才迅速走向衰落。

1628 年,鄂木布等为避林丹汗迁到白马关边外以后,不断进犯明边。巡按直隶监察御史叶成章的题本中写道:

"敖、庆(鄂木布与弟七庆——引者)等酋连年虽称狡诈,屡犯鼠窃,不过挟赏。自插酋(林丹汗——引者)西来,逼彼潜藏白马关等处边外驻牧,纠结东奴,西合白言部夷(喀喇沁——引者),借势狂逞,于七月内聚兵二三千，犯靖胡，被我官军割夷级，夺夷器、马匹，怀恨不散。今又借兵数千，拥众折墙，又犯委属，大举欲抢延庆州川，其势不小。幸官军拒敌，杜维栋、王乾元安营坚壁，彼冲数阵不开，反被枪炮击死多夷……"①

鄂木布等似乎在七月间曾经犯抢明朝靖胡堡，后遭失利。但是，九月份的战事却不像叶成章所说的那样，明军"安营坚壁"，土默特"反被枪炮击死多夷"。叶成章受了边防低级军官的蒙骗。九月份的战事，说的是"永宁之变"。这次事变发生后，参加永宁战事的各将领隐瞒败绩，谎报军情，但终于引起了明朝政府的猜疑。在崇祯帝严令澄清事实之后，钦差巡按直隶监察御史王会图秘访相关地方，经一番调查，实情终于水落石出。

"永宁之变"发生在崇祯元年九月四日（1628 年 9 月 30 日）。按照王会图秘密查访所得，其经过大体如下：东土默特于九月初三日夜间入犯，边哨放炮传烽。永宁（今北京市延庆区永宁镇）参将杜（维栋）因天色昏黑，不便出城。至四更时分，因闻蒙古人已过了阎家堡（今北京市延庆区阎家庄），遂统领兵马及宣府防兵出城迎敌。天将拂晓时，南山王（乾元）参将也领兵马前来支援。在永宁至香营（今北京市延庆区香营乡）的途中，杜、王合兵扎营，与土默特人对阵相持。土默特人大声呐喊，作冲击状，宣府马兵先逃，杜、王之军随之崩溃，步兵被土默特人杀死许多。杜、王二人带领残兵到永宁城里吃饭，听闻怀来营、龙门所、静胡堡军队来援，便出城合营。宣兵将怀来援军当成土默特人，后又逃走。据称，如援军不来，永宁城也难保。事后，为了欺上蒙下，"查兵数，死兵已补活；欲验腰牌，则旧牌已换新牌；欲令告状，则家家恐吓，处处阻拦；欲看死身，则有主的各人领取，无主的到处藏埋"。据王会图调查，在"永宁之变"中，宣府兵死了106 人，南山兵死了约 400 名，永宁兵死了约 300 名②，共计 800 余人。

---

① 《明档》，兵科抄出巡按直隶监察御史叶成章崇祯元年九月间题本（残）。
② 《明档》，兵科抄出钦差巡按直隶监察御史王会图题本，崇祯元年十月二十三日奉旨。

这是明末明蒙之间发生的一次较大战役,明军蒙受了巨大损失。

九月二十九日,明军似乎向东土默特进行了报复。在战争中,明军打死了东土默特重要首领之一、鄂木布之兄七庆,但是自身损失也相当大,叶成章说,"此役也,我兵固多损伤,而歼其巨魁"[①],就是证据。

到了1629年,情况发生了重大变化。正如前文指出的,6月中旬,林丹汗大举进攻东土默特,鄂木布仓促退向白马关边外。鄂木布一边抵抗察哈尔的进攻,一边和满洲爱新国进行积极联络,最后在1629年11月正式表示归附天聪汗。1629年末1630年初,鄂木布率部东迁,亲赴爱新国。

(二)东土默特东迁

那么,1629年6月以后,鄂木布的主力迁到了什么地方?宣大总督魏云中在崇祯三年(1630)的塘报中提供了许多相关的第一手资料。现摘录如下:

"崇祯三年六月十七日,据怀隆道右参议陶尔德呈报,本月十三日申时据永宁参将孙庆手本报,本年六月十一日申时据四海冶守备饶亂禀称,本月十一日巳时据远哨夜不收徐四报称,有守口夷人背都儿从曹家寨前来到边说,有敖目台吉并喇嘛等俱从东回到曹家寨住下,要吃彼处赏。将精兵留下,分付我们散夷先回各口,待我得,便去东路边上问他要赏。……等情到道为照,敖目素性慓悍,且又投顺东奴,势焰益炽。今住曹家寨,留精兵,遣散夷,托名要赏,其情巨测。除严行沿边将备等官,以免整顿兵马,布防提备,一面远差通事,侦探确情,令文弛报等因呈报到职。……本年六月二十日,又据该道呈报前事,本月十六日申时据永宁参将孙庆具报,本月十四日午时据周四沟守备高崇让禀称,本月十三日戊时据远探长哨张士贤口报,敖目下部落夷人约有三百余骑随带夷帐、牛羊,从东喜峰口边界回到本边境

① 《明档》,兵部题,宣大巡按叶成章崇祯二年二月初九日题本。关于七庆之死,参见中央研究院历史语言研究所编:《明清史料》甲编第八册,第707页。

外地名宝山寺下帐住牧,其头畜行囊觉比往时盛多。又于十五日午时据四海冶守备饶俛禀称,本月十四日未时据原差出边长哨夜役何江报称,探得敖目部落夷人八班代等随带帐房二十余顶,从东边回来,在于本堡边外伞把沟一带住下,口称系敖目发回各口,共约夷人四五百名等情。……又据靖胡堡守备郭秉忠禀称,本月十四日申时据原差出哨夜役李京口报,役等哨至边外地名宝山寺等处,离边约远二百余里,遇有旧职夷人猛可代、老奇子说称,敖目、喇嘛俱在东边曹家路边外,先差散夷四五百名,随带帐房往这边上各口住牧。我官儿、喇嘛随后亦来边上要赏等因,各禀到职。据此看得,敖目与奴酋相通,今部夷渐渐复回,唯恐其中隐藏东夷蓄谋。……又据参将孙庆报相同。据此为照,敖目虽曰小丑,从来狡猾,为永宁一带大害。去冬投奴,敢肆谩书,寻复贪我市赏,就我绦繳。数月来查不知踪迹,盖多从奴作虐,近复领部落西来,桀骜之形,已见其端。"①

由此可知,鄂木布(敖目)的主营当时迁到了曹家路、喜峰口以北的边外地方。曹家路,在今天河北省遵化市北部的曹家堡一带。所以,曹家路边外,当在今河北省兴隆县南部临近曹家堡的地方。喜峰口在今河北省迁西县正北,喜峰口边外则应是河北省宽城满族自治县地方。可见,鄂木布从现在北京市西北迁到了北京市东北,到了当时明朝蓟镇边防范围之内。

(三)明军大破东土默特

根据上引宣大总督的塘报,崇祯三年六月十一日至十四日(1630年7月20日—23日)几天,鄂木布带领喇嘛、诺颜等人,从喜峰口边外向西移居曹家路边外,并派遣部下人口四五百到老根据地宝山寺一带。明朝方面认为,鄂木布的这次迁徙可能是"隐藏东夷蓄谋",所以严加提防。鄂木布的此行目的,实际上是来讨要原来明朝方面的赏物。

---

① 《明档》,兵部题行,宣大总督魏云中崇祯三年六月二十五日塘报。

宣府总兵董继舒禀称：

"连日密侦敖酋消息，今回牧永宁、白河边外一带者，乃其零星部落耳。……敖(敖目，即鄂木布——引者，下同)尚有子公布台吉暨其喇嘛，俱称狡猾为患，况欲来永宁讨要新旧赏物。彼既恋此，是饵就此，伺见乘机，尽可以计图之，方得拔除祸根。待侦有的报，敖果实在何处，与何部落联营，令行禀报。总之，机有可图，务令入我网络，无一脱漏。"①

董继舒看穿了鄂木布恋赏之心，准备抓住这一机会，把东土默特部一网打尽。

据宣府巡抚杨述程题本，崇祯三年十月十九日(1630年11月22日)，总兵孙显祖和董继舒在四海冶和龙门塘子冲等地杀死了大量东土默特人。题本称：

(十月十九日)"随接董总兵塘报，于北路龙门塘子冲等处出口，斩获夷级六十二颗内，据通事谢添银认识有名恰首二颗：解生恰、把独儿恰。得获牛八只，夷器、弓箭四百六十七件。轻伤家丁二名，设四关马四匹。又据孙总兵塘报，于四海冶等处出口，主客各营兵通共斩获首级一百七十三颗内，据通事马金等认出恰首六颗，得获达马六匹，牛二十七只，夷甲七领，盔九顶，弓矢刀杖夷器共一千五百七十三件。重伤家丁五名，轻伤家丁九名，阵失马十七匹，回营倒死马二十八匹。"(这次战事)，"少可以剪奴酋之翼，而寒西夷之胆，下可以舒中华之愤，上可以释皇上西顾之忧，岂不为宣镇仅见之一大奇捷哉。"②

可见，这次孙显祖和董继舒出边斩杀了235人，缴获军器2000余件，而自身几乎没有什么损失。所以，宣府巡抚杨述程称之为"宣镇仅见之一大奇捷"。其实，董、孙二总兵屠杀的是从东土默特返回

---

① 《明档》，兵部尚书梁崇祯三年七月十九日题，宣府总兵董继舒禀。

② 《明档》，兵部题，兵科抄出，钦差巡抚宣府等处地方赞理军务督察院右金事都御史杨述程题本，于崇祯三年十月初八日奉旨。

故地的零星部众,并非鄂木布的精锐。前引魏云中的"敖目、喇嘛俱在东边曹家路边外,先差散夷四五百名,随带帐房往这边上各口住牧"的报告,便是佐证。但无论如何,这次剿灭对东土默特人的打击极其沉重。从此以后,东土默特只有百余人零散留居永宁以北的老家,偶尔袭击明边①,大部分则不再西来,出现了前一章所提及的"敖部住牧巢穴,并无夷人踪迹"的局面。此后,正如宣镇监视王坤所说,"永宁边外旧为敖目巢穴,受我戎索有年矣。自叛顺归奴,屡开边衅。崇祯三年始行剿杀,断其抚赏。年来移帐而东,不复敢南向牧马,宣东颇觉安静"②。

二、并入清朝与札萨克旗的建立

前文所引的东土默特俘虏特轮住、克令住二人的口供说,"敖目于崇祯二年十一月内投了奴儿哈赤营内"③。永宁参将孙庆等人的禀报也指出,鄂木布于"去冬投奴,敢肆谩书,寻复贪我市赏"④。所以,鄂木布投靠天聪汗的时间应在崇祯二年冬十一月内,即 1629 年 12 月下旬或者 1630 年 1 月上旬,这个时间大概是没有问题的。

但是,鄂木布第一次出现在爱新国档案记载里是在天聪五年正月二十四日(1631 年 2 月 24 日)。《旧满洲档》记载:

3381:(8)(aniya biyai) orin duin-de karacin-i ombu taiji aniya araha doroi (9) han-de hengkileme jihe. …… 3393:(7)(ilan biyai) ice inenggi karacin-i ombu cukur-de hengkileme jihe doroi emu morin (8) -de foloho enggemu hadala tohofi hinter〔hilteri〕uksin saca acifi. jai emu morin. emu losa buhe. (9) ice juwe-de karacin-i ombu cukur genehe.

"(正月)二十四日喀喇沁的鄂木布台吉以贺年礼来叩见汗。……

---

① 中央研究院历史语言研究所编:《明清史料》乙编第二本,第 106 页。
② 中央研究院历史语言研究所编:《明清史料》乙编第二本,第 124 页。
③ 《明档》,兵部题行,宣府总兵董继舒崇祯四年正月十五日禀报。
④ 《明档》,兵部题行,宣大总督魏云中崇祯三年六月二十五日塘报。

(三月)初一日,以喀喇沁的鄂木布楚琥尔来叩见之礼,给了他一匹配雕花鞍辔和披上明叶甲胄的马,以及一匹马一头骡子。初二日,喀喇沁的鄂木布楚琥尔归去。"[①]

可见,鄂木布投靠天聪汗后,并没有直奔爱新国,而是率部东迁,到了明朝蓟镇边外游牧。1631年正月,他第一次到盛京拜见天聪汗,祝贺正旦。这次去的东土默特人还有善巴、席兰图、赓格尔等大塔布囊[②]。此后,东土默特诸塔布囊不断被天聪汗征调,参加对察哈尔和对明战争。鄂木布等东土默特台吉则在大凌河战役以后,在史籍记载中基本销声匿迹,没有多少战功。

1635年天聪汗把喀喇沁、土默特正式并入爱新国时,鄂木布台吉被允许保留管理部众的权力,东土默特部被完整地保存了下来。

从1634年起,为了更有效地统辖归降的蒙古各部,爱新国统治者开始在东南蒙古各部划定地界,清查人口。1635年3月24日,爱新国对喀喇沁、土默特人进行清查,查出早期内附的"在内喀喇沁"和仍在蒙古诺颜、塔布囊统治下尚未并入爱新国的"在外喀喇沁"蒙古壮丁共16932名。这些所谓的"内外喀喇沁"不仅仅是狭义的喀喇沁人,而且还包括东土默特人和其他被称作"喀喇沁"的人,比如阿速特人。天聪汗在这部分人中设立了三个特殊固山(gūsa)和八个一般固山。在三个特殊固山中,第二、三个固山是由东土默特诺颜与塔布囊及其领民组建的。再看《旧满洲档》的相关记载:

4143:(1)tere inenggi . karacin-i monggo-be haha tolofi. dorgi tulergi uheri juwan emu gūsa banjibufi(2)gūsa toome ejen sindaha. ……(10)ombu cūkur uyun tanggū juwan ilan haha. batma tabuneng-ni gūsin ilan haha. ombu taiji juwan 4144:(1)duyin haha. boroi emu tanggū nadan haha. ahūng hiyai ilan tanggū susai sunja haha.(2)so-num-ni ilan tanggū jakūnju juwe haha. jaisang-ni orin juwe haha. ere

---

① 《旧满洲档》,台北故宫博物院藏影印本,1969年,第3381、3393页。
② 《旧满洲档》,台北故宫博物院藏影印本,1969年,第3377—3378页。

uhereme emu minggan. jakūn (3) tanggū. orin ninggun haha-de ombu
cukekur-be gūsai ejen obuha. (4) kengkel emu tanggū jakūnju jakūn
haha. karma. jamso. cokto ere ilan niyalmai jakūnju ninggun haha. (5)
ūljeitu emu tanggū ninju uyun haha. lamashi ninju ilan haha. coski ori
duin haha. garma ninju (6) haha. ociri orin juwe haha. Šamba-i ilan
tanggū ninju juwe haha. ayusi emu tanggū juwan haha. (7) sabandai
emu tanggū nadan haha. lahui uyunju sunja haha. sirantu-i juwe tanggū
uyunju ninggun haha. (8) subudi . dorji orin ilan haha. ajinai jakūnju
ninggun haha. sereng-ni gūsin jakūn haha. bandi dehi ninggun (9)
arasiyan-i gūsin juwe haha. dorji emu tanggū juwan duin haha. ayosi
uyunju haha. ere uhereme (10) juwe minggan juwan haha-de kengkel.
Šamba-be acan kadala seme gūsai ejen obuha[1].

"那天，数喀喇沁壮丁数，内外共设十一固山，每固山设额
真。……鄂木布楚琥尔913丁，巴德玛塔布囊33丁，俄木布台吉14
丁，博罗107丁，阿浑恰355丁，索诺木382丁，斋桑22丁，共计1826
丁。命鄂木布楚琥尔为固山额真。赓格尔188丁，噶尔玛、扎木苏、
绰克图三人86丁，斡尔斋图169丁，拉麻斯希63丁，绰思熙24丁，噶
尔玛60丁，俄其尔22丁，善巴362丁，阿玉石110丁，萨班代107丁，
拉虎95丁，席兰图296丁，苏布地、多尔济23丁，阿济鼐86丁，色楞
38丁，班迪46丁，阿拉西延32丁，多尔济114丁，阿玉石90丁，共计
2010丁。命赓格尔和善巴同管，令[他们二人]为固山额真。"

其中的"那天"，是指天聪九年二月六日（1635年3月24日）。
这条资料较详细地交待了东土默特主要台吉和塔布囊的实力。他们
拥有的壮丁数量，就是他们出征时能够带领的军队人数，标志着他们
支配人口的众寡。该史料显示，鄂木布等东土默特台吉拥有相当多

---

[1] 《旧满洲档》，台北故宫博物院藏影印本，1969年，第4143—4144页。该资料在《满文
老档》和《开国方略》中都被省略，只有《清太宗实录》予以完整收录了下来。

的人口,约占东土默特部全人口的近一半。鄂木布等东土默特台吉没有被编入八旗组织,而且被编为独立的固山,这与他们拥有较强的实力有直接关系。

必须指出,1635年建立的这两个固山,还不是后来在蒙古普遍建立起来的和硕(qosiɣu),即旗。但是,在八旗以外另建三个特别的固山足以表明,爱新国朝廷当时已经开始酝酿针对蒙古各部采取另外一套政治、行政制度的方案。不过,这个方案还没有完全具体化。当时天聪汗可能还只是设想,让那些仍然拥有大量属民的蒙古贵族继续统治他们的兀鲁思,通过其他有效的制度控制他们。在新建的三个特别固山设立"固山额真"(和硕之主),并由天聪汗亲自确定其人选,已经说明了这一意图。

1636年5月15日(天聪十年夏四月乙酉),天聪汗受"宽温仁圣皇帝"尊号,改国号为"大清",改元为"崇德",大清王朝正式建立。之后,崇德皇帝进行了一系列政治、行政制度改革,以适应新的形势。此时,满洲对蒙古实行的政治、行政制度也初步成熟,对拥有大量蒙古领民并据有广大牧地的蒙古各大贵族的部众,设置了与蒙古八旗制度截然不同的外藩蒙古旗制,后来逐渐趋于完备并制度化,成立起外藩蒙古札萨克旗。1635年,在喀喇沁万户废墟上设立的三个特别固山,逐渐演变成了外藩蒙古旗。

《钦定蒙古回部王公表传》载,天聪"九年,诏编所部佐领,设札萨克三:曰善巴、曰赓格尔、曰鄂木布楚琥尔。赓格尔者,善巴族也。崇德二年,以罪消札萨克,善巴领其众,自是土默特分左右翼。命善巴及鄂木布楚琥尔掌之。"[1]该记载中包含着原则性的错误。据前引《旧满洲档》的记载,天聪九年设三固山时,并没有编佐领,更没有设立札萨克。这是《钦定蒙古回部王公表传》的作者以自己所熟悉的蒙古札萨克旗的组织形式来解释原始资料所致。当时三固山,只设有"固山额真",而没有札萨克。善巴与赓格尔合掌一个固山这件事就

---

① 祁韵士等:《钦定蒙古回部王公表传》卷二十五,文渊阁四库全书本。

足以证明,当时的固山与后来的札萨克旗根本不同。所以,《钦定蒙古回部王公表传》所说,崇德二年消赓格尔的"札萨克",也纯属"以今释古"。据《清太宗实录》载,因为耿格尔(即赓格尔)克明朝昌平时,私自祭纛,所以被革去了他的称号。至于其称号,康熙本作"查萨坤虾诺颜号",而乾隆本作"革去查萨衮诺颜号"①。前者是蒙古语"ǰasaɣ-un kiy-a noyan"的音译,后者是蒙古语"ǰasaɣ -un noyan"的音译,而且前者是原始记载。"ǰasaɣ-un kiy-a noyan",用清代规范的转写,就是"札萨克恰诺颜"。在入清以前,无论是"札萨克"还是"恰",都是蒙古社会—军事组织—和硕里的执政者的称号。赓格尔被称作"札萨克恰诺颜",可见他不是严格意义上的"札萨克"。

崇德二年以后,土默特确实被编成了两个札萨克旗。善巴一旗被称为土默特左旗,俗称"蒙古镇旗";鄂木布楚琥尔旗为土默特右旗。那么,善巴旗为什么被称作土默特旗呢?因为他们是土默特黄金家族的阿勒巴图,一直自称土默特人。这在《旧满洲档》等原始史料里能找到充分的证据。如前所述,他们与外界联系时,基本上用万户的名称,即喀喇沁,但在万户内,自称土默特人,就像喀喇沁的塔布囊自称喀喇沁人一样。不是和田清所说"喀喇沁别部冒用土默特的名称"②的问题。那么,善巴旗为什么又称"蒙古镇旗"呢?蒙古镇,即 Mongɣoljin,明代文献的写法为"满官嗔"。蒙古中央六万户之一的土默特万户的全称是"满官嗔—土默特"。东土默特人是从该万户中分离出来的,所以,他们自称土默特的同时,还自称满官嗔。东土默特的塔布囊们也随之或自称土默特,或自称满官嗔,因此,满官嗔一名就保留在了东土默特塔布囊中。这一点,特木勒的论文已谈及③。

土默特二旗建旗的时候,其牧地在哪里,现在还没有能够直接说

---

① 《清太宗实录》,崇德二年冬十月庚子。
② 和田清著《东亚史研究·蒙古篇》(日文),东洋文库,1959 年,第 604 页。
③ 特木勒:《朵颜卫研究——以十六世纪为中心》,博士学位论文,南京大学,2001 年,第37 页。

明的史料。但是无论如何,东土默特人绝对不是1636年就被安排到至今居住的辽宁省境内的。1630年,东土默特被明军大败后,"不复敢南向牧马",因而使"宣(府)东颇觉安静"。可是,迟至1642年底,东土默特人似乎一直不肯完全放弃老根据地。比如,1639年,有骑马夷人30余名来到龙门所边外热水塘子驻牧,责令三人到塘子口墙下致蒙古文书信,并说:"我们系温布(即鄂木布——引者)台吉夷使好人。先念在这边看守边疆。因插汉儿赶散我们,今差我们投禀,仍前愿与里边看边效力",未得应允①。1642年,在黑汉岭以北边外250余里的黑河一带,有20余名蒙古人向明朝哨探说:"我等是敖目(鄂木布)差来看旧日驻牧的地方,待等雪消,往龙门所讲话。"②是年年底,明军长哨在独石口边外遇见鄂木布下人打牲。又在镇安边外,距蓟镇边界不远的头道川地方有"敖夷(鄂木布)部落引犬打牲"③。所以,至少在1642年底以前,东土默特人仍在宣府和蓟镇边外一带活动。他们被安排到今辽宁省境内,大致是在清朝入关以后。而且,其牧地在清前期有过变迁。

据《蒙古游牧记》载,土默特左旗的牧地在库伦旗南,养息牧牧场之西,东至岳洋河,南至什巴古图山,西至巴嘎塔布桑,北至当道斯河。土默特右旗地域在九关台、新台边门外,跨鄂木伦河(敖木林河),东至讷垳逊山,南至魏平山,西至鄂朋图山,北至什喇陀罗海④。也就是说,土默特左旗地域基本相当于今辽宁省阜新蒙古族自治县加内蒙古库伦旗东南部的地方,土默特右旗地域相当于今辽宁省北票市、朝阳县。

但是,土默特二旗并不是在清初就被安置在这里的。内蒙古东南部各旗边界的最后划定,大致是在乾隆初年。因清初察哈尔林丹

① 中央研究院历史语言研究所编:《明清史料》丁编第七本,第615页。
② 中央研究院历史语言研究所编:《明清史料》乙编第四本,第383页。
③ 《明档》,兵部题行,宣府巡抚李鉴崇祯十五年十一月二十四日塘报。
④ 张穆:《蒙古游牧记》,载李毓澍主编《中国边疆丛书》(八),文海行社,1965年影印本,第101—110页。

汗的子孙受到清政府的优待,率土领民,被称作"察哈尔国"(1635—1675),其领地东自库伦旗东境,西到奈曼旗东部,北起西拉木伦河,南到厚很河流域的喀喇乌苏水,基本上相当于今内蒙古自治区库伦旗全境。1675年布尔尼叛乱以后,所谓的"察哈尔国"才被消灭。然而,直至1733年,"察哈尔国"领地还没有被清政府明确划入周围各旗①。

顺便指出,《蒙古游牧记》所记载的蒙古各旗牧地范围,只能反映19世纪当时的情况。

第二节　喀喇沁的结局

一、兀良哈塔布囊们的喀喇沁札萨克旗

如前所说,1635年3月24日,爱新国在喀喇沁万户的废墟上建起的三个特殊固山中,后两个由东土默特人构成,演变成了东土默特左右二旗。现在再来考察第一个固山。它是由喀喇沁塔布囊及其领民组成,是清代喀喇沁三旗的前身。《旧满洲档》对它的记载如下:

4143:(1)tere inenggi. karacin-i monggo-be haha tolofi. dorgi tulergi uheri juwan emu gūsa banjibufi(2)gūsa toome ejen sindaha. karacin-i gurushib emu minggan sunja tanggū haha. wandan weijeng-ni emu minggan(3)ninggun tanggū tofohon haha. ui jaisang-ni jakūnju duin haha. ajige ayusi emu tanggū susai duin haha.(4)daicing hošoci gūsin sunja haha. sirig duin haha. emarkerca orin haha. maji tabunang duin tanggū orin jakūn haha.(5)deldeng tabunong dehi emu haha. delger tabunong nadanju duin haha. banjur tabunong orin sunja haha. yebušu(6)guyeng-ni emu tanggū susai emu haha. kerma bunishi ken-

---

① 乌云毕力格:《清初察哈尔图封地考》,内蒙古大学第四届国际蒙古学研讨会会议提要,2004年2月。

jor ilan nofi orin haha. （7）sereng-ni ninggun tanggū juwan haha. na-musiri darmasiri （8）juwan nadan haha. yebešui orin nemu haha ere uhereme sunja minggan juwe tanggū jakūnju ninggun haha-de （9）gurushib-be gūsai ejen obuha[①].

"那天,数喀喇沁壮丁数,内外共设十一固山,每固山设额真。喀喇沁的固噜思奇布 1500 丁,万旦卫征 1615 丁,卫寨桑 84 丁,小阿玉石 154 丁,代青和硕齐 35 丁,西里克 4 丁,额马尔克尔察 20 丁,马济塔布囊 428 丁,德尔登塔布囊 41 丁,德勒格尔塔布囊 74 丁,班珠尔塔布囊 25 丁,叶布舒古英 151 丁,班迪 31 丁,噶尔玛、布尼思熙、甘珠尔三人 20 丁,色棱 656 丁,索诺木塔布囊 410 丁,那木什里、达尔玛什里 17 丁,叶白舒 21 丁,以上共 5286 丁,以固噜思奇布为固山额真。"

显然,这些被称作喀喇沁人的头目们,大部分是塔布囊,出身于兀良哈。其中,固噜思奇布是苏布地之子,万旦卫征是苏布地之弟。色棱是和通之孙,清太宗的姐夫后来被任命为札萨克。索诺木塔布囊的家世尚不明,但肯定是和通的后裔。他们四个人共有 4181 丁,构成了固噜思奇布这一固山的主力。后面还要讲到,原来喀喇沁的以汗、洪台吉为首的黄金家族成员并入蒙古八旗,所以,固噜思奇布的固山就代表了原来的大喀喇沁。这个固山后来演变成为清代喀喇沁三旗,因此,喀喇沁三旗的札萨克不是台吉而是塔布囊。但兀良哈人冒用喀喇沁之名的说法并不正确,因为他们在相当长的历史阶段里一直自称为喀喇沁人,他们理应变成了喀喇沁人。

1635 年时,喀喇沁万户的残余势力总合只有 16000 余壮丁。其中,东土默特壮丁与喀喇沁塔布囊壮丁 9000 余,已经占了一半以上。剩下的 7000 余壮丁,也不全是喀喇沁黄金家族的领民,它还包括零星投降满洲人的喀喇沁塔布囊、东土默特台吉与塔布囊,以及部分阿速特人。经推算,喀喇沁黄金家族所真正拥有的人口可能很少很少,

---

① 《旧满洲档》,台北故宫博物院藏影印本,1969 年,第 4143 页。

以至于无法像喀喇沁塔布囊们那样能代表原来大喀喇沁了。

这里再讨论一下喀喇沁三旗的建立年代。

《钦定外藩蒙古回部王公表传·喀喇沁部总传》载,天聪"九年正月,诏编所部佐领,以苏布地子固噜思奇布掌右翼,色棱掌左翼"。《钦定外藩蒙古回部王公表传·固噜思奇布列传》载,天聪"九年正月,授札萨克。……崇德元年,封固山贝子,赐多罗都棱号"。《钦定外藩蒙古回部王公表传·色棱列传》载,色棱为固噜思奇布族祖,图琳固英之子,天聪"九年正月,授札萨克。……顺治五年,封镇国公,诏世袭罔替"。《钦定外藩蒙古回部王公表传·格埒勒列传》载,格埒勒为固噜思奇布从孙,苏布地之弟万旦卫征的曾孙。康熙"四十四年,以族属繁积三十八佐领,命增设一旗,授格埒勒札萨克"。

这些记载中有不少明显的错误和令人怀疑的地方。

首先,天聪九年正月"编所部佐领"一说,一来时间有记载错误,不是正月而是二月。二来事件有记载错误,不是编佐领,而是编固山。其次,以固噜思奇布和色棱分掌左右翼一说,纯属无中生有。上引《旧满洲档》记载说明,当时仅仅任命固噜思奇布为固山额真,色棱只是该固山里的一位实力雄厚的人物。而《钦定外藩蒙古回部王公表传》加了这一笔,完全是出于色棱后来当了札萨克的缘故。再其次,天聪九年正月授札萨克一说,也不能成立。喀喇沁首次编固山,时间在天聪九年二月。札萨克旗制度的推行是在崇德元年,"札萨克"一名还没有固定地成为旗最高统治者的正式称号。实际上,崇德元年封固山贝子,赐多罗都棱号,才标志着喀喇沁札萨克旗的建立,札萨克之称在1642年以后才逐渐固定下来的。

问题到此还没有结束。不仅色棱在天聪九年分管喀喇沁固山左翼一说纯属杜撰,而且授予札萨克的年代也颇有问题。根据《满文内国史院档》《清太宗实录》,崇德年间,喀喇沁旗的札萨克只有固噜思奇布一人。色棱(又作色冷)虽然有时代表喀喇沁旗到朝廷祝贺正且,但从来没有说他是札萨克。所以,色棱很可能就是顺治五年(1648)被封为镇国公之时①,才被任命为札萨克的。那么,该旗的建立,应该是在1648年。

格埒勒旗的建立最晚是在1705年。

总之,入清以后,曾经是喀喇沁黄金家族的阿勒巴图和已经自称为喀喇沁人的原朵颜兀良哈的一部分,先后被编成了三个札萨克旗。其中,喀喇沁右翼旗建立于1636年,喀喇沁中旗建立于1705年,喀喇沁右翼旗可能建立于1648年。

二、喀喇沁黄金家族的结局与八旗蒙古

爱新国将喀喇沁黄金家族及其领民编为八固山,与八旗满洲旧属蒙古合并,建立了八旗蒙古。他们成为清代八旗蒙古的主要组成部分。下面再来考察被编入八旗蒙古的喀喇沁人情况。

首先让我们再次查阅1635年3月24日的《旧满洲档》记载:

4145:(1)tereci funcehe haha-be fe mongo gūsa-de kamcibuhangge gulu suwayan-de jinja. dorji.(2)buyai. ayusi. baidu. tabai. babotai. honci ubasi. esei haha dorgi karacin-i haha uheri emu minggan juwe(3)tanggū susai ninggun haha. erebe fe mongoso-de acabufi adai-be gūsai ejen obuha. erei fejile(4)meiren-i janggin juwe. jalan-be janggin juwe sindaha.(5)kubuhe suwayan-de usku. baihūndai esei haha. dorgi fe karacin-i haha uheri emu minggan dehi sunja haha(6)-be fe monggoso-de acabufi dalai-be gūsai ejen obuha. erei fejile meiren-i janggin juwe. jalan-i janggin juwe sindaha.(7)gulu fulgiyan-de angga. ganjitai. lamashi. guluge. batma. haise. subandari. budari. esei haha. dorgi karacin-i(8)haha uheri jakūn tanggū nadanju haha-be fe monggoso-de acabufi enggetemu-be gūsai ejen obuha.(9)erei fejile meiren-i janggin juwe. jalan-i janggin juwe sindaha.(10)kubuhe fulg-

---

① 《清世祖实录》,顺治五年冬十月己酉。

iyan-de sumur. laihūr. galtu. coshi. esei haha. dorgi karacin-i haha uheri emu（11）minggan juwan ninggun haha-be fe monggoso-de acabufi buyendai efu-be gsūai ejen obuha.（12）erei fejile meiren-i janggin juwe. jalan-i janggin juwe sindaha. 4146：（1）gulu lamun-de sira kitat. kara kitat. koo-a kitat. esei haha. dorgi fe karacin-i haha-i uheri jakūn（2）tanggū ninju haha-be fe mongoso-de acabufi. ulai-be gūsai ejen obuha.（3）erei fejile meiren-i janggin juwe. jalan-i janggin juwe sindaha.（4）kubuhe lamun-de nomci. siratu. neretu. sangnai. jangsu. coktu. nomi. nomosai. agūn. esei haha（5）dorgi karacin-i haha uheri uyun tanggū juwan ilan haha-be fe mongoso-de acabufi. hūsibu -be gūsai（6）ejen obuha. erei fejile meiren-i janggin juwe. jalan-i janggin juwe sindaha.（7）gulu sanggiyan-de burhatu. ayusi. suban. cigūlgai. manggūldai. senek. siluk esei haha. dorgi karacin-i haha（8）uheri jakūn tanggū nadanju haha-be fe mongoso-de acabufi ibai-be gūsai ejen obuha. erei fejile meyiren-i janggin（9）juwe. jalan-i janggin juwe sindaha.（10）kubuhe sanggiyan-de lamburi. noyondara. arandao. siridek. sanggarjai esei haha. dorgi karacin-i haha uheri（11）uyun tanggū jakūnju haha-be fe mongoso-de acabufi suna efu-be gūsai ejen obuha. erei fejile（12）meiren-i janggin juwe. jalan-i janggin juwe sindaha. 4147：（1）haha tolore-de ninju seci fusihn. juwan jakūn seci wesihun. da baci gajime jihe nikasa emu boo-de（2）udu haha bici gemu tolo. yabume baharakū doholon. tuwaci saburakū dogo. jafame baharakū gafa.（3）tentekengge-be ume toloro. ……（5）dorgi（6）tu-lergi karacin-i monggo uheri emu tumen ninggun minggan uyun tanggū gūsin juwe haha[①].

　　"所剩的壮丁与旧蒙古合并。正黄旗津札、多尔济、布崖伊、阿玉

---

① 《旧满洲档》，台北故宫博物院藏影印本，1969 年，第 4145—4147 页。

石、拜都、塔拜、巴布泰、浑齐乌巴什等的壮丁和在内喀喇沁壮丁共
1256名，合旧蒙古，以阿代为固山额真，其下设梅勒章京二、甲喇章
京二。镶黄旗吴思库、拜浑岱等的壮丁和在内旧喀喇沁壮丁共1045
名，合旧蒙古，以达赖为固山额真，其下设梅勒章京二、甲喇章京二。
正红旗昂阿、甘济泰、喇嘛思熙、库鲁格、巴特玛、海色、苏班达礼、布
达礼等的壮丁和在内喀喇沁壮丁870名，合旧蒙古，以恩格图为固山
额真，其下设梅勒章京二、甲喇章京二。镶红旗苏木尔、赖胡尔、噶尔
图、绰思熙等的壮丁和在内喀喇沁壮丁共1016名，合旧蒙古，以布颜
代额驸为固山额真，其下设梅勒章京二、甲喇章京二。正蓝旗什喇祁
他特、喀喇祁他特、夸祁他特等的壮丁在内旧喀喇沁的壮丁共860
名，合旧蒙古，以吴赖为固山额真，其下设梅勒章京二、甲喇章京二。
镶蓝旗诺木齐、石喇图、讷勒图、桑奈、张素、绰克图、诺密、努木赛、阿
衮等的壮丁和在内喀喇沁壮丁共913名，合旧蒙古，以扈石布为固山
额真，其下设梅勒章京二、甲喇章京二。正白旗布尔哈图、阿玉石、苏
班、齐古拉海、莽古尔泰、赛内克、石鲁克等的壮丁和在内喀喇沁壮丁
共870名，合旧蒙古，以伊拜为固山额真，其下设梅勒章京二、甲喇章
京二。镶白旗拉木布里、诺云达喇、阿兰图、什里德克、桑噶尔斋等的
壮丁和在内喀喇沁壮丁共980名，合旧蒙古，以苏纳额驸为固山额
真，其下设梅勒章京二、甲喇章京二。数壮丁时，60岁以下18岁以
上，并从本地方带来的汉人，一家有多少壮丁，都要数。[其中]走不
动的瘸子，看不见的瞎子，抓不了的撇子，此类人未记在内。……内
外喀喇沁蒙古壮丁共16932名。"

　　这里说的"所剩的壮丁"，指的就是编设三特殊固山以后所剩
下的内外喀喇沁壮丁。喀喇沁壮丁总数16932中除去三固山的
9122名，编入八旗的喀喇沁壮丁共7810名。"旧蒙古"，当指八旗
满洲内左右两翼蒙古营。从《旧满洲档》记载里看不出被编入八旗
蒙古的旧蒙古人数。同样也看不出内喀喇沁壮丁和外喀喇沁壮丁

各有多少人①。总之,原隶八旗满洲的来自蒙古各部的所谓的"旧蒙古"、天聪年间零星归附满洲的被称作"在内喀喇沁"的喀喇沁人(包括喀喇沁、兀良哈和阿速特的台吉和塔布囊),以及直到 1635 年独立于满洲爱新国的喀喇沁部人(所谓的"在外喀喇沁"),这三股势力构成了清代八旗蒙古。

为了进一步弄清喀喇沁人在八旗蒙古的情况,有必要再查阅八旗蒙古中喀喇沁各佐领的记载。在这方面,赵琦做了开拓性的工作②。

赵琦根据《八旗通志》(初集)作了"蒙古八旗喀喇沁佐领表",但是很不全面,下面在该表基础上再作一些补充。

1. 镶黄旗

镶黄旗蒙古右参领所属十四佐领中的喀喇沁佐领:

第四佐领,天聪六年初编,初为半牛录,初任牛录章京为滚楚斯

镶黄旗蒙古左参领所属十四佐领中的喀喇沁佐领:

第一佐领,清初设立③,初任牛录章京为多科索和④

第二佐领,第一佐领中分出,初任牛录章京为度尔拜

第三佐领,初任牛录章京为夸奇他特

第四佐领,第一佐领中分出,初任牛录章京为西喇巴牙拉

第五佐领,初任牛录章京为石尔坦塔布囊

第六佐领,初任牛录章京为阿玉玺

第九佐领,初任牛录章京为吴达齐

第十佐领,第九佐领中分出,初任牛录章京为诺穆齐

第十一佐领,第一佐领中分出,初任牛录章京为瓦哈那

---

① 魏弥贤把"某某的壮丁和在内喀喇沁壮丁共多少多少丁"译成了"某某的壮丁作为内喀喇沁壮丁有多少多少",是错误的(详见 Michael Weiers,"Die Eingliederung der Kharatsin 1635,"Zentralasiatische Studien,no. 29(1999).)。

② 赵琦:《明末清初的哈剌慎与蒙古八旗》,《蒙古史研究》第 2 辑,1997 年。

③ 《八旗通志》(初编)原文为"国初设立",即指清初。下同。

④ 赵琦:《明末清初的哈剌慎与蒙古八旗》,《蒙古史研究》第 2 辑,1997 年。

第十二佐领,第三佐领中分出,康熙二十三年初设,初任牛录章京为鄂尔贺岱

第十三佐领,第五佐领中分出,康熙三十四年设立,初任牛录章京为外库

镶黄旗 28 佐领中,喀喇沁佐领共有 12 个①。

2. 正黄旗

正黄旗蒙古都统喀喇沁参领所属十二佐领:

第三佐领,清初设立,初任牛录章京为诺木图卫征

第四佐领,天聪七年设立,初任牛录章京为那木褚库尔

第七佐领,在盛京时设立,初任牛录章京为殷图②

正黄旗蒙古都统蒙古参领所属十二佐领:

第一佐领,崇德九年设立,初任牛录章京为苏郎

第二佐领,国初设立,初任牛录章京为巴泰

第三佐领,第一佐领中分出,康熙六年设立,初任牛录章京为色尔格德

第四佐领,天聪九年设立,初任牛录章京为布赛

正黄旗 24 佐领中,喀喇沁佐领共有 7 个③。

3. 正白旗

正白旗蒙古都统右参领所属十五佐领:

第十二佐领,清初设立,初任牛录章京为达锡

第十三佐领,天聪九年设立,初任牛录章京为桑阿尔斋

第十四佐领,天聪九年设立,初任牛录章京为阿兰

正白旗蒙古都统左参领所属十四佐领:

第七佐领,清初设立,初任牛录章京为马席

第八佐领,天聪九年设立,初任牛录章京为巴图孟格

---

① 鄂尔泰等修《八旗通志》,李洵、赵德贵点校,第 191—196 页。

② 赵琦:《明末清初的哈剌慎与蒙古八旗》,《蒙古史研究》第二辑,1997。

③ 鄂尔泰等修《八旗通志》,李洵、赵德贵点校,东北师范大学出版社,1985 年,第 196—203 页。

第七佐领,天聪九年设立,初任牛录章京为舒鲁克

正白旗 29 佐领中,喀喇沁佐领共 6 个①。

4. 正红旗

正红旗蒙古都统右参领所属十一佐领:

第九佐领,初任牛录章京为布达理

第十佐领,第九佐领中分出,康熙二十三年设立,初任牛录章京为色纳克

第十一佐领,初任牛录章京为昂阿

正红旗蒙古都统左参领所属十一佐领:

第一佐领,崇德二年设立,初任牛录章京为甘吉泰

第十佐领,天聪年间设立,初任牛录章京为顾鲁古

正红旗 22 佐领中,喀喇沁佐领共 5 个②。

5. 镶白旗

镶白旗蒙古都统左参领所属十二佐领:

第一佐领,第三佐领中分出,康熙二十三年设立,初任牛录章京为索诺木

第三佐领,初任牛录章京为噶尔图

第七佐领,崇德四年设立,初任牛录章京为布燕

第八佐领,崇德四年设立,初任牛录章京为白赛

镶白旗蒙古都统右参领所属十二佐领:

第三佐领,天聪八年设立,初任牛录章京为拜浑代

第五佐领,初任牛录章京为门都

第九佐领,清初设立,初任牛录章京为额墨尔奇③

---

① 鄂尔泰等修《八旗通志》,李洵、赵德贵点校,东北师范大学出版社,1985 年,第 203—205 页。

② 鄂尔泰等修《八旗通志》,李洵、赵德贵点校,东北师范大学出版社,1985 年,第 206—209 页。

③ 额墨尔奇受封情况,见《旧满洲档》和赵琦《明末清初的哈剌慎与蒙古八旗》。

镶白旗31佐领中,喀喇沁佐领共7个①。

6.镶红旗

镶红旗蒙古都统头参领所属十一佐领:

第六佐领,清初设立,初任牛录章京为鄂衣者特

第七佐领,第六佐领中分出,康熙二十三年设立,初任牛录章京为花色

第八佐领,第六佐领中分出,顺治七年设立,初任牛录章京为罗邦

第九佐领,第六佐领中分出,顺治年设立,初任牛录章京为诺颜代

镶红旗蒙古都统二参领所属十一佐领:

第四佐领,初任牛录章京为巴特玛

第四佐领,初任牛录章京为苏墨尔塔布囊

镶红旗22佐领中,喀喇沁佐领共6个②。

7.正蓝旗

正蓝旗蒙古都统右参领所属十五佐领:

第一佐领,天聪年间设立,初任牛录章京为海赖③

第七佐领,太宗时期设立,初任牛录章京为胡班

第十佐领,国初设立,初任牛录章京为叶布舒塔布囊

第十一佐领,初任牛录章京为吴和起④

第十二佐领,天聪八年设立,初任牛录章京为色楞塔布囊

第十五佐领,天聪八年设立,初任牛录章京为苏班塔布囊

正蓝旗蒙古都统左参领所属十五佐领:

① 鄂尔泰等修《八旗通志》,李洵、赵德贵点校,东北师范大学出版社,1985年,第211—215页。
② 鄂尔泰等修《八旗通志》,李洵、赵德贵点校,东北师范大学出版社,1985年,第218—224页。
③ 赵琦:《明末清初的哈剌慎与蒙古八旗》,《蒙古史研究》第2辑,1997。
④ 赵琦:《明末清初的哈剌慎与蒙古八旗》,《蒙古史研究》第2辑,1997。

第三佐领,天聪年间设立,初任牛录章京为倪沙尔

第四佐领,第三佐领中分出,康熙十一年设立,初任牛录章京为察穆素

第五佐领,天聪年间设立,初任牛录章京为达雅

第六佐领,第五佐领中分出,康熙十一年设立,初任牛录章京为巴查礼

第七佐领,天聪年间设立,初任牛录章京为噶尔玛锡

第八佐领,第四佐领中分出,康熙十一年设立,初任牛录章京为索诺木

第十三佐领,第三佐领中分出,初任牛录章京为赛音达礼

第十四佐领,第十三佐领中分出,初任牛录章京为岳多尔济

正蓝旗 30 佐领中,喀喇沁佐领共 14 个[①]。

8. 镶蓝旗

镶蓝旗蒙古都统头参领所属十三佐领:

第一佐领,天聪年间设立,初任牛录章京为图占

第五佐领,天聪年间设立,初任牛录章京为绰克图塔布囊

第六佐领,天聪四年设立,初任牛录章京为尼喀达

第十佐领,第六佐领中分出,康熙二十三年设立,初任牛录章京为赫硕色

第十一佐领,天聪四年设立,初任牛录章京为拖克拖尔

第十二佐领,第一佐领中分出,康熙二十三年设立,初任牛录章京为德登

镶蓝旗蒙古都统二参领所属十三佐领:

第二佐领,第五佐领中分出,康熙二十三年设立,初任牛录章京为硕色

第五佐领,天聪四年设立,初任牛录章京为额塞

---

① 鄂尔泰等修《八旗通志》,李洵、赵德贵点校,东北师范大学出版社,1985 年,第 225—227 页。

第十佐领,天聪八年设立,初任牛录章京为诺木齐

第十二佐领,天聪四年设立,初任牛录章京为诺敏

镶蓝旗 26 佐领中,喀喇沁佐领共 10 个①。

这样,在八旗蒙古的 212 佐领中,喀喇沁佐领共有 67 个,占总佐领数的 31.6%。当然,这是康熙年间的佐领数,有不少佐领是后来随着人口的繁衍而增设的。

前引《旧满洲档》1635 年 3 月 24 日的记载,仅仅记录了"在外喀喇沁"人各头目的名字,而没记录"在内喀喇沁"人头目和"旧蒙古"官员的名字,也没有列出新设的梅勒章京和甲喇章京的名单。这就对了解八旗蒙古各佐领的最初情形,造成了很大的困难。《八旗通志》于雍正年间成书,反映了康熙年间的情况。比如,各佐领的旗份并非一成不变,《八旗通志》反映的情形并不一定就和天聪九年一致。尽管如此,在《旧满洲档》和《八旗通志》的记载之间还是能找到共同点,来证明天聪、雍正年间喀喇沁佐领的连续性的。请看下表:

《旧满洲档》	《八旗通志》
正黄旗阿玉石	镶黄旗左参领喀喇沁第六佐领,阿玉玺
正红旗昂阿	正红旗右参领第十一佐领,昂阿
正红旗甘济泰	正红旗左参领第一佐领,甘吉泰
正红旗库鲁格	正红旗左参领第十佐领,顾鲁古
正红旗巴特玛	镶红旗二参领第四佐领,巴特玛
正红旗布达礼	正红旗右参领第九佐领,布达理
镶红旗苏木尔	镶红旗二参领第四佐领,苏墨尔
镶红旗噶尔图	镶白旗左参领第三佐领,噶尔图
正蓝旗夸祁他特	镶黄旗左参领喀喇沁第三佐领,夸奇他特

① 鄂尔泰等修《八旗通志》,李洵、赵德贵点校,东北师范大学出版社,1985 年,第 227—232 页。

镶蓝旗绰克图　　　　　镶蓝旗头参领第五佐领,绰克图

正百旗石鲁克　　　　　正白旗左参领第七佐领,舒鲁克

镶白旗桑噶尔斋　　　　正白旗右参领第十三佐领,桑阿尔斋

　　如上表所示,1635 年并入八旗蒙古的"在外喀喇沁"人头目中,至少有 12 人[1]被任命为牛录章京。应该注意的是,有些佐领的旗份所属关系已经发生了变化(表中用"底纹"表示的部分)。其中,正蓝旗和两黄旗之间的相互交错,很容易解释,这与莽古尔泰正蓝旗的被瓜分事件有关。天聪九年十二月辛巳(1632 年 1 月 12 日),天聪汗清算了已故异母兄莽古尔泰的前罪,尽夺他和德格类所率正蓝旗,将其并入自己麾下的正镶两黄旗,并对此三旗进行再编,命自己的儿子豪格和异母兄阿巴泰领新编制的正蓝旗。该三旗成为天聪汗即帝位、建立大清国的军事基础[2]。因为八旗蒙古附属于八旗满洲,所以,蒙古的正镶黄旗与正蓝旗也随着所附满洲旗份的变化而发生变化,是可想而知的。至于其他旗份的佐领之间的交叉关系,现在还找不到充分的史料加以说明,但发生这样的变化,不是不可能。

　　那么,除了以上考证的 12 名牛录章京以外,《八旗通志》所记载其他初任牛录章京(不包括后来人口滋生后新成立的佐领)应是由"在内喀喇沁"人和旧蒙古人担任的。

　　令人感兴趣的是,构成"内喀喇沁"的到底是一些什么人? 在《旧满洲档》天聪五年三月二十二日(1631 年 4 月 23 日)的记载里,有赏赐八旗蒙古人的史料。该史料明确提到的喀喇沁人名单如下:

　　3399:(6) gulu suwayan-i …… karacin-i (7) nomondoi ong-i jui seusengki ong. gulu lamun-i asud taiji deu lebeski taiji. (8) ajige kara-

---

①　除了这 12 人以外,还有像诺木齐、苏班等人的名字相互吻合。但是,据《八旗通志》,他们被任命为牛录章京的时间早于天聪九年,那么,如果《八旗通志》的记载不误,他们就不可能是同一个人了。

②　《清太宗实录》,天聪九年十二月辛巳;杉山清彦 1998。

cin-i norbo taiji ahūn-i jui dorjin taiji. karacin-i efui deu gunji taiji.
3400：（1）ajige karacin-i tonoi taiji jui norbo taiji. ajige karacin-i son-
om dorjin taiji. batma tabunang.（2）kubuhe lamun-i ……. tumed
during han-i（3）jui jaisang taiji. karacin-i ūbugen taiji jui unjed taiji.
tumed jaisang taiji jui（4）：norbo taiji. kubuhe šanggiyan-i ……（5）
…… asud batma（6）hong taiji jui kumuskib taiji. kubuhe fulgiyan-i
karacin-i batma taiji ahūn-i jui（7）birasi taiji？rkan beilei jui sereng
taiji. sereng jui jamyang taiji. karacin-i（8）darkan beilei jui borkatu
hong baturi jui ombo taiji. 3401：（3）…… kubuhe fulgiyan-i tumed
abadang taiji jui lamaski taiji. tumed（4）ogdor jui ombo taiji …….
karacin-i jaisang tabunang（5）jui ombo tabunang. ojidai tabunang jui
ebugen tabunang. asud talbur tabunang jonghordoi（6）jui bodasiri ong.
gulu fulgiyan-i ……（7）…… asud sereng jaisang-i jui lamaski taiji
（8）karacin-i laisa tabunang jui sanggarjai tabunang. gulu lamun-i
karacin-i efui ahūn- jui dasi taiji. 3402：（1）ajige karacin-i norbo taiji
ahūn-i jui kitad taiji. karacin-i efui ahūn-i jui masi taiji.（2）kubuhe
lamun-i karacin-i baikal taiji jui emukarca taiji. mongsor beilei jui
othon taiji. ……（7）gulu šanggiyan-i asud badma hūwang taiji-i jui
balung taiji, bumbarasi uijeng-ni jui dari taiji, asud batma hong taiji jui
soobang taiji. emekilji taiji. 3403：（1）kubuhe suwayan-i …… tumed
ombo tabunang. ……（3）gulu fulgiyan-i karacin-i bayar tabunang jui.
kara kitad. ……（6）…… karacin-i sereng taiji jui（7）kumuski taiji.
tumed jaisang taiji jui guru taiji. ……（8）…… karacin-i efui ahūn-
jui sanggarji taiji. 3404：（1）karacin-i norbo taiji ahūn-i jui gumbo tai-
ji. ……①

"正黄旗的：…… 喀喇沁的诺们代王的儿子叟僧奇王。正蓝旗
的：阿速特台吉的弟弟勒伯斯奇台吉，小喀喇沁的诺尔布台吉的哥哥

---

① 《旧满洲档》,台北故宫博物院藏影印本,1969 年,第 3399—3404 页。

的儿子多尔津台吉,喀喇沁额驸的弟弟衮济台吉,小喀喇沁的托内台吉的儿子诺尔布台吉,小喀喇沁的索诺木多尔津台吉,巴德玛塔布囊。镶蓝旗的:……土默特的杜棱汗的儿子寨桑台吉,喀喇沁兀布根台吉的儿子温者特台吉,土默特的寨桑台吉的儿子诺尔布台吉。镶白旗的:……阿速特的巴德玛洪台吉的儿子古木斯奇布台吉。镶红旗的:喀喇沁的巴特玛台吉的哥哥的儿子必喇什台吉,[?]-尔汗贝勒的儿子色冷台吉,色冷的儿子寨桑台吉,喀喇沁的达尔汗贝勒的儿子博尔喀图洪巴图鲁的儿子鄂木布台吉。…… 镶红旗的:土默特的阿巴当台吉的儿子拉玛斯奇台吉,土默特的乌格杜尔的儿子鄂木布台吉,…… 喀喇沁的寨赛塔布囊的儿子鄂木布塔布囊,乌济代塔布囊的儿子鄂布根塔布囊,阿速特的塔拉布尔塔布囊,钟和尔都的儿子布达西里王。正红旗的:…… 阿速特的色棱斋桑的儿子拉玛斯奇台吉,喀喇沁的赖萨塔布囊的儿子桑噶尔斋塔布囊。正蓝旗的:喀喇沁额驸的哥哥的儿子达锡台吉,小喀喇沁的诺尔布台吉的哥哥的儿子奇他特台吉,喀喇沁额驸的哥哥的儿子马西台吉。镶蓝旗的:喀喇沁的白哈勒台吉的儿子额木喀尔察台吉,莽苏尔贝勒的儿子额特欢台吉,…… 正白旗的:阿速特的巴德玛洪台吉之子巴隆台吉,布穆巴拉西魏征之子达里台吉,阿速特的巴特玛洪台吉的儿子苏邦台吉,额墨吉尔济台吉。镶黄旗的:土默特鄂木布台吉,……正红旗的:喀喇沁的巴雅尔塔布囊的儿子喀喇奇他特,喀喇沁的色棱台吉的儿子库木斯奇台吉,土默特的寨桑台吉的儿子固噜台吉,喀喇沁的额驸的哥哥的儿子桑噶尔斋台吉,喀喇沁的(这里疑为缺一个人名——译者)弟弟玛济格台吉,小喀喇沁的诺尔布台吉的哥哥的儿子衮布台吉。"

这次受到赏赐的,还有达喇明安部人和其他没有交代出身的人,共 83 名。其中,有确切记载的是:喀喇沁 21 人,阿速特 9 人,东土默特 6 人。他们是 1631 年或者稍前归降满洲的喀喇沁人。从他们的亲属关系和称号中可以看出,都是一些具有相当身份的首脑人物。

比如,喀喇沁部人有喀喇沁额驸(当时称额驸的台吉有喀喇沁汗拉斯喀布、洪台吉弼喇什、布尔噶都台吉三人,这里不知指谁)的几个侄儿以及具有王、台吉、塔布囊称号的人;土默特人有都棱汗(可能指僧格汗)的儿子为首的部分台吉;阿速特部人有巴德玛洪台吉的儿子以及其他台吉、塔布囊。所以笔者认为,受到赏赐的 83 人(喀喇沁人 36 名)是当时新服满洲并被编入八旗满洲的一批"新蒙古人"的头目。就像《旧满洲档》在 1635 年分 11 个固山时记载的那样,这里仅仅提到了被赏赐的首脑人物,而这些人都领有数量不等的壮丁。若果真如此,后来所说的所谓的"在内喀喇沁",应主要指这部分人。

但在这些人里面,仍然见不到原喀喇沁万户的领袖——喀喇沁汗、洪台吉以及这个家族的其他十分显赫的人物。这说明直到此时,他们还没有被编入八旗,还一直统领所部人马。有以下事实为证:"初八日,[赏]给了喀喇沁的拉斯喀布、弼喇什、代达尔汉三贝勒各以二倭缎,……。"①这是在赏赐以上 83 人之前的两周。拉斯喀布等还被称为贝勒,即蒙古语"诺颜"。他们没有和那些被编入八旗的人们在一起。

但如前所述,在 1635 年编喀喇沁为 11 个固山的时候,也没有出现喀喇沁汗等。在过了一年多以后,喀喇沁汗在《旧满洲档》崇德元年六月一日的记载里再次出现。其记载如下:

首先是布尔噶图:

4871:(1) ineku tere inenggi. karacin-i burgatu-de dai darhan-i gebu bufi amba janggin obuha. burgatu dade monggo gurun-i karacin-i gūsa ejelehe beile bihe. (10) monggo gurun facuraha manggi, sini baci. beye neneme dahame jifi. bejing-de cooha genehe 4872:(1) mudan-de. ba jorime gamafi nikan-i jese dosika manggi. ba jorime yabuha sain seme dahaha (2) loo wen ioi hoton-be bufi tebuhe-de. nikan-i u fu-

---

① 《旧满洲档》,台北故宫博物院藏影印本,1969 年,第 3396 页:(7) ice jakūn-de karacin-i laskib. birasi. daidarhan. ere ilan beile-de (8) juwete cekemu. .……. buhe.

jan. ding fujan. ilan minggan（3）cooha-be gaifi afanjime jihe-be gida-
ha. funcehe moringga cooha emu fu-de dosiha-be（4）jai inenggi afame
gaiha. tere gidaha cooha-de ding fujan. jai sunja hafan-be jafafi（5）
benjihe. jai geli emu fu-be afame gaiha. cahar cooha jifi. tumed-i sira-
ntu harangga niyalma（6）adun-be gamara-be amcafi afafi. bethe feye
baha. jai sini harangga gurun-be gajime dahame（7）jihe seme daidar-
han-i gebu bufi uju jergi amba janggin obuha. jai juwan duin jergi sir-
ambi.①

"布尔噶图原为蒙古国喀喇沁之管旗贝勒。蒙古国乱后,从你的
地方先来归附。出征北京时,做向导。入明边后,因为向导做得好,
给驻归降的罗文峪。在那里击败了率三千军队来战的吴副将、丁副
将。所剩马兵逃到一堡里,次日攻取之。那次击败敌军时,生擒并送
来了丁副将和五名官人。又攻取了一堡。遇到察哈尔来抢土默特席
兰图所属人畜,相战,脚受了伤。又,率你所属兀鲁思来降。因此,授
予代达尔汉称号,授一等安邦章京。再准袭十四次。"②

其次是土默特的绰思熙,是卓尔毕泰的儿子,被任命为二等安邦
章京。

其次是弼喇什洪台吉:

4872：（2）birasi sini ama buyan beile dade. monggo gurun-i kara-
cin-i doro jafaha amba beile bihe.（3）monggo gurun facuraha manggi,
minde dahaha. sini ama akū oho manggi, birasi si（4）tunggui-be sucu-
ha mudan-de, sini cooha-be gaifi dahame genehe. jai sini harangga gu-
run-be（5）gajime dahame jihe seme ilaci jergi amba janggin obuha. jai
juwan juwe jergi sirambi.③

"弼喇什,你的父亲布颜贝勒,初为是蒙古国喀喇沁的执政大贝

① 《旧满洲档》,台北故宫博物院藏影印本,1969 年,第 4871—4872 页。
② 《旧满洲档》,台北故宫博物院藏影印本,1969 年,第 4871 页。
③ 《旧满洲档》,台北故宫博物院藏影印本,1969 年,第 4872 页。

勒。蒙古国乱后,归附了我。你父亲去世后,弼喇什你在出征栋奎那次,带领你所属军队从征。又率你所属兀鲁思来归,因此授为三等安邦章京,再准袭十二次。"

再其次是土默特的额墨尔齐,被封为牛录章京。

最后是拉斯喀布汗。

4873:(10)laskib dade mongo gurun-i gūsa ejelehe beile bihe. monggo gurun facuraha (11) si dahafi. tunggui-be sucuha mudan-de, sini cooha-be gaifi dahame genehe. 4874:(1)jai harangga gurun-be gajime dahame jihe seme ilaci jergi meiren-i janggin obuha. jai jakūn jergi sirambi.①

"拉斯喀布,原为是蒙古国的管旗贝勒。蒙古国乱后,归附了我。在出征栋奎那次,带领你所属军队从征。又率你所属兀鲁思来归,因此授为三等梅勒章京,再准袭八次。"

至此,喀喇沁、土默特黄金家族的原最高首领们被授予了八旗官员世职,而且不按照其原来的地位,而是按照他们的军功授职。那么,他们到底何时被编入了八旗? 笔者认为,他们应该是包括在1635年统计的内外喀喇沁人总数里的,换言之,他们就是在分11固山时被编入了八旗蒙古。只是因为这些人的地位特殊,当时没有对他们授官封爵,等到崇德元年给外藩蒙古台吉们授爵时,才对他们也论功授官。

喀喇沁黄金家族都被编入了哪些旗份呢? 他们的后裔、著名的史家罗密在1735年撰写的《蒙古博尔济吉特氏族谱》为此提供了十分可靠的资料。据此书,拉斯喀布汗被编入蒙古正黄旗,弼喇什被编

---

① 《旧满洲档》,台北故宫博物院藏影印本,1969年,第4873—4874页。

入蒙古镶红旗①。据《八旗通志》，布尔噶图被编入了蒙古正蓝旗②。

　　总之，根据以上种种考证可得出如下结论：被编为八旗蒙古的内外喀喇沁人，主要是喀喇沁汗、洪台吉为首的喀喇沁、土默特、阿速特黄金家族台吉和部分塔布囊。因为在 1635 年被编入八旗的"在外喀喇沁人"头目中没有被称作塔布囊的人，也因为原喀喇沁万户的黄金家族成员大批被编入了八旗，喀喇沁万户的残余主要以台吉势力为主体，形成了清代八旗蒙古中的各喀喇沁佐领。被编入八旗的塔布囊们是依附于黄金家族的诸小塔布囊。

第三节　阿速特与永谢布的结局

　　如前所述，林丹汗西征后，在 1628 年秋埃不哈战役中，永谢布和阿速特等部大遭败绩，其部落溃散。阿速特部在越兴安岭奔喀喇沁的途中，被叫作"阿巴噶"的集团劫夺，其首领火落赤七个儿子中有五人阵亡。劫后余生的二台吉逃到了他们的塔布囊属部。

　　那么，劫夺阿速特的阿巴噶究竟是哪一部呢？

　　"阿巴噶"这个名称，有广义和狭义之分。就广义而言，在兴安岭以北游牧的成吉思汗诸弟合萨儿、别里古台和合赤温后裔所领诸兀鲁思泛称"翁牛特"（Ongliγud "有王之民"之意）或"阿巴噶"（Abaγ-a 叔父）。就狭义而言，16 世纪末期，别里古台后裔被分为阿巴噶和阿巴哈纳尔（Abaqanar）二部，游牧在漠北喀尔喀车臣汗部境内。1639 年，阿巴噶部归附清朝，迁至漠南。阿巴哈纳尔则在 1665—1667 年才徙牧漠南。17 世纪 30 年代初期南下的泛阿巴噶部有四子部落（Dörben Keüked）、阿鲁科尔沁（Aru Qorčin）和翁牛特部。如果

① 罗密：《蒙古博尔济吉特氏族谱》，纳古单夫、阿尔达扎布校注，内蒙古人民出版社，1989 年，第 355 页。
② 鄂尔泰等修《八旗通志》，李洵，赵德贵主点，东北师范大学出版社，1985 年，第 4181页。

说劫夺阿速特的是别里古台后裔的阿巴噶部,那么当时阿巴噶则游牧于斡嫩河、克鲁伦河流域,而被林丹汗打败并向兴安岭以南的喀喇沁本土逃窜的阿速特部怎么落到了他们的手里呢?再说,无论是蒙古文书、满文档案,还是明朝兵部文件,以及其他各种文字的文献里,根本没有阿巴噶部曾经在20年代南下的记载。没有任何线索表明阿巴噶部曾参加过埃不哈战役。从现在的民族志资料看,除蒙古国东戈壁省有极少数阿速特人以外,在漠北地方再没有阿速特人。在内蒙古自治区的阿巴噶、阿巴哈纳尔地方,也没有发现阿速特姓氏。如果阿速特人的绝大多数被阿巴噶部所吞并,那么在以上一些地方必会有为数不少的阿速特人。

新近,布仁赛音根据他对内蒙古自治区赤峰市阿鲁科尔沁旗进行的实地调查,指出,阿鲁科尔沁旗的原住民中有阿速特姓氏[1]。笔者认为,这些阿速特人可能就是投奔喀喇沁的途中被阿鲁科尔沁人劫夺的那些人后裔。

那么,劫后余生的阿速特人的结局怎样呢?

了解《旧满洲档》天聪五年三月二十二日(1631年4月21日)的记载,对进一步查清阿速特遭劫后的下落很有帮助。

这一天,天聪汗对分隶八旗满洲的蒙古人进行了大规模的赏赐。其中提到的原阿速特部贵族有:"gulu lamun-i asud taiji-i deu lebeshi taiji(正蓝旗阿速特台吉之弟勒伯斯奇台吉)",镶白旗"asud badma hūwang taiji-i jui gumushib taiji(阿速特的巴德玛洪台吉之子古木斯奇布台吉)",镶红旗"asud talbur tabunang(阿速特的塔拉布尔塔布囊,钟和尔都的儿子布达西里王)",正红旗的"asud sereng jaisang-ni jui lamashi taiji(阿速特的色楞寨桑之子拉玛斯奇台吉)","kubuhe šanggiyan-i asud badma hūwang taiji-i jui balung taiji, bumbarasi uijeng-ni jui dari taiji, badma hūwang taiji-i jui soobang taiji, emegelji(镶白

---

① 布仁赛音:《近现代内蒙古的民族形成的二重构造——阿鲁科尔沁旗巴彦布拉克嘎查事例研究》(日文),载早稻田大学史学会编《史观》第151册,2004年。

旗阿速特的巴德玛洪台吉之子巴隆台吉,布穆巴拉西魏征之子达里台吉,巴德玛洪台吉之子苏邦台吉、额墨吉尔济)"①等9人。巴德玛洪台吉的三个儿子被编入了镶白旗,色楞寨桑之子被编入了正红旗,其他台吉和塔布囊分别被编入正蓝旗和镶红旗。后来也有其他阿速特部人陆续来归,他们和喀喇沁、土默特等部来归之人一道都被编入八旗满洲。阿速特人分别被编入镶白旗、正红旗、镶红旗和正蓝旗。

可见,阿速特败亡后,逃到了兴安岭南部的兀良哈旧地,被他们的原塔布囊部拒绝后,与一些溃散的喀喇沁、土默特等残部一起投奔了爱新国,同时被编入了八旗满洲。

此外,还有部分阿速特人可能被察哈尔吞并。理由是,1634年,天聪汗在上都旧城时,曾有阿速特部15人自察哈尔逃来,归附了爱新国。《清太宗实录》天聪八年(1634年)闰八月丁酉条载:"察哈尔阿速特部落男子十二名、妇人三口来归。"据《国史院满文档案》记载,这条史料的原满文为:"Tere inenggi caharaci asud gurun-i juwan juwe haha. ilan hehe-be gajime ukame jihe"②,意为"是日,阿速特国的男子十二人携妇女三人自察哈尔逃来"。

总之,阿速特部瓦解了,不再成为一部。因此,在后来的内札萨克四十九旗中没有阿速特,"阿速特"一名作为隶八旗满洲旗份的一个蒙古姓氏,只有在《八旗满洲氏族通谱》里留下了痕迹③。

最后,再来考察永谢布的结局。关于永谢布的最终下落,尚未见史料记载。乌兰指出:"今内蒙古自治区土默特左、右二旗中有不少'云'或'荣'姓的蒙古人,估计在明末应绍卜(即永谢布——引者)大营溃散时,不少人融入了土蛮部(即西土默特——引者)中。另外,蒙古国也有一些应绍卜人,据说还有由应绍卜人组成的村子。……说明应绍卜大营溃散时,部众流向不同的地方。"④言之有理。罗密《蒙

---

① 《旧满洲档》,台北故宫博物院藏影印本,1969年,第3402—3404页。
② 《内国史院满文档案》,天聪八年闰八月十四日条。
③ 《八旗满洲氏族通谱》,辽沈书社,1989年影印本。
④ 乌兰:《〈蒙古源流〉研究》,辽宁民族出版社,2000年,第315页。

古博尔济吉特氏族谱》为永谢布人的下落提供了重要线索。他说，巴尔斯博罗特"第七子博济达刺诺颜，领有永谢布部落。其后裔在喀尔喀地方"①。在罗密生活的年代，永谢布人驻牧于喀尔喀，所以这条记载应该没有什么问题。罗密的说法得到了当今蒙古国民族学调查的证实。《蒙古人民共和国民族志》一书记载，在今天的蒙古国东方省的哈拉哈河、布拉干、莫德特，苏赫巴托省额尔顿查干，色楞格省达尔哈特、济鲁赫、阿尔坦宝里格，布尔干省敖尼图、胡图克温都尔，敦达戈壁省德里格尔杭爱，戈壁阿尔泰省巴彦乌拉、塔尔毕、胡和毛力图苏木等地方均有永谢布人②。由此可见，在埃不哈战役发生时，除了部分永谢布人跟随西土默特向河套逃窜外，还有大量的永谢布人逃到了漠北地区。

① 罗密：《蒙古博尔济吉特氏族谱》，纳古单夫、阿尔达扎布校注，内蒙古人民出版社，1989 年，第 352—353 页。罗密，博卿额：《蒙古家谱》，载全国公共图书馆古籍文献编委会编《清代蒙古史料合辑（一）》，全国图书馆文献缩印复制中心，2002，第 399 页；七子博济达诺音在永奢布部落为主，其后现居哈尔哈之地。哈尔哈，即喀尔喀。
② 《蒙古人民共和国民族志》，蒙古人民共和国国家出版局，1987 年，第 37 页。

结 束 语

　　喀喇沁的历史就是一部缩小的蒙古政治史,也是一部缩小的蒙古社会史。通过喀喇沁的历史,可以看到大蒙古国时期蒙古军队东征西战的历史,可以了解到中央亚各民族纷纷融入蒙古,蒙古民族共同体在元代进一步发展壮大的运行轨迹。通过喀喇沁的历史,可以看到元朝的钦察、阿速等怯薛军队、掌管元廷察罕脑儿行宫的机构云需府以及其他朝廷内外诸势力集团在元亡后形成为庞大的游牧集团,并经过错综复杂的演变过程形成为各大万户的历史。通过喀喇沁的历史,可以了解达延汗时期成吉思汗黄金家族对蒙古大汗直属六万户统治的确立、达延汗子孙对六万户的争夺和瓜分,以及由此所导致的某些万户消亡和新万户形成的过程。通过喀喇沁的历史,可以看到16—17世纪蒙古封建割据的局面,可以了解林丹汗西征时期蒙古各万户、各集团的大变动及其陆续归附满洲人的历史。通过喀喇沁的历史,可以看到蒙古各部族、各鄂托克不断分化、组合的状况。

　　达延汗以后的蒙古史尚有诸多需要深入研究的领域。达延汗的"诸子分封"对蒙古社会的影响十分深远。从此以后,原蒙古六万户的大小统治者变成了清一色的黄金家族诺颜(台吉),且均属达延汗子孙,异姓贵族被迫退出了最高统治阶层。蒙古社会统治阶层的这一变化,不仅没有像达延汗希望的那样使蒙古各部亲如一家,恰恰相反,那些各具达延汗高贵血统的大小贵族互不统属,各自为政,各行其是,严重削弱了中央集权的凝聚力,破坏了蒙古的统一。在达延汗以后的蒙古社会,形成了名目繁多的大小汗王,终使蒙古被分裂为许多独立或半独立的政治社会集团。喀喇沁万户就是在这样的政治社会背景下形成的。它的发展，导致了山阳万户（原来不属于蒙古中央六万户）管辖下的异姓贵族们的归附，也埋下了该万户中台吉与塔布囊（异姓贵族）产生矛盾的种子。

蒙古汗权的削弱，是达延汗"诸子分封"的直接后果。兄弟叔侄各自统领或大或小的游牧集团，俨然成为一方之主。原来号令整个蒙古的大汗，现在徒有虚名，只不过成了察哈尔一个万户的汗王了。蒙古人的统一集权游牧国家概念已经被削弱，在人们特别是统治阶层的意识中变得淡漠。只知有万户（如喀喇沁、科尔沁、鄂尔多斯、喀尔喀等），不知有大蒙古国。只有蒙古大汗自己在不断强调着"四十万蒙古大兀鲁思"的概念，统一蒙古国家的政治传统似乎只留在了蒙古皇室，直到林丹汗之孙布尔尼为止（1675年）。所以，当林丹汗试图加强大汗权威并诉诸武力时，满洲人却向蒙古封建割据势力伸出了橄榄枝，于是，蒙古各部纷纷与之结成反察哈尔、反明朝的联盟。那种认为17世纪前期蒙古各万户、各鄂托克的首领们应该在林丹汗和努尔哈赤之间进行"民族选择"的想法，反映了深受近代民族国家理论影响的现代人的要求。

喀喇沁万户解体的历史表明，满洲人对蒙古各部统治的确立，并不是某些学者一向所说的那样，仅用"征服"一词就能够概括的。满洲人对蒙古的经营，其主要形式并非军事征服，而是建立政治军事联盟，并逐步向其政治、军事领域渗透，威逼与怀柔并用。以政治军事联盟形式使之归附的依次是：内喀尔喀、科尔沁、喀喇沁、阿鲁蒙古。只有对察哈尔，满洲人采取了坚决武力征服手段。但是，林丹汗并未经过一次像样的战斗，便含恨而死了。剩下的右翼蒙古各集团，很快被满洲人"和平统一"了。那么，满洲人和蒙古各万户得以建立联盟的基础是什么呢？这个基础不是别的，恰恰是这些万户与察哈尔的矛盾，或者说察哈尔对他们的政治压迫和军事威胁。在17世纪前半期，蒙古人选择异族满洲汗为盟主，没有不可思议之处。这类事情在中央亚各民族历史上发生过多次，并不是满蒙关系的特殊现象。如果说,作为蒙古帝国汗统的代表,林丹汗意欲统一蒙古各部的行动无可非议的话,同样,不自认为是蒙古大汗的臣民、也不视满洲人为真正异类的蒙古各游牧万户,与满洲建立联盟,抵抗察哈尔的吞并,也是情理之中的事。但是,在入清以后,蒙古人的民族意识被唤醒了。当满洲统治者把来自不同集团和万户的他们视为同类,采取一视同仁的民族政策以后,他们加深了民族认同,并且开始寻找和发现共同的"民族记忆"。

用现代人的观点、立场去看当时的历史问题,解释当时历史现象的前因后果,是不科学的。只有历史的、批判的研究方法,才能够帮助人们正确地认识历史。

参考文献

［1］元朝秘史［M］//四部丛刊:三编.上海:商务印书馆,1936.

［2］彭大雅,徐霆.黑鞑事略:王国维遗书本［M］.上海:上海书店出版社,1983年.

［3］苏天爵.元文类:卷二十六［M］.世界书局影印本,1967.

［4］陶宗仪.南村辍耕录［M］.涵芬楼影印本.

［5］宋濂等.元史［M］.中华书局标点本,1976.

［6］中国第一历史档案馆.明档蒙古满洲史料［M］.2000.(缩微胶卷,明朝兵部题行档中有关蒙古、满洲史料集)

［7］中央研究院历史语言研究所.明实录［M］.校勘本,1966.

［8］华夷译语［M］//北京图书馆古籍珍本丛刊:六.北京:书目文献出版社.

［9］茅元仪.武备志［M］.天启刻本。

［10］郭造卿.卢龙塞略:卷十五［M］.台湾:台湾学生书局,1987年。

［11］瞿九思.万历武功录［M］.中华书局影印本,1962.

［12］刘效祖.四镇三关志［M］//四库禁毁书丛刊.北京:北京出版社,2000.

［13］杨时宁.宣大山西三镇图说［M］//玄览堂丛书.影印本.

［14］北虏世代［M］//北平图书馆善本丛书:第一辑.影印本.

［15］萧大亨.北虏世系［M］//北京图书馆古籍珍本丛刊:十一.北京:书目文献出版社,2000.

［16］郑晓.皇明北虏考［M］//四库禁毁书丛刊.北京:北京出版社,2000.

［17］魏焕.皇明九边考［M］//国立北平图书馆善本丛书:第一集.上海:商务印书馆,1937年.

［18］霍冀.九边图说［M］.玄览堂丛书本.

［19］叶向高.四夷考［M］.宝颜堂秘笈续集本.

［20］米万春.蓟门考［M］//四库禁毁书丛刊.北京:北京出版社,2000.

［21］戚继光.蓟镇边防［M］//四库禁毁书丛刊.北京:北京出版社,2000.

［22］谈迁.国榷［M］.古籍出版社,1958.

［23］张鼐.辽夷略［M］.玄览堂丛书本.

［24］谷应泰.明史纪事本末［M］.中华书局点校本.1977.

［25］无名氏.明史纪事本末补遗［M］.中华书局点校本.1977.(附于谷应泰《明史纪事本末》)

［26］旧满洲档［M］.台北故宫博物院藏影印本.1969.

［27］李保文.十七世纪前半期蒙古文文书档案:1600-1650［M］.通辽:内蒙古少儿出版社,1997.(藏于中国历史第一档案)

［28］内国史院满文档案:缩微胶卷［A］.中国第一历史档案馆藏.

［29］清实录［M］.中华书局影印本.

［30］无名氏.阿勒坦汗传［M］.内蒙古社会科学院抄本.

［31］罗卜藏丹津.黄金史纲［M］.乔吉,校注.呼和浩特:内蒙古人民出版社,1983.

［32］无名氏.大黄史(Yeke šir-a tuγuǰi)［M］.乌力吉图,校注.北京:民族出版社,1985.

［33］萨囊彻辰.蒙古源流:库伦本［M］,1955.

［34］罗密.蒙古博尔济吉特氏族谱［M］.纳古单夫,阿尔达扎布,校注,呼和浩特:内蒙古人民出版社,1989.

［35］罗密,博卿额.蒙古家谱［M］//全国公共图书馆古籍文献编委会.清代蒙古史料合辑.北京:全国图书馆文献缩微复制中

心,2003.

[36]答里麻.金轮千辐[M].乔吉,校注.呼和浩特:内蒙古人民出版
社,1987.

[37]尹湛纳希家谱[M].内蒙古社会科学院藏写本.

[38]祁韵士.钦定蒙古回部王公表传[M].文渊阁四库全书本.

[39]祁韵士,张穆.皇朝藩部要略[M].筠渌山房本.

[40]八旗满洲氏族通谱[M].辽沈书社影印本,1989.

[41]和坤等.钦定热河志[M]//沈云龙.中国边疆丛书:二十九.文海
行印社影印本,1966.

[42]张穆.蒙古游牧记[M]//李毓澍.中国边疆丛书:八.文海行印社
影印本,1965.

[43]蒙古人民共和国民族志[M].乌兰巴托民:蒙古人民共和国国家
出版局,1987.

[44]宝音德力根.往流与往流四万户(蒙古文)[C]//蒙古史研究:第
五辑,1997.

[45]宝音德力根.满官嗔—土默特部的变迁[C]//蒙古史研究:第五
辑,1997.

[46]宝音德力根."喀尔喀巴尔虎"的起源(蒙古文)[C]//明清档案
与蒙古史研究:第二辑.2002.

[47]宝音德力根.应绍卜万户的变迁[C]//中国人文社会科学博士
硕士文库:历史学卷(上).浙江:浙江教育出版社,2005 年.

[48]薄音湖.关于永谢布[J].内蒙古大学学报(哲学社会科学版),
1986(1).

[49]曹永年.蒙古民族通史:第三卷[M].呼和浩特:内蒙古大学出版
社,1991.

[50]曹永年.关于喀喇沁的变迁[C]//蒙古史研究:第四辑.呼和浩
特:内蒙古大学出版社,1993.

[51]达力扎布.明代漠南蒙古历史研究[M].海拉尔:内蒙古文化出

版社,1997.

[52]达力扎布.明清蒙古史论稿[M].北京:民族出版社,2003.

[53]丁国范.元史论丛:第一辑[M].北京:中华书局,1982.

[54]达力扎布.明清蒙古史论稿[M].北京:民族出版社,2003.

[55]杜家骥.清朝满蒙联姻研究[M].上海:人民出版社,2003 年.

[56]方龄贵.元明戏曲中的蒙古语[M].上海:汉语大词典出版
社,1991.

[57]胡日查.关于"塔布囊"的若干历史问题(蒙古文)[J].内蒙古社
会科学,1999(3).

[58]李勤璞.明末辽东边务喇嘛[C]//中央研究院历史语言研究所
集刊:第 71 本第 3 分.2000.

[59]特木勒.朵颜卫研究—以十六世纪为中心[D].南京:南京大
学,2001.

[60]王雄.察哈尔西迁的有关问题[J].内蒙古大学学报,1989(1).

[61]乌兰.《蒙古源流》研究[M].沈阳:辽宁民族出版社,2000.

[62]乌云毕力格.从 17 世纪前半叶蒙古文和满文遗留性史料看内蒙
古历史的若干问题(1)"昭之战"(蒙古文)[J].内蒙古大学学
报,1999(3).

[63]乌云毕力格.从 17 世纪前半叶蒙古文和满文遗留性史料看内蒙
古历史的若干问题(2)"敖木林之战与喀喇沁—爱新国联盟"
(蒙古文)[J].内蒙古大学学报,1999(4).

[64]乌云毕力格.从 17 世纪前半叶蒙古文和满文遗留性史料看内蒙
古历史的若干问题(4)"东土默特台吉塔布囊与爱新国"(蒙古
文)[J].内蒙古大学学报,2001(2)。

[65]乌云毕力格.从 17 世纪前半叶蒙古文和满文遗留性史料看内蒙
古历史的若干问题(5)"东土默特部善巴塔布囊的书及其纵观
研究"(蒙古文)[J].内蒙古大学学报,2002(1).

[66]乌云毕力格.史料的二分法及其意义以所谓的赵城之战为例

[J].清史研究,2002(1).

[67]乌云毕力格.明朝兵部档案中有关林丹汗与察哈尔的史料[M]//Researching archival Documents on Mongolian History Observations on the Present and Plans for theFuture,东京:东京外国语大学,2004.

[68]乌云毕力格.清初察哈尔国封地考(内蒙古大学第四届国际蒙古学研讨会会议提要)

[69]亦邻真.蒙古人的姓氏(蒙古文)[C]//亦邻真蒙古学文集.呼和浩特:内蒙古人民出版社,2001.

[70]照那斯图.八思巴字和蒙古语文献研究文集(第一集)[M].东京:东京外国语大学亚非语言文化研究所.

[71]赵琦.明末清初的哈喇慎与蒙古八旗[C]//蒙古史研究:第五辑.1997.

[72] Emst Bernheim. Lehrbuch der historischen Methode [M]. Burt Frankin,1970.

[73] Michael Weiers. Zum Mandschu-kharatsin Bund des Jahres 1628 [J]. Zentralasiatische Studien,1996(26).

[74] Michael Weiers. Die Eingliederung der Kharatsin 1635 [J]. Zentralasiatische Studien,no. 1999(29).

[75]海老泽哲雄.关于蒙元时期的五投下(日文)[C]//山崎先生退官纪念东洋史论集.东京:东京教育大学,1967.

[76]江国真美.青海蒙古史的一个考察(日文)[J].东洋学报,1986(67).

[77]萩原淳平.明代蒙古史研究(日文)[M].东京:同朋舍,1980.

[78]村上正二.元朝投下的意义(日文)[J].蒙古学报,1940.

[79]冈田英弘.达延汗六万户的起源(日文)[C]//榎博士还历纪念东洋史论丛.东京:山川出版社,1975.

[80]和田清.东亚史研究:蒙古篇(日文)[M].东洋文库,1959.

[81]山口瑞凤.十七世纪初西藏的抗争和青海蒙古(日文)[J].东洋学报,1993(74).

[82]山杉清彦.清初正蓝旗考—从婚姻关系看旗王权力的基础构造(日文)[C]//史学杂志.

[83]布仁赛音.近现代内蒙古的民族形成的二重构造——阿鲁科尔沁旗巴彦布拉克嘎查事例研究(日文)[M]//早稻田大学史学会编.史观:第151册,2004.

[84]郑文彬.筹边纂议:卷一[M].国家图书馆藏,明万历十九年刻本.

[85](明)王鸣鹤.登坛必究:卷二十三[M]//四库禁毁书丛刊:子部第三十五册.北京:北京出版社,1998.

[86]陈子龙.郑经略奏疏[M]//皇明经世文编,明崇祯云间平露堂刻本。

[87]鄂尔泰等.八旗通志[M].李洵,赵德贵主点.东北师范大学出版社,1985年.

[88]满文老档研究会.满文老档:第四(太宗第一)[M].东洋文库,1959年.

人名索引